BOOM E CRASH

Por que os mercados de ações e imobiliário às vezes alcançam picos de elevação impressionantes seguidos por quedas enormes e por que isso acontece cada vez com mais frequência? Para responder a essas perguntas, William Quinn e John D. Turner nos levam em uma jornada fascinante pela história das bolhas financeiras, passando, entre outras localidades, por Paris e Londres no ano de 1720, pela América Latina nos anos 1820, Melbourne nos anos 1880, Nova York na década de 1920, Tóquio nos anos 1980, pelo Vale do Silício na década de 1990 e por Xangai nos anos 2000. Sendo nossos guias por esse percurso, eles nos ajudam a compreender por que as bolhas existem e por que, enquanto algumas trazem consequências econômicas, sociais e políticas catastróficas, outras foram de fato benéficas para a sociedade. Eles mostram que as bolhas começam quando investidores e especuladores reagem a novas tecnologias ou iniciativas políticas, o que significa que nossa capacidade de prever as próximas bolhas dependerá, no final das contas, de conseguirmos prever essas faíscas.

William Quinn é professor de finanças na Queen's University Belfast, onde conduz pesquisas sobre manipulação de mercado, investimentos em ações e, principalmente, bolhas econômicas.

John D. Turner é professor de finanças e história financeira na Queen's University Belfast. Ele é Membro da Academy of Social Sciences e editor do *The Economic History Review*. Seu livro *Banking in Crisis* (2014) ganhou o prêmio Wadsworth em 2015.

Melhor livro do ano pelo *Financial Times*

BOOM E CRASH

Um Panorama Histórico das Bolhas Financeiras

William Quinn
Pesquisador e professor de Finanças na Queen's University Belfast

John D. Turner
Professor de Finanças e História Financeira e Membro da Academia de Ciências Sociais do Reino Unido

ALTA BOOKS
E D I T O R A
Rio de Janeiro, 2023

Boom e Crash

Copyright © 2023 da Starlin Alta Editora e Consultoria Ltda.
ISBN: 978-85-508-1786-6

Translated from original Boom and Bust: A Global History of Financial Bubbles. Copyright © 2022 by Cambridge University Press. ISBN 9781108421256. This translation is published and sold by permission of Cambridge University Press, an imprint of University of Cambridge, the owner of all rights to publish and sell the same. PORTUGUESE language edition published by Starlin Alta Editora e Consultoria Eireli, Copyright ©2023 by Starlin Alta Editora e Consultoria Eireli.

Impresso no Brasil — 1ª Edição, 2023 — Edição revisada conforme o Acordo Ortográfico da Língua Portuguesa de 2009.

Dados Internacionais de Catalogação na Publicação (CIP) de acordo com ISBD

Q7b Quinn, William
Boom e Crash: um panorama histórico das bolhas financeiras / William Quinn, John D. Turner ; traduzido por João Costa. – Rio de Janeiro : Alta Books, 2023.
304 p. ; 15,7cm x 23cm

Tradução de: Boom and Bust: A Global History of Financial Bubbles
Inclui índice e bibliografia
ISBN 978-85-508-1786-6

1. Economia 2. Mercado Financeiro 3. Crises 4. Bolhas financeiras. I. Turner, John D. II. Costa, João. III. Título

CDD 330
CDU 33

2023-1027

Elaborado por Odílio Hilario Moreira Júnior - CRB-8/9949

Índice para catálogo sistemático:
1. Economia 330
2. Economia 33

Todos os direitos estão reservados e protegidos por Lei. Nenhuma parte deste livro, sem autorização prévia por escrito da editora, poderá ser reproduzida ou transmitida. A violação dos Direitos Autorais é crime estabelecido na Lei nº 9.610/98 e com punição de acordo com o artigo 184 do Código Penal.

A editora não se responsabiliza pelo conteúdo da obra, formulada exclusivamente pelo(s) autor(es).

Marcas Registradas: Todos os termos mencionados e reconhecidos como Marca Registrada e/ou Comercial são de responsabilidade de seus proprietários. A editora informa não estar associada a nenhum produto e/ou fornecedor apresentado no livro.

Erratas e arquivos de apoio: No site da editora relatamos, com a devida correção, qualquer erro encontrado em nossos livros, bem como disponibilizamos arquivos de apoio se aplicáveis à obra em questão.
Acesse o site **www.altabooks.com.br** e procure pelo título do livro desejado para ter acesso às erratas, aos arquivos de apoio e/ou a outros conteúdos aplicáveis à obra.

Suporte Técnico: A obra é comercializada na forma em que está, sem direito a suporte técnico ou orientação pessoal/exclusiva ao leitor.

A editora não se responsabiliza pela manutenção, atualização e idioma dos sites referidos pelos autores nesta obra.

Produção Editorial
Grupo Editorial Alta Books

Diretor Editorial
Anderson Vieira
anderson.vieira@altabooks.com.br

Editor
José Ruggeri
j.ruggeri@altabooks.com.br

Gerência Comercial
Claudio Lima
claudio@altabooks.com.br

Gerência Marketing
Andréa Guatiello
andrea@altabooks.com.br

Coordenação Comercial
Thiago Biaggi

Coordenação de Eventos
Viviane Paiva
comercial@altabooks.com.br

Coordenação ADM/Finc.
Solange Souza

Coordenação Logística
Waldir Rodrigues

Gestão de Pessoas
Jairo Araújo

Direitos Autorais
Raquel Porto
rights@altabooks.com.br

Assistente da Obra
Beatriz de Assis

Produtores Editoriais
Illysabelle Trajano
Maria de Lourdes Borges
Paulo Gomes
Thales Silva
Thiê Alves

Equipe Comercial
Adenir Gomes
Ana Claudia Lima
Andrea Riccelli
Daiana Costa
Everson Sete
Kaique Luiz
Luana Santos
Maira Conceição
Nathasha Sales
Pablo Frazão

Equipe Editorial
Ana Clara Tambasco
Andreza Moraes
Beatriz Frohe
Betânia Santos
Brenda Rodrigues

Caroline David
Erick Brandão
Elton Manhães
Gabriela Paiva
Gabriela Nataly
Henrique Waldez
Isabella Gibara
Karolayne Alves
Kelry Oliveira
Lorrahn Candido
Luana Maura
Marcelli Ferreira
Mariana Portugal
Marlon Souza
Matheus Mello
Milena Soares
Patricia Silvestre
Viviane Corrêa
Yasmin Sayonara

Marketing Editorial
Amanda Mucci
Ana Paula Ferreira
Beatriz Martins
Ellen Nascimento
Livia Carvalho
Guilherme Nunes
Thiago Brito

Atuaram na edição desta obra:

Tradução
João Costa

Copidesque
Emilly Lopes

Revisão Gramatical
Alessandro Thomé
Thamiris Leiroza

Revisão Técnica
Marco Aurélio Antongiovanni
Formado pela FGV - Escola de Administração de Empresas

Diagramação
Natalia Curupana

Capa
Caique Cavalcante

Editora afiliada à:

Rua Viúva Cláudio, 291 — Bairro Industrial do Jacaré
CEP: 20.970-031 — Rio de Janeiro (RJ)
Tels.: (21) 3278-8069 / 3278-8419
www.altabooks.com.br — altabooks@altabooks.com.br
Ouvidoria: ouvidoria@altabooks.com.br

SUMÁRIO

Lista de Figuras		vii
Lista de Tabelas		ix
1	O TRIÂNGULO DA BOLHA	1
2	1720 E A INVENÇÃO DA BOLHA	18
3	NEGOCIABILIDADE REVIVIDA: A PRIMEIRA BOLHA DOS MERCADOS EMERGENTES	42
4	DEMOCRATIZANDO A ESPECULAÇÃO: A GRANDE MANIA FERROVIÁRIA	62
5	DINHEIRO DOS OUTROS: O BOOM IMOBILIÁRIO AUSTRALIANO	82
6	WHEELER-DEALERS: A MANIA BRITÂNICA DAS BICICLETAS	103
7	OS LOUCOS ANOS 1920 E O CRASH DE WALL STREET	121
8	SOPRANDO BOLHAS COM OBJETIVOS POLÍTICOS: O JAPÃO NOS ANOS 1980	141
9	A BOLHA PONTOCOM	159

10 "CHEGA DE BOOM E CRASH": A BOLHA DO SUBPRIME — 179

11 CAPITALISMO DE CASSINO COM CARACTERÍSTICAS CHINESAS — 205

12 PREVENDO BOLHAS — 223

Agradecimentos — 237

Notas Bibliográficas — 239

Bibliografia — 267

Índice — 289

LISTA DE FIGURAS

1.1	O triângulo da bolha	6
2.1	Preço das ações da Companhia do Mississippi (livres) e datas da operação	23
2.2	Preço das ações da Companhia dos Mares do Sul (£) e datas da operação	30
2.3	Preços das ações (£) do Banco da Inglaterra, Royal Africa Company e Companhia das Índias Orientais	32
2.4	Índice de preços de ações para a Holanda	33
3.1	Índices de retorno de ações, 1824–1826	49
4.1	Índices de ações semanais da British Railways e empresas não ferroviárias de primeira linha	65
4.2	Índice do mercado de ações ferroviárias e contagem semanal de palavras de anúncios promocionais da companhia ferroviária	68
4.3	A formação do capital bruto pelas ferrovias do Reino Unido como porcentagem do PIB e capital social integralizado das ferrovias do Reino Unido	72
5.1	Novas formações de empresas em Victoria	85
5.2	Índice de preços de casas de Melbourne	87
5.3	Índice mensal de ações de empresas em expansão na Bolsa de Valores de Melbourne	88
6.1	Índices mensais de ações generalizadas e de bicicletas, 1890–1903	106
7.1	Número de novas casas não agrícolas nas quais a construção começou nos Estados Unidos, 1917–1934 (milhares)	124
7.2	Dow Jones Industrial Average, 1918–1932	127

8.1	Índice de preços de imóveis no Japão para seis grandes cidades, 1964–2010	146
8.2	Índice diário TOPIX de ações japonesas, 1980–1993	148
9.1	IPOs de tecnologia dos EUA, 1980–2005	163
9.2	Índices S&P 500 e NASDAQ, 1990–2004	164
9.3	Índices globais de preços de ações de tecnologia, 1995–2006	168
10.1	Índice de preços reais de imóveis para os Estados Unidos, 1890–2012	181
10.2	Índices de preços reais da habitação para a Irlanda, Irlanda do Norte, Espanha e do Reino Unido, 1973–2012	183
11.1	Número de empresas listadas nas bolsas de valores de Xangai e Shenzhen, 1990–2016	208
11.2	Índice Composto da Bolsa de Valores de Xangai e Índice Composto da Bolsa de Valores de Shenzhen, 1990–2015	209
11.3	Valor médio diário do faturamento (RMB100 milhões) nas bolsas de valores de Xangai e Shenzhen, 1991–2016	221

LISTA DE TABELAS

1.1	As principais bolhas financeiras	16
2.1	Comparando a primeira bolha financeira na França, Grã-Bretanha e Holanda	40
3.1	Sociedades por ações formadas em 1824 e 1825	45
3.2	Principais empresas projetadas de fevereiro de 1824 a janeiro de 1825	46
5.1	PIB australiano, PIB per capita e empréstimos no exterior	84
5.2	A Bolsa de Valores de Melbourne e as empresas imobiliárias	89
5.3	A crescente vulnerabilidade do sistema bancário australiano	94
6.1	Capitalização das empresas de bicicletas	107
6.2	Proporção de capital contribuído por grupos ocupacionais	113
7.1	Emissões de ações corporativas dos EUA, 1921–1934	128
10.1	Variações reais dos preços das casas nas principais áreas metropolitanas dos EUA	182
10.2	Conclusões de novas habitações (milhares), 1990–2012	184
10.3	Mal-estar econômico pós-bolha na Irlanda, Espanha, Reino Unido e Estados Unidos	202
12.1	Faíscas de bolhas e alavancagem	226

1) O TRIÂNGULO DA BOLHA

> Definimos bolha como um empreendimento que se expande para uma aparência de esplendor e solidez, sem qualquer probabilidade de permanência, e o nome consideramos como derivado do especioso produto do ato de soprar água com sabão, com o qual a maioria dos engenhosos jovens desta esfera estão familiarizados há muito tempo.[1]
>
> *Anônimo*

> Temos que virar a página da mentalidade de bolha e crash que causou essa bagunça.[2]
>
> *Presidente Barack Obama*

Qual é a diferença entre o grande compositor George Frideric Handel e Shane Filan, vocalista da boyband irlandesa *Westlife*? Para quem tem inclinação musical, a resposta é óbvia: Handel é um dos músicos eruditos mais respeitados de todos os tempos, tendo composto várias óperas famosas. Por outro lado, Filan se especializou, sobretudo, em fazer versões melosas de músicas pop dos anos 1970. No entanto, a diferença que nos interessa é que, enquanto um perdeu toda a sua riqueza em uma bolha, o outro saiu antes que a bolha estourasse, obtendo um belo lucro como resultado.

Com 30 anos de idade, as composições musicais de Handel já o haviam tornado um homem muito rico — sua patrocinadora, a rainha Anne, lhe proporcionava uma renda anual considerável. Em 1715, ele investiu parte de sua riqueza em cinco ações da Companhia dos Mares do Sul que custariam cerca de £440. Handel vendeu suas ações antes do final de junho de 1719 com um lucro de cerca de £145 — pouco antes da enorme bolha nas ações da empresa.[3] Quando Shane Filan tinha 30 anos de idade, o *Westlife* era um dos grupos pop de maior sucesso de todos os tempos e o patrimônio líquido dos quatro membros do grupo era superior a £32 milhões. Junto com seu irmão,

Filan decidiu se tornar um desenvolvedor imobiliário em meio à bolha imobiliária irlandesa. A fim de comprar o máximo de propriedades possível, ele complementava sua própria renda fazendo empréstimos de grandes somas de dinheiro junto aos bancos. Em 2012, ele declarou falência, devendo £18 milhões a seus credores.

Shane Filan não foi o único perdedor quando a bolha imobiliária entrou em colapso. Na Irlanda do Norte, onde ambos vivemos, os preços das casas mais do que triplicaram entre 2002 e 2007; em 2012, haviam caído para menos da metade de seu pico.[4] Assim, observamos de perto a destruição econômica que uma bolha pode causar. As bolhas podem estimular o superinvestimento, excesso de empregos e de construções, o que acaba sendo ineficiente tanto para as empresas quanto para a sociedade.[5] Em outras palavras, bolhas desperdiçam recursos, como claramente ilustrado pelas casas inacabadas e os conjuntos habitacionais fantasmas que existiam em toda a Irlanda quando a bolha imobiliária estourou. Outras ineficiências estão no campo dos mercados de trabalho, à medida que as pessoas treinam ou retreinam para uma indústria inflada. Quando a bolha estoura, elas ficam desempregadas, e parte de seu investimento na educação foi desperdiçada. Após o colapso da bolha imobiliária, muitos de nossos amigos, vizinhos e estudantes que se formaram como arquitetos, corretores imobiliários, construtores, encanadores e advogados estavam desempregados, em um novo nicho no mercado ou viajando para o exterior para encontrar trabalho.

Os efeitos econômicos mais graves geralmente ocorrem quando o estouro de uma bolha reduz o valor de garantia dos empréstimos bancários. Isso, juntamente com a incapacidade dos investidores da bolha de pagar os empréstimos, pode resultar em uma crise bancária. O colapso dos preços das casas depois de 2007 foi seguido pela crise financeira global, e assistimos à queda de bancos norte-americanos, britânicos, irlandeses e outras instituições europeias. Isso resultou em grandes e duradouros danos para a economia. As crises financeiras são incrivelmente destrutivas em termos econômicos: as estimativas das perdas na produção econômica para as crises bancárias depois de 1970 variam de 15% a 25% do PIB anual.[6] No entanto, essas estimativas escondem os grandes custos que as crises financeiras têm sobre o bem-estar psicológico e humano.[7] Elas também ignoram os custos humanos associados à imposição de medidas de austeridade após o término da crise. Ambos experimentamos e testemunhamos cortes nos salários reais, níveis reduzidos de prestação de serviços públicos e cortes nos pagamentos de assistência social para famílias.

No entanto, nem todas as bolhas são tão economicamente destrutivas quanto foi a bolha imobiliária dos anos 2000, e algumas podem até ter consequências sociais positivas.[8] Existem pelo menos três maneiras pelas quais as bolhas podem ser úteis. Em primeiro lugar, a bolha pode facilitar a inovação e encorajar mais pessoas a se tornarem empreendedoras, o que acaba por alimentar o crescimento econômico futuro.[9] Em segundo lugar, novas tecnologias desenvolvidas por empresas da bolha podem ajudar a estimular inovações futuras, e essas próprias empresas podem usar a tecnologia desenvolvida durante a bolha para entrar em um setor diferente. Em terceiro lugar, as bolhas podem fornecer capital para projetos tecnológicos que não seriam financiados na mesma medida em um mercado financeiro totalmente eficiente. Muitas bolhas históricas foram associadas a tecnologias transformadoras, como ferrovias, bicicletas, automóveis, fibra ótica e a internet. William Janeway, que foi um investidor de risco de grande sucesso durante a bolha da internet, defende a tese de que várias tecnologias economicamente benéficas não teriam sido desenvolvidas sem a ajuda de bolhas.[10]

Por que nos referimos a uma alta e uma queda nos preços dos ativos como uma bolha? A palavra "bubble" ("bolha" em inglês), em sua ortografia atual, parece ter se originado com William Shakespeare no início do século XVII. Na famosa frase "O mundo inteiro é um palco", de sua comédia *Do Jeito que Você Gosta*, ele usa a palavra bolha como um adjetivo que significa frágil, vazio ou inútil, assim como uma bolha de sabão. Ao longo do século seguinte, "bubble" foi amplamente usada como verbo, tendo como significado "enganar". A aplicação do termo aos mercados financeiros começou em 1719, com escritores como Daniel Defoe e Jonathan Swift, que viam muitas das novas empresas sendo incorporadas não apenas como inúteis e vazias, mas também como enganosas.[11] A metáfora da bolha pegou, mas com o tempo seu uso se tornou um pouco menos pejorativo.

Atualmente, a palavra "bolha" é usada por comentaristas e meios de comunicação para descrever qualquer instância em que o preço de um ativo pareça um pouco alto demais. Entre os economistas acadêmicos, no entanto, usar a palavra pode ser algo profundamente controverso.

Uma escola de pensamento vê uma bolha como a não explicação de um fenômeno financeiro, um rótulo aplicado apenas a episódios para os quais não temos uma explicação melhor.[12] Eugene Fama — o pai das finanças empíricas modernas — vai além disso, chamando o termo de "traiçoeiro" e reclamando que "a palavra 'bolha' me enlouquece".[13] Na visão de Fama, a palavra "bolha" é desprovida de significado, nunca tendo sido formalmente definida.[14]

Neste livro, tomamos emprestada a definição de Charles Kindleberger, historiador econômico do MIT e estudioso de bolhas, que as descreve como um "movimento ascendente de preços em uma série estendida que depois implode". Em outras palavras, uma bolha é um aumento acentuado no preço de um ativo, como uma ação, durante um período de tempo, seguido por uma queda acentuada em seu preço.[15] Outros sugeriram que, para um episódio constituir uma bolha, os preços devem ter se desconectado do "valor fundamental" do ativo.[16] No entanto, essa definição torna as bolhas muito mais difíceis de serem identificadas com certeza, o que pode levar a longas discussões sobre se um determinado episódio foi uma bolha "verdadeira" ou não. Ela também é separada do uso histórico do termo. A beleza da definição de Kindleberger para nós é que, como ela não faz afirmações sobre as causas subjacentes das bolhas, podemos investigar essas causas por nós mesmos. Uma implicação dessa definição é que uma bolha só pode ser identificada com 100% de certeza após ela acontecer. No entanto, isso não significa que as bolhas sejam eventos totalmente imprevisíveis e aleatórios. Neste livro, propomos uma nova metáfora e estrutura analítica que descrevem suas causas, explicam o que determina suas consequências e — assim esperamos — ajudarão a prevê-las no futuro.

O Triângulo da Bolha

O ponto de partida de nossa metáfora é pensar em uma bolha financeira como um incêndio: tangível, destrutivo, sem limites e difícil de controlar quando se inicia. Embora os incêndios possam causar sérios danos, eles também podem ser úteis em determinados ecossistemas, contribuindo, por exemplo, para a renovação de savanas, pradarias e florestas de coníferas. O mesmo acontece com as bolhas. Levando essa metáfora adiante, a formação de um incêndio pode ser descrita em termos simples usando o triângulo do fogo, que consiste em oxigênio, combustível e calor. Com níveis suficientes desses três componentes, um incêndio pode ser iniciado por uma simples faísca. Uma vez que o incêndio começa, ele pode ser extinto pela remoção de qualquer um dos componentes. Propomos que uma estrutura análoga pode ser usada para descrever como as bolhas são formadas: o triângulo da bolha, resumido na Figura 1.1.

O primeiro lado do nosso triângulo da bolha — o oxigênio para o boom acontecer — é a negociabilidade: a facilidade com que um ativo pode ser comprado e vendido livremente. A negociabilidade tem muitas dimensões. A legalidade de um ativo afeta de maneira fundamental sua negociabilidade. Proibir a negociação de um ativo nem sempre o torna totalmente não comercializável, como demonstrado pela abundância de mercados ilegais em todo o mundo. Contudo, isso geralmente dificulta a compra e a venda, e as bolhas geralmente são precedidas pela legalização de certos tipos de ativos financeiros. Outro fator é a divisibilidade: se for possível comprar apenas uma pequena parcela do ativo, isso o torna mais comercializável. As empresas públicas, por exemplo, são mais negociáveis do que imóveis, porque é possível negociar pequenas partes da empresa pública comprando e vendendo suas ações. As bolhas às vezes seguem inovações financeiras, como títulos hipotecários, que tornam ativos anteriormente indivisíveis — neste caso, os empréstimos hipotecários — em divisíveis.

Outra dimensão da negociabilidade é a facilidade de encontrar um comprador ou vendedor.

Figura 1.1 O triângulo da bolha

Por exemplo, um dos ativos de investimento menos negociáveis são as obras de arte, porque o conjunto de potenciais compradores é muito pequeno em comparação com ativos como ouro e títulos do governo. As bolhas são muitas vezes caracterizadas por uma maior participação no mercado para seu próprio ativo, expandindo o potencial conjunto de compradores e vendedores. Por fim, a facilidade com que o ativo pode ser transportado é importante. Os ativos que podem ser transferidos digitalmente agora podem ser comprados e vendidos várias vezes ao dia, sem que o comprador ou vendedor saia de casa, enquanto ativos mais tangíveis, como automóveis ou livros, precisam ser transportados para um novo local. Algumas bolhas são viabilizadas por inovações financeiras que permitem que ativos portáteis sejam utilizados, em vez dos que são imóveis — negociando a escritura de uma casa, por exemplo, em vez da própria casa. Assim como o oxigênio, a negociabilidade está sempre presente de certa forma e é essencial para o funcionamento de uma economia. No entanto, assim como não se mantém tanques de oxigênio ao lado de uma fogueira, há momentos e lugares em que o excesso de negociabilidade pode ser perigoso.[17]

O combustível para a bolha é o dinheiro e o crédito. Uma bolha só pode se formar quando o público tem capital suficiente para investir no ativo e, portanto, é muito mais provável que aconteça quando há dinheiro e crédito em abundância na economia. Taxas de juros baixas e condições largas de crédito estimulam o crescimento das bolhas de duas maneiras. Em primeiro lugar, os próprios ativos da bolha podem ser comprados com dinheiro emprestado, elevando seus preços. Como os bancos estão emprestando dinheiro de outras pessoas e os mutuários estão tomando emprestado o dinheiro de outros, nenhum deles está totalmente sujeito a perdas se um investimento em um ativo de bolha falhar.[18] Quanto maior a expansão dos empréstimos bancários, maior a quantidade de fundos disponíveis para investir na bolha, e mais alto o preço dos ativos da bolha ficará. Quando os investidores começarem a vender seus ativos da bolha para pagar empréstimos, o preço desses ativos provavelmente entrará em colapso. Desta maneira, as bolhas financeiras podem estar diretamente ligadas às crises bancárias.[19]

Em segundo lugar, as baixas taxas de juros sobre ativos tradicionalmente seguros, como dívidas do governo ou depósitos bancários, podem levar os investidores a tentar otimizar seu rendimento investindo em ativos de risco. Como resultado, os fundos fluem para ativos mais arriscados, onde é muito mais provável que ocorra uma bolha. A propensão dos investidores a buscar rendimento tem uma longa história. Walter Bagehot, o famoso editor do periódico *The Economist*, observou em 1852 que "John Bull pode suportar muita coisa, mas não é capaz de suportar 2% (...) Em vez desse evento terrível, eles investem suas economias cuidadosas em algo impossível — um canal para Kamchatka, uma ferrovia para Watchet, um plano para dar vida ao Mar Morto".[20] Na experiência de Bagehot, os investidores muitas vezes preferem investir em algo ridículo a aceitar uma taxa de juros baixa em um ativo seguro.

O terceiro lado do nosso triângulo da bolha, análogo ao calor, é a especulação. A especulação é a compra (ou venda) de um ativo com o objetivo de vendê-lo (ou recomprá-lo) em uma data posterior com a única motivação de gerar um ganho de capital.[21] A especulação está sempre presente de certa forma; sempre há alguns investidores que compram ativos na expectativa de aumentos futuros de preços. No entanto, durante as bolhas, um grande número de novatos se torna especuladores, muitos dos quais negociam puramente por impulso, comprando quando os preços estão subindo e vendendo quando os preços estão caindo. Assim como um incêndio produz seu próprio calor quando começa a queimar, o investimento especulativo se perpetua: os primeiros especuladores obtêm grandes lucros, atraindo mais dinheiro especulativo, o que, por sua vez, resulta em mais aumentos de preços e maiores retornos para os especuladores. A quantidade de especulação necessária para iniciar o processo é apenas uma pequena fração daquela que ocorre em seu pico.

Uma vez que uma bolha está em curso, especuladores profissionais podem comprar um ativo que sabem que está superfaturado, planejando revendê-lo para o "mais tolo" a fim de obter um ganho de capital.[22] Essa prática é comumente chamada de "surfar na bolha".[23] No entanto, muitas vezes é difícil distinguir os investidores que surfaram na bolha daqueles que tiveram a sorte de vender no momento certo. A especulação também é muito mais difundida quando muitos investidores têm exposição limitada ao risco de queda. Esse pode ser o caso quando a inadimplência das dívidas resulta em poucos custos, quando os investidores institucionais se deparam com estruturas de incentivos mal projetadas ou quando os proprietários de bancos têm responsabilidade limitada. Nessas circunstâncias, a perspectiva de comprar um ativo de risco na esperança de ganhos de curto prazo é muito mais atraente.

É claro que os investidores também podem especular "visando a queda": ou seja, vender ativos na esperança de comprá-los de volta mais tarde por um preço mais baixo. Se os especuladores não possuem o ativo, eles podem especular visando a queda realizando a venda a descoberto: tomando o ativo emprestado, vendendo-o, comprando-o de volta mais tarde por um preço mais baixo e devolvendo-o ao credor. O vendedor espera que o preço do ativo caia no período intermediário para que ele possa lucrar com a negociação. Porém, na prática, a venda a descoberto costuma ser muito mais difícil e arriscada do que simplesmente comprar um ativo. Quando um investidor compra uma ação, as perdas potenciais são limitadas, mas os ganhos potenciais são ilimitados; quando um investidor vende uma ação a descoberto, acontece o contrário. Mesmo com o ativo estando claramente sobrevalorizado, esse tipo de venda pode arruinar completamente um investidor se seu preço continuar subindo. Muitas vezes, existem restrições legais ou regulamentares à venda a descoberto, juntamente com o opróbrio social contra os vendedores a descoberto. Outras vezes, em primeiro lugar, pode ser extremamente caro pegar emprestado o ativo.[24] Em mercados menos regulamentados, a venda a descoberto pode deixar os investidores expostos a manipuladores de mercado que forjam as ações vendidas nessa categoria.[25]

Qual é a faísca que incendeia o fogo da bolha? Modelos econômicos de bolhas lutam para explicar quando e por que elas começam — de acordo com Vernon Smith, um laureado com o Nobel, as faíscas que iniciam as bolhas são um mistério.[26] Neste livro, argumentamos que a faísca pode vir de duas fontes: de uma inovação tecnológica ou de uma política governamental.

A inovação tecnológica pode desencadear uma bolha ao gerar lucros anormais nas empresas que usam a nova tecnologia, levando a grandes ganhos de capital em suas ações. Depois, esses ganhos de capital atraem a atenção dos *traders de momentum*, que começam a comprar ações das empresas *porque* seu preço subiu. Nesta fase, várias novas empresas que usam (ou pretendem usar) a nova tecnologia muitas vezes abrem o capital para tirar proveito das valorizações elevadas. Embora as valorizações possam parecer excessivamente elevadas para observadores experientes, elas geralmente persistem por dois motivos: primeiro, a tecnologia é nova e seu impacto econômico é altamente incerto. Isso significa que há informações limitadas com as quais avaliar as ações com precisão; segundo, o entusiasmo em torno da tecnologia leva a altos níveis de atenção da mídia, atraindo mais investidores. Isso muitas vezes é acompanhado pelo surgimento de uma narrativa de "nova era", na qual a magia da transformação do mundo pela nova tecnologia torna obsoletas as antigas métricas de avaliação, justificando os preços muito altos.[27]

Por outro lado, a faísca pode surgir devido a políticas governamentais que fazem com que os preços dos ativos subam.[28] Normalmente, mas nem sempre, o aumento dos preços dos ativos é projetado deliberadamente na busca de um objetivo específico. Esse objetivo pode ser o enriquecimento de um grupo politicamente importante ou dos próprios políticos. Pode ser parte de uma tentativa de remodelar a sociedade de uma forma que o governo considere desejável — várias bolhas imobiliárias, por exemplo, foram desencadeadas pelo desejo dos governos de aumentar os níveis de propriedade. As primeiras grandes bolhas financeiras, descritas no Capítulo 2, foram projetadas como parte de elaborados esquemas para reduzir a dívida pública.

Além de criar a faísca por meio de suas decisões políticas, os governos podem puxar outras alavancas políticas que afetam um ou mais lados do triângulo da bolha. Por exemplo, os governos podem baixar as taxas de juros ou aumentar a oferta de dinheiro, garantindo assim que o público tenha recursos suficientes para investir na bolha. Eles podem buscar a desregulamentação financeira, permitindo que os bancos emprestem mais dinheiro em termos menos restritivos, aumentando assim a quantidade de crédito. Uma extensão de crédito pode permitir que mais investidores comprem na bolha com alavancagem, incentivando-os a se envolver em mais especulação. A desregulamentação financeira também pode facilitar a compra e venda dos ativos envolvidos na bolha, aumentando sua negociabilidade.

Por que as bolhas acabam? Uma razão óbvia é que elas ficam sem combustível. Há uma quantidade finita de dinheiro e crédito a ser investido no ativo da bolha, de modo que aumentos na taxa de juros de mercado ou o aperto do banco central podem fazer com que a quantidade de crédito caia. Isso torna o empréstimo para investir em um ativo mais difícil para os especuladores, o que pode, por sua vez, desencadear uma venda no ativo da bolha, à medida que os investidores procuram levantar capital. Em vez disso, o aperto dos mercados de crédito pode impossibilitar que aqueles que investiram na bolha com dinheiro emprestado estendam a duração de seus empréstimos, forçando-os a vender o ativo.

O número de especuladores também é finito, podendo eventualmente atingir um limite máximo. Os especuladores podem se assustar e sair do mercado quando chegam novas informações que alteram suas expectativas sobre os preços futuros. Por exemplo, uma bolha pode estourar em resposta a anúncios de notícias sugerindo que os fluxos de caixa futuros associados aos ativos da bolha serão menores do que o esperado. Como os investidores especulativos normalmente compram um ativo porque seu preço está subindo, mesmo uma leve reversão pode reduzir de forma drástica o apelo do ativo. O efeito do trading de momentum é revertido: os investidores vendem o ativo porque seu preço está caindo, e a crença de que os preços continuarão caindo torna-se autorrealizável.

Por que algumas bolhas causam danos econômicos generalizados, enquanto outras têm pouco efeito sobre a macroeconomia? Existem duas variáveis importantes: o tamanho da bolha e sua centralidade na economia em geral. As bolhas mais prejudiciais são aquelas em que uma riqueza substancial é investida em um ativo profundamente integrado ao restante da economia. Essa integração pode ser na forma de cadeias de suprimentos; por exemplo, a falência de uma empresa-bolha também pode falir seus fornecedores, que, por sua vez, deixam de efetuar os pagamentos a outra empresa. No entanto, uma rota mais comum para o dano se espalhar é por meio do sistema bancário. Para continuar com a metáfora do fogo, vamos considerar que os bancos são o equivalente a uma plataforma de petróleo combustível no meio de uma cidade movimentada. Quando os bancos vão à falência, muitas vezes como resultado do banco ou seus mutuários deterem a maior parte de um ativo de bolha, isso pode desencadear uma cadeia de falências e inadimplências que destrói negócios, empregos e meios de subsistência. Na pior das hipóteses, a falência de um banco expõe várias outras, com efeitos igualmente devastadores. Os bancos também tendem a atender uma ampla gama de clientes, muitos dos quais não teriam nenhuma conexão com a bolha. A exposição de bancos a um colapso pode, portanto, fazer com que uma falência regional ou de um setor específico se transforme em uma recessão em toda a economia.

Em suma, nosso triângulo descreve as condições necessárias para uma bolha — negociabilidade, dinheiro/crédito e especulação. Elas se tornam condições suficientes para uma bolha apenas quando se adiciona uma centelha tecnológica ou política adequada. Acreditamos que o triângulo da bolha é uma estrutura poderosa para entender por que elas acontecem, bem como sua gravidade ou utilidade social. Sendo que descreve as circunstâncias nas quais uma bolha pode ocorrer, ele também é útil como ferramenta preditiva. No entanto, como os vários elementos da estrutura não podem ser reduzidos a um conjunto organizado de métricas, a aplicação da estrutura para fins preditivos requer o uso de julgamento.

A explicação mais antiga existente para as bolhas é a irracionalidade (ou loucura) por parte dos indivíduos e a mania concomitante por parte da sociedade. Uma das primeiras expressões dessa explicação veio de *Charles Mackay*, um jornalista e escritor escocês, que a publicou pela primeira vez em sua obra *A História das Ilusões e Loucuras das Massas*, em 1841. Esse livro foi tão popular que é publicado até hoje. Mackay era um grande contador de histórias, e sua teoria foi apoiada por uma série de anedotas vívidas que supostamente ilustravam como as sociedades poderiam se tornar insanas. Seus contos abrangiam bruxas, relíquias, as Cruzadas, adivinhação, pseudociência, alquimia, penteados e até pelos faciais. Tendo demonstrado a quase universalidade da loucura, ele escreveu capítulos sobre a bolha da Mares do Sul, a bolha do Mississippi e a Tulipomania holandesa, todos eles argumentando que as bolhas ocorrem por causa das falhas psicológicas dos investidores.

Mackay não foi o primeiro a associar bolhas com loucura e irracionalidade. Sir Isaac Newton, um dos cientistas mais brilhantes e influentes de toda a história, perdeu uma fortuna ao investir na bolha da Mares do Sul. Quando questionado sobre suas perdas, ele teria dito "que não podia calcular a loucura do povo".[29]

Essa hipótese da loucura das multidões foi refinada e expandida por nomes como Kindleberger, John Kenneth Galbraith e, mais recentemente, pelo laureado com o Nobel, Robert Shiller.[30] Este último e outros economistas argumentam que as bolhas podem ser amplamente explicadas pela economia comportamental, com falhas cognitivas e vieses psicológicos por parte dos investidores fazendo com que os preços subam além de seu valor objetivo.[31] Um subconjunto de investidores, por exemplo, pode sofrer de uma inclinação de excesso de confiança, pela qual superestima o desempenho futuro das ações de uma empresa, ou pode ter um viés de representatividade, pelo qual extrapola incorretamente uma série de anúncios de boas notícias e reagem exageradamente.[32] Outros investidores podem simplesmente seguir ou imitar esse subconjunto de investidores apenas por causa do comportamento de manada e da ingenuidade de sua parte.[33]

A visão de que as bolhas são em grande parte um produto da irracionalidade foi contrariada por economistas que, como o laureado com o Nobel, Eugene Fama, acreditam que os investidores são racionais e os mercados, eficientes.[34] Muitas pesquisas recentes sobre o assunto se concentraram, portanto, em estabelecer se uma determinada bolha era "racional" ou não.[35] O que é lamentável, porque a estrutura racional/irracional é quase inútil para entender as bolhas. Em parte, isso ocorre porque a palavra "racional" é tão vagamente definida que muitos comportamentos comuns dos investidores podem ser classificados como "racionais" ou "irracionais", dependendo das preferências do economista.[36] Porém, de maneira mais fundamental, a estrutura é muito redutora. Os preços dos ativos em uma bolha são determinados por ações de uma ampla gama de investidores com diferentes informações, cosmovisões, filosofias de investimento e personalidades diferentes. Muitas vezes, eles também enfrentam incentivos diferentes.

Dividir simplesmente esses investidores em categorias rotuladas como "racionais" e "irracionais" não faz jus à complexidade do fenômeno, e, como resultado, tentamos evitar esses termos por completo.

Bolhas Históricas

Abordamos as bolhas históricas neste livro como se fôssemos investigadores em uma área de incêndio, vasculhando as cinzas das bolhas históricas em um esforço para entender suas causas. Em seguida, tentamos usar esse conhecimento para agirmos como conselheiros de segurança contra incêndios, elaborando políticas que podem impedir a formação de bolhas ou serem socialmente destrutivas no futuro. Primeiro, no entanto, precisamos decidir quais incêndios investigar. Temos dois critérios de seleção. Para sermos coerente com nossa definição de bolha, estamos interessados apenas em bolhas nas quais ocorreu um grande aumento e depois uma queda nos preços dos ativos. Quão grande é grande? Exigimos um aumento nos preços dos ativos de pelo menos 100% em menos de três anos, seguido de um colapso de pelo menos 50% nos preços em um período de três anos ou menos.[37] Para bolhas no mercado de ações, não exigimos que todo o mercado tenha sofrido uma reversão; em vez disso, a reversão pode ter ocorrido em setores ou indústrias específicas.[38] Esse conjunto de critérios significa que as bolhas incluídas em nosso catálogo são as maiores. No entanto, isso também significa que podemos ter ignorado algumas bolhas simplesmente porque nós ou estudiosos anteriores não conseguimos encontrar e comparar os dados dos preços.

O segundo critério é que a reversão do preço do ativo tem que ter sido acompanhada por um boom promocional, com novas empresas ou títulos financeiros sendo lançados no mercado financeiro. Isso garante que as bolhas que selecionamos sejam aquelas que tiveram impacto na economia além dos efeitos da reversão de preços. Uma implicação desse critério é que excluímos bolhas em commodities ou colecionáveis, como revistas em quadrinhos, ursos de pelúcia e cartões de beisebol. As bolhas imobiliárias são excluídas, a menos que tenham sido acompanhadas por bolhas nas ações ou facilitadas pela emissão de títulos financeiros recém-criados.

A Tabela 1.1 contém uma lista das principais bolhas históricas que atendem a esses critérios e que são estudadas em detalhes neste livro. Essa lista não é extensa, de maneira nenhuma. No entanto, há pelo menos cinco coisas sobre nosso catálogo de bolhas que são dignas de nota. Em primeiro lugar, nossa seleção de bolhas se estende desde o nascimento dos mercados de ações até os dias atuais. Em segundo lugar, nosso catálogo é global em escopo, abrangendo quatro continentes e nove países. Em terceiro lugar, embora a Tabela 1.1 contenha muitas bolhas famosas, há também algumas menos conhecidas: a primeira bolha de mercado emergente de 1824–1826; o boom imobiliário australiano, que estourou na década de 1890; a mania britânica das bicicletas da década de 1890; e as bolhas chinesas em 2007 e 2015. Em quarto lugar, seis de nossas doze bolhas foram seguidas por crises financeiras, e pelo menos cinco foram seguidas por severas crises econômicas. Em quinto lugar, várias das bolhas listadas na Tabela 1.1 estavam explicitamente ligadas ao desenvolvimento de novas tecnologias — ferrovias na década de 1840, bicicletas na década de 1890, automóveis, rádio, aviões e eletrificação na década de 1920 e internet e telecomunicações na década de 1990.

Provavelmente a bolha mais famosa que está ausente em nosso estudo é a Tulipomania holandesa de 1636–1637, que testemunhou a rápida valorização do preço de bulbos de tulipas raras no final de 1636, seguida por uma depreciação de 90% nos preços dos bulbos em fevereiro de 1637.[39] Ela é excluída pela simples razão de que a reversão de preços foi confinada exclusivamente a uma mercadoria pouco negociada, sem boom de promoção associado a ela e com um impacto econômico insignificante.[40] Em outras palavras, a Tulipomania foi muito pouco digna de nota para merecer inclusão. Embora as flutuações de preços sejam impressionantes, elas não são incomuns para mercados de bens raros e incomuns, particularmente aqueles usados predominantemente para sinalizar status.[41] No caso da Tulipomania, essas flutuações foram agravadas pela ambiguidade legal sobre o status dos contratos futuros, sugerindo que os movimentos de preços podem ter uma explicação um tanto mundana.[42]

A infâmia da Tulipomania é em grande parte culpa de Charles Mackay.[43] Ele pintou o quadro de uma sociedade tomada pela insanidade coletiva em relação às tulipas, em que o valor de alguns bulbos excedia o valor das luxuosas casas de Amsterdã. Ele também enfatizou a universalidade do mercado, com a população em geral de Amsterdã "investindo" em bulbos de tulipas nas várias tavernas espalhadas pela cidade. Porém, o trabalho de Mackay não é confiável. Suas fontes são baseadas em relatos de segunda mão, que, por sua vez, são baseados em peças contemporâneas de propaganda criticando o mercado de tulipas.[44] Muito poucas das alegações de Mackay podem ser comprovadas. A narrativa popular da Tulipomania é, portanto, em grande parte ficcional, "baseada quase exclusivamente em propaganda, citada como se fosse um fato".[45] Certamente, em vários episódios deste livro podemos ver um processo semelhante de criação de mitos, por meio do qual anedotas de bolhas que eram originalmente sátira ou propaganda são repetidas anos depois como se realmente tivessem acontecido.

Outro conjunto notável que está ausente da nossa lista são as bolhas imobiliárias que ocorreram na Escandinávia na década de 1980 e no Sudeste Asiático na década de 1990.[46]

Tabela 1.1 *As principais bolhas financeiras*

Bolha	País	Anos	Ativo	Crise financeira após a bolha
Bolha do Mississippi	França	1719-1720	Ações da Companhia do Mississippi	Não
Bolha da Mares do Sul	Reino Unido	1719-1720	Ações de empresas (incluindo ações da Companhia dos Mares do Sul)	Não
Bolha da Windhandel	Holanda	1720	Ações de empresas	Não
Primeira bolha de mercado emergente	Reino Unido	1824-1826	Ações de empresas e mineradoras	Sim
Mania Ferroviária	Reino Unido	1844-1846	Ações ferroviárias	Sim
Boom Imobiliário Australiano	Austrália	1886-1893	Ações de empresas e imóveis	Sim
Mania das Bicicletas	Reino Unido	1895-1898	Ações de empresas de bicicleta	Não
Os Loucos Anos 1920	EUA	1920-1931	Ações de empresas de novas tecnologias	Sim
Bolha Japonesa	Japão	1985-1992	Ações de empresas e bens imobiliários	Sim
Bolha pontocom	EUA	1995-2001	Ações de novas tecnologias	Não
Crise do Subprime	EUA, Reino Unido, Irlanda, Espanha,	2003-2010	Imóveis e casas	Sim
Bolhas Chinesas	China	2007, 2015	Ações	Não

Em ambos os casos, os grandes booms de crédito tiveram suas raízes na liberalização financeira e, em ambos os casos, o crash foi seguido por uma crise bancária. A liberalização dos investimentos exacerbou o boom de crédito no Sudeste Asiático, onde quantidades substanciais de capital internacional fluíram para a região, resultando em crises bancárias e cambiais.[47] No entanto, a única dessas bolhas imobiliárias que foi acompanhada por um grande boom do mercado de ações foi na Tailândia. A escala da bolha do mercado de ações tailandês não atende ao nosso critério de inclusão e parece não ter havido um boom promocional.[48]

Depois de escolher nossos incêndios, como vamos investigá-los? Um bom ponto de partida geralmente são as descobertas de pesquisadores anteriores. Assim, fazemos uso extensivo da literatura existente, grande parte da qual vem de áreas muito além da história ou da economia.[49] No entanto, a memória e a experiência de um evento são muitas vezes muito diferentes, e também queremos entender os pensamentos e as ações daqueles que estavam em cena naquele momento. Por isso, também investigamos os escritos e discursos de jornalistas, políticos e comentaristas contemporâneos durante cada bolha. O que eles estavam dizendo enquanto o incêndio estava acontecendo? Eles estavam chamando o corpo de bombeiros ou atiçando as chamas? Não queremos focar exclusivamente os poderosos — também estamos interessados nas chamadas pessoas comuns que foram apanhadas no fogo. Quem sofreu e quem — se houve alguém — se beneficiou com isso? Finalmente, como economistas financeiros, não queremos que nossas análises sejam puramente descritivas — queremos poder quantificar o tamanho de cada incêndio e a escala dos danos que ele causou. Para bolhas famosas, isso era simples, mas para bolhas menos conhecidas, envolvia compilar meticulosamente nossos próprios dados de registros antigos em arquivos empoeirados. Esperamos que o resultado geral seja uma visão abrangente do assunto contada ao longo de três séculos. Nossa história começa em 1720 com um momento seminal na história financeira: a invenção da bolha.

2) 1720 E A INVENÇÃO DA BOLHA

> A nação, então, descobrirá tarde demais,
> Calculando todos os seus problemas e custos,
> As promessas dos diretores são como vento tais,
> A Mares do Sul, uma bolha poderosa, se muito.
> *Jonathan Swift*[1]

Poucos filmes foram feitos sobre o rei Carlos II da Espanha. Sua vida não é uma história agradável: ele sofreu tremendamente por 38 anos e, no fim, sua morte deflagrou uma guerra. A família Habsburgo, à qual pertencia, casou-se quase exclusivamente com outros membros da família para consolidar sua riqueza e seu poder. Esse propósito foi alcançado, mas com um severo custo físico e mental para Carlos, que herdou uma série de deformidades como consequência de cinco gerações endogâmicas. Sua estrutura óssea fazia com que fosse difícil para ele comer, falar ou andar, e ele sofria de convulsões frequentes; suas dificuldades de aprendizado eram tão graves que nenhuma tentativa foi feita para educá-lo formalmente. Ele subiu ao trono aos 3 anos de idade, mas mesmo como adulto, governar o país por seus méritos próprios era efetivamente impossível.[2]

Carlos provavelmente também era infértil, e nenhum de seus dois casamentos gerou filhos. Sua morte em 1700 desencadeou, assim, uma crise de sucessão. Como seu herdeiro, Carlos havia nomeado um neto de Luís XIV da França, Filipe, Duque de Anjou. Como sobrinho-neto de Carlos, Filipe tinha a mais forte reivindicação genealógica ao trono, mas sua ascensão teria unificado os impérios francês e espanhol. Isso ameaçou os impérios britânico, holandês, português e o Sacro Império Romano, que, em vez disso, propuseram que o arquiduque Carlos da Áustria fosse o rei. Em 1702, suas tentativas de resolver a crise por meio da diplomacia fracassaram e a Grã-Bretanha, a Holanda e a Áustria declararam guerra à Espanha.

O conflito resultante, a Guerra da Sucessão Espanhola, durou treze anos e foi resolvido em 1715 pelos Tratados de Utrecht e Rastatt. A resolução era direta: Filipe poderia permanecer sendo rei da Espanha desde que renunciasse a qualquer reivindicação ao trono francês. A guerra, no entanto, havia sido extraordinariamente cara. Para financiá-la, os governos contaram com um método relativamente novo de financiamento de guerra: tomar dinheiro emprestado do público em geral por meio da emissão de títulos de dívida pública. Isso resultou em níveis sem precedentes de dívida pública francesa, britânica e holandesa. Na França, a dívida pública em 1715 era superior a 2 bilhões de libras francesas: entre 83% e 167% do PIB, dependendo da estimativa utilizada. Na Grã-Bretanha, a dívida pública subiu de £5,4 milhões pré-guerra para £40,3 milhões, algo entre 44% e 52% do PIB.[3] A dívida pública da Holanda quase dobrou como resultado direto da guerra, e o custo de financiamento foi de pouco mais de dois terços da receita fiscal total da Holanda.[4]

Esses níveis de dívida representavam uma ameaça existencial, porque, se os credores duvidassem da capacidade de uma nação de pagar suas dívidas, ela teria dificuldades para financiar guerras futuras. Os governos francês e britânico estavam cientes disso. Após a morte de Luís XIV em 1715, vários dos conselheiros do novo regente francês propuseram a revogação do Parlamento francês (os *Estados Gerais*) para lidar com o estado desastroso das finanças públicas. A Grã-Bretanha foi retirada da guerra por um governo conservador que fez forte campanha pela redução da dívida pública.[5] Para cada país, o desafio era reduzir a dívida de forma que minimizasse tanto o risco de uma revolução quanto o custo de empréstimos futuros. Portanto, era crucial evitar que o custo da tributação adicional caísse de forma muito pesada sobre aqueles com poder político. Além disso, as inadimplências, que normalmente eram apenas parciais, deveriam de alguma forma ser retratadas como justificadas e/ou como algo improvável de ser repetido. Idealmente, os credores as aceitariam de imediato.

A França, onde o problema era mais grave, reciclou vários métodos de redução da dívida que havia usado antes. O novo ministro das finanças, o Duque de Noailles, impôs uma redução não negociável aos credores, com algumas dívidas de curto prazo sendo unilateralmente desvalorizadas em dois terços. Financiadores foram acusados de especulação, e cerca de 110 milhões de libras francesas foram confiscadas. A moeda foi desvalorizada várias vezes, com moedas refeitas uma segunda vez com um teor mais baixo de ouro e prata em 1701, 1704, 1715 e 1718. Em conjunto com um programa de austeridade substancial, isso significava que, excluindo os pagamentos de juros, a França havia passado de um déficit de mais de 60 milhões de libras francesas em 1710 para um superávit de 48 milhões de libras francesas em 1715. No entanto, o problema era que os pagamentos dos juros de sua dívida eram de cerca de 90 milhões de libras francesas por ano.[6] E isso era apenas para financiar a dívida — reduzi-la teria custado substancialmente mais. Era necessário realizar novas manobras.

A demanda francesa por inovação financeira foi atendida, quase que isoladamente, por um teórico financeiro escocês chamado John Law. Descrever Law como um "teórico financeiro escocês" invoca exatamente a imagem errada; sua vida foi suficientemente fascinante para ter inspirado não apenas uma extensa literatura histórica própria, mas também pelo menos um livro romântico popular.[7] Em 1694, aos 22 anos de idade, um tribunal escocês o condenou à morte por matar um homem em um duelo, mas ele escapou da prisão e fugiu para o continente, enriquecendo por meio de uma combinação de apostas profissionais, serviços financeiros e networking. Paralelamente, ele escreveu vários tratados sobre economia, o mais notável sendo *Money and Trade Considered*, que foi publicado em 1705. Praticamente todos os trabalhos sérios sobre Law enfatizaram tanto seu caráter imprudente quanto sua genialidade: o famoso economista de Harvard, Joseph Schumpeter, o colocou "na primeira fila dos maiores teóricos monetários de todos os tempos".[8]

Law chegou a Paris em 1715 e imediatamente se encontrou com o regente para propor o estabelecimento de um "Banco Geral" como um ramo do governo. O Banco Geral prenunciava o surgimento do banco central moderno e era mais ambicioso do que o Banco da Inglaterra, que existia desde 1694. Sua missão era coletar todas as receitas do rei, emitindo em seu lugar promissórias que podiam ser trocadas por moedas. Uma vez que o banco foi estabelecido, só precisava reter moedas no valor de uma fração do valor de todas as promissórias em circulação, uma vez que era improvável que um grande número de promissórias fosse apresentado para resgate simultaneamente. O governo poderia então aumentar a oferta monetária reduzindo a fração de promissórias lastreadas em moedas. Law argumentou que conceder ao Banco o controle da política monetária incentivaria o crescimento econômico, aumentando assim as receitas tributárias e ajudando o governo a pagar sua dívida. Embora o esquema tenha sido inicialmente rejeitado, uma versão privada foi autorizada a ir adiante um ano depois.[9]

Apesar de o banco ser nominalmente uma empresa privada, Law entendia que seu sucesso dependia do respaldo de autoridades políticas. Portanto, ele garantiu que uma grande proporção de suas ações fosse distribuída a nobres influentes. Isso deu ao governo um interesse no sucesso do esquema, que foi agravado quando o regente depositou grandes somas de dinheiro nele em um estágio muito inicial.[10] Esse apoio político mostrou-se inestimável para o esquema, pois levou o governo a introduzir uma legislação que praticamente garantiu seu sucesso. A partir de outubro de 1716, os cobradores de impostos foram obrigados a trocar promissórias por dinheiro e, a partir de abril de 1717, elas foram aceitas como pagamento de impostos. No final de 1718, quando o banco foi nacionalizado, seus acionistas iniciais obtiveram um impressionante retorno anual de 35%, fornecendo a Law um histórico que deu credibilidade às suas promessas de ganhos de capital espetaculares de empreendimentos subsequentes.[11] Além disso, a nacionalização do banco deu ao governo francês o poder de imprimir dinheiro, aumentando drasticamente seu controle de um lado do triângulo da bolha. Em 1717, Law recebeu um alvará para estabelecer a Companhia do Mississippi, cuja missão original era desenvolver terras próximas ao rio Mississippi.[12] Assim que as primeiras ações foram emitidas, Law começou a expandir suas operações por meio de uma série de fusões e aquisições. O capital inicial foi gasto em dezembro de 1718 na aquisição da Companhia do Senegal e do monopólio francês da produção de tabaco. Emissões adicionais de ações foram feitas em junho, julho e setembro/outubro de 1719, levantando, respectivamente, 27,5 milhões, 50 milhões e 1,5 bilhão de libras francesas. Esses fundos foram usados para comprar o direito de realizar quase todo o comércio francês no exterior, o direito de cunhar moedas e direitos de cobrança de impostos equivalentes a cerca de 85% das receitas francesas. Em fevereiro de 1720, a Companhia do Mississippi assumiu o controle do Banco Geral.[13]

A maior operação da Companhia, no entanto, foi um esquema de redução da dívida pública. A essência desse esquema era a seguinte: quando ocorreu a emissão final de ações do Mississippi de 1,5 bilhão de libras francesas, o pagamento só foi aceito na forma de títulos do governo. O rendimento médio desses títulos foi de cerca de 4,5%. A Companhia do Mississippi, então, emprestou dinheiro ao governo, que usou o empréstimo para pagar sua dívida. Como a taxa de juros do empréstimo era de apenas 3%, isso reduziu substancialmente a carga da dívida do governo. Mas o público precisava ser convencido a trocar a dívida do governo por ações de uma empresa cujo principal ativo era a dívida do governo com um rendimento muito menor: um negócio obviamente ruim.[14] A solução de Law foi criar a crença autorrealizável de que o preço das ações subiria depois de serem emitidas. Mesmo que os detentores de dívidas percebessem que estavam fazendo um mau negócio em termos de fluxos de caixa futuros, a perspectiva de ganhos de capital espetaculares sobre as ações no curto prazo provavelmente se mostrou tentadora demais para resistir.

Em suma, Law resolveu o problema da dívida do governo inventando a bolha. Em primeiro lugar, ele garantiu que as ações do Mississippi fossem muito mais negociáveis do que a dívida usada para as adquirir. Enquanto a maior parte da dívida era altamente ilíquida, as ações do Mississippi eram negociadas livremente em um vibrante mercado secundário. Ativos líquidos são mais desejáveis, então isso adicionou algum valor real — embora não o suficiente para justificar a grande redução nos pagamentos de juros futuros. Em segundo lugar, ele usou o Banco Geral para expandir a oferta de dinheiro, garantindo que uma abundância de fundos estivesse disponível para comprar as ações. A emissão total de notas foi ampliada de 200 milhões de libras francesas em junho de 1719 para 1 bilhão até o final do ano. Em terceiro lugar, ele tornou as ações altamente alavancadas ao permitir que fossem compradas com um pagamento inicial de 10%, o que era uma enorme extensão de crédito.[15]

Por fim, Law atraiu a atenção de especuladores usando uma série de arranjos de "gerenciamento de mercado" para arquitetar uma série de aumentos rápidos no preço das ações do Mississippi. Por exemplo, cada emissão sucessiva de ações exigia que o subscritor detivesse ações existentes, o que aumentou a demanda por essas ações nos mercados secundários. A elevação do preço das ações existentes fez com que a emissão atual parecesse um investimento muito mais atraente. Quando o preço começou a cair, Law o sustentou comprometendo-se publicamente a comprar derivativos que permitiriam aos investidores limitar suas perdas potenciais.[16] Ele também pôde usar os meios de comunicação, então submetidos a um rígido controle político, para estimular a demanda. Às vezes, isso significava simplesmente divulgar de forma ampla seus compromissos: sua oferta de compra de opções de compra em 1718 foi publicada na *Gazette d'Amsterdam*. Outras vezes, os meios de comunicação eram usados para difundir propaganda. Uma defesa de suas políticas foi publicada em vários jornais em fevereiro de 1720, e ele repetidamente tentou retratar os ativos da Companhia como sendo muito mais lucrativos do que realmente eram.[17] A popularidade de Law junto ao governo, aliada ao controle do governo sobre os jornais, fez com que as narrativas favoráveis ao esquema não fossem questionadas.

A escala da bolha resultante pode ser vista na Figura 2.1, que acompanha o preço das ações do Mississippi de 1718 até o final de 1720. O lucro potencial de se envolver cedo era enorme: uma ação que custava de 140 a 160 libras em 1717 valia mais de 10 mil libras francesas dois anos depois. Mesmo os acionistas das operações posteriores conseguiriam ter dobrado seu dinheiro no espaço de alguns meses ao cronometrar corretamente sua saída do mercado.

O poder de Law sobre a economia francesa atingiu seu ápice em janeiro de 1720, quando foi nomeado ministro das Finanças. No entanto, ele logo descobriu que não poderia sustentar os preços indefinidamente, e suas tentativas de fazê-lo tornaram-se cada vez menos sutis. Em um esforço para evitar que os acionistas do Mississippi convertessem seus ganhos de volta em moedas de ouro e prata, uma nova cunhagem compulsória desvalorizou as moedas em relação às promissórias.

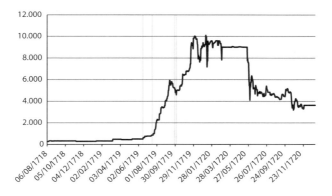

Figura 2.1 Preço das ações da Companhia do Mississippi (livres) e datas da operação[18]

Foram aprovadas leis proibindo a exportação de ouro ou prata e, em 27 de fevereiro, tornou-se ilegal manter mais de 500 libras francesas em moedas ou usá-las para transações acima de 100 libras em valor. O estado francês, no entanto, não tinha capacidade para aplicar tais medidas draconianas. Muitos cidadãos simplesmente ignoraram as novas leis; outros converteram as propriedades do Mississippi em diamantes. Law respondeu impondo restrições semelhantes aos diamantes.[19]

Em 5 de março, após uma queda de 25% no preço das ações da Companhia do Mississippi, Law se comprometeu a fazer com que o Banco Geral comprasse quaisquer ações ao preço de 9 mil libras francesas, pagáveis apenas em promissórias. Como isso estava bem acima do valor de mercado das ações, a maioria dos acionistas optou por aceitar a sua oferta. Isso forçou Law a aumentar drasticamente o fornecimento de promissórias, que subiu de 1,2 para 2,7 bilhões de libras francesas ao longo dos 3 meses seguintes.[20] Contudo, isso gerou uma inflação enorme, prejudicando dois objetivos cruciais para o sistema: substituir a moeda metálica por promissórias como moeda principal da França e manter as taxas de juros baixas.

Law tentou corrigir esse erro introduzindo uma lei que reduzia gradualmente o preço das ações da Companhia para 5 mil libras francesas, realinhando assim o valor das ações e promissórias com o das moedas de ouro e prata. Acabou sendo um desastre político, no entanto, porque Law havia prometido pouco tempo antes que as promissórias não estariam sujeitas a qualquer variação. Dentro de uma semana, a lei foi revogada pelo regente, tirando de Law o poder de corrigir falhas percebidas em seu sistema e demonstrando sua súbita perda de influência política. Law foi demitido do cargo de ministro das Finanças em 29 de maio, e o preço das ações da Companhia caiu para pouco mais de 4 mil libras francesas em 31 de maio.[21]

Law logo foi reintegrado como ministro *de facto*, e o mercado se recuperou temporariamente. Mas ficou claro que o esquema fracassou, e seu papel a partir de então consistiu em administrar seu declínio. O Banco Geral foi fechado, e foi anunciado que as promissórias não seriam mais aceitas para pagamento de impostos. Contra a vontade de Law, uma série de medidas punitivas foram impostas aos investidores do Mississippi: o capital foi elevado, o preço nominal das ações foi reduzido e os contribuintes que venderam suas ações foram forçados a comprá-las de volta com multa. A cobrança de impostos e os direitos de cunhagem de moedas da Companhia do Mississippi foram removidos. Em 8 de dezembro de 1720, a revolução da negociabilidade foi revertida quando o rei aboliu a negociação de ações do Mississippi. Nove dias depois, Law foi enviado para o exílio para protegê-lo de investidores furiosos.[22]

O governo então tentou reconstruir algum tipo de sistema monetário e financeiro a partir das ruínas do regime de Law. Foi constituído um instrumento denominado "Visa", ao qual foram submetidos todos os bens relativos ao regime de Law, acompanhado de uma declaração de como os bens foram obtidos. O objetivo do Visa era ostensivamente converter esses ativos em dívida pública "com base nas habilidades do reino e nas regras de justiça", o que na prática significava favorecer aqueles com pequenas posses. No entanto, o ambiente político era então tão tóxico que o governo foi forçado a reverter a redução de seus pagamentos de dívidas que o sistema de Law havia permitido. Quando o Visa finalmente foi concluído em 1724, os encargos da dívida custaram 87 milhões de libras francesas ao Estado por ano — quase exatamente o mesmo que em 1717.[23] Os esforços ambiciosos do governo francês para reformar suas finanças fracassaram completamente.

A bolha da Mares do Sul também surgiu do desespero do governo britânico para controlar sua dívida. Nos anos que se seguiram à Guerra da Sucessão Espanhola, uma série de atos do Parlamento tentou reduzir os pagamentos de juros do governo. No entanto, a natureza representativa do Parlamento, aliada ao poder político dos credores, dificultava qualquer ação em relação às porções mais caras da dívida. No início de 1720, o governo ainda estava prejudicado por quantias substanciais de altas dívidas: £13,3 milhões de anuidades de longo prazo pagando 7% de juros por quase 100 anos e £1,7 milhão de anuidades de curto prazo pagando 9% de juros até 1742.[24] Quanto mais lucrativa a dívida era para seus titulares, mais incentivo eles tinham para se mobilizar politicamente em oposição a qualquer esforço para reduzir seu valor. A tentativa anterior do governo de combater as anuidades, em 1717, fracassou como resultado de uma efetiva operação de lobbying por parte dos titulares de anuidades.[25]

A perspectiva de sucesso do sistema de John Law na França, no entanto, elevou o peso da dívida ao status de emergência nacional. Em janeiro de 1720, os diretores da Companhia dos Mares do Sul, uma empresa de comércio de escravos que havia ajudado o governo a refinanciar sua dívida no passado, apresentaram uma solução potencial ao Parlamento. A essência da proposta, que se baseava fortemente nas ideias de Law, era a de que a Companhia ofereceria seu patrimônio ao público em troca da dívida pública. A Companhia receberia, então, uma taxa de juros reduzida sobre essa dívida, reduzindo de forma substancial os custos de financiamento do governo. Além disso, pagaria a ele uma taxa de £4 milhões pelo privilégio de conduzir o esquema, além de uma taxa adicional de até £3,6 milhões, dependendo de quanta dívida fosse convertida. Após o pagamento de vários subornos estratégicos a deputados hesitantes, essa oferta foi aceita pelo Parlamento.[26] As subscrições de dívidas, pelas quais os credores podiam apresentar dívidas de ações da Mares do Sul, foram organizadas para o final de abril, meados de julho e início de agosto de 1720. Estas foram acompanhadas por operações monetárias em abril, maio, junho e setembro, que envolviam simplesmente a compra de ações a um preço determinado pela empresa.[27]

O benefício para o governo foi claro: ele recebeu um pagamento em dinheiro e reduziu os custos de financiamento de sua dívida. No mínimo, foi surpreendente que a medida exigisse tanta politicagem para passar pelo Parlamento. Os benefícios para os diretores da Mares do Sul não são tão claros e, no passado, chegaram a ser objeto de alguns debates. O relato influente de Adam Anderson sugeriu que os diretores poderiam ter guardado dinheiro das vendas de ações "excedentes", ou seja, ações em excesso no valor necessário para liquidar a dívida pública.[28] Como a mecânica do esquema era tal que um preço de mercado mais alto significava maiores vendas de ações excedentes, os diretores (de acordo com Anderson) poderiam lucrar substancialmente gerando uma bolha. No entanto, essa teoria não é precisa. Vender ação excedente significava assumir passivos adicionais que compensavam os ativos adicionais, não deixando nada para os diretores embolsarem.[29] Alternativamente, os diretores poderiam ter usado informações privilegiadas para surfar na bolha, como foi alegado pelo comitê da Câmara dos Comuns de 1721.[30] Porém, de forma surpreendente, isso raramente ocorreu e certamente não foi generalizado o suficiente para ter sido a motivação subjacente a todo o esquema. A única explicação que nos resta é que os diretores pretendiam genuinamente estabelecer uma empresa lucrativa para rivalizar com o Banco da Inglaterra.[31]

O que é ainda intrigante é por que tantos detentores de dívidas concordaram com o acordo. A Companhia do Mississippi possuía pelo menos ativos significativos de geração de riqueza, mesmo que não fossem suficientes para justificar o preço das ações oferecidas. Os ativos geradores de riqueza da Companhia dos Mares do Sul eram triviais. Em teoria, eles poderiam comercializar escravos para a América do Sul, mas seu direito de fazê-lo foi contestado pela Espanha; os historiadores debateram se esse ativo era literalmente inútil ou apenas algo muito próximo disso.[32] Os detentores de dívidas deveriam trocar a dívida do governo por ações de uma empresa que detinha (praticamente) nada além da promessa de uma taxa de juros reduzida sobre essa dívida e que havia incorrido em passivos adicionais significativos na forma de pagamentos em dinheiro prometidos ao governo. Antes de John Law, seria impossível convencê-los a concordar com tal acordo. Porém, a bolha do Mississippi havia demonstrado como a perspectiva de ganhos de capital poderia atrair investidores a aceitar uma barganha aparentemente ruim.

Os diretores da Mares do Sul começaram a criar uma bolha. Primeiro, as ações da companhia tornaram-se extremamente negociáveis, especialmente em comparação com a dívida ilíquida que poderia ser usada para sua compra. Não só as ações eram livremente transferíveis, mas também o mercado secundário era muito ativo para elas, então geralmente era fácil encontrar um comprador ou vendedor. Os diretores então expandiram o crédito de várias maneiras. O dinheiro foi emprestado diretamente para aqueles que desejavam investir: 2.300 pessoas fizeram empréstimos com a Mares do Sul durante o ano de 1720. As ações estavam altamente alavancadas, com apenas uma pequena proporção de capital em cada ação mobilizada. As ordens do restante do capital foram programadas para longos períodos de tempo, de modo que os investidores tiveram ampla oportunidade de revender as ações antes que tivessem que fazer mais pagamentos. Além disso, as próprias ordens podiam ser pagas a crédito. Isso não apenas tornou as ações atraentes para investidores que querem arriscar, mas liberou o dinheiro restante, que em muitos casos foi usado para comprar ainda mais ações.[33]

A capacidade de comprar ações por pagamentos relativamente pequenos abriu o mercado para pessoas da sociedade que antes não podiam investir. Mais tarde, isso se mostrou profundamente controverso: os críticos posteriores da bolha reagiram com horror a um aumento notável na mobilidade social, com os pobres indignos dizendo que ganharam grandes somas de dinheiro às custas das elites legitimamente abastadas.[34] Na verdade, porém, a grande maioria dos investimentos ainda vinha dos super-ricos. O acionista médio comprou £4.600 em ações na primeira operação, £3.400 na segunda, £8.600 na terceira e £4.600 na quarta, sem nenhuma cauda longa de pequenos acionistas. Isso estava bem além da capacidade das classes médias; a renda anual típica de um oficial do exército, por exemplo, era de cerca de £60. Os políticos estavam profundamente envolvidos no esquema, com três quartos dos deputados e nobres subscrevendo ações em pelo menos uma das emissões. Só esse grupo representou 14% dos investidores nas duas primeiras operações. Curiosamente, quando se tratava da terceira e quarta emissões altamente não rentáveis, esse grupo representou apenas 9% e 5% das operações, respectivamente, o que sugere que eles podem ter sido mais bem informados do que o investidor comum.[35]

Com o aumento da negociabilidade e a expansão do crédito, os diretores precisavam estimular a especulação. Assim como na Companhia do Mississippi, as operações foram divididas em "parcelas" e, num primeiro momento, apenas uma pequena proporção de ações foi emitida. Isso criou um mercado que era grande o suficiente para permanecer líquido, mas pequeno o suficiente para os diretores o manipularem a um custo relativamente pequeno. Assim, os primeiros acionistas poderiam receber ganhos de capital espetaculares, incentivando as operações de parcelas futuras. À medida que as operações prosseguiam, foi mantida alguma escassez devido ao atraso na emissão de recibos negociáveis, reduzindo a oferta de ações nos mercados secundários.[36]

Ao contrário de Law, os diretores da Mares do Sul tiveram que contar com uma imprensa livre e palpitante. O fim do monopólio do *London Gazette* em 1695 levou à publicação de vários jornais concorrentes, como o *Weekly Journal*, o *London Journal*, o *Daily Courant* e o *Evening Post*.[37] Esses jornais dedicavam uma cobertura substancial a questões financeiras e eram amplamente lidos em cafeterias locais que também funcionavam como bolsas de valores.

Por que esses jornais não alertaram os investidores sobre a natureza do esquema? Parte do problema era que eles não eram totalmente confiáveis. Daniel Defoe alertou seus leitores contra a disseminação de "notícias falsas" com a intenção de manipular os preços das ações.[38]

Outras vezes, as notícias inventadas eram simplesmente vendidas aos investidores. Pequenos barcos deixavam os portos ingleses fingindo visitar Amsterdã, davam uma volta no porto enquanto inventavam fofocas plausíveis e depois retornavam ao porto para vender notícias falsas aos especuladores. No entanto, quando se trata de dissipar informações totalmente erradas, as notícias financeiras parecem ter funcionado de forma razoavelmente eficaz. Defoe afirmou que os rumores falsos quase sempre tinham se dissipado até o final do dia, e há muito pouca evidência de que os rumores tenham sido um fator significativo no aumento dos preços.[39]

Talvez o maior problema fosse que a maioria dos jornalistas e escritores não entendia completamente o esquema. O esquema de conversão da dívida era um tanto misterioso; poucos tinham a numeracia necessária para avaliar adequadamente as ações da Mares do Sul, principalmente quando a Companhia estava deturpando o valor potencial de seus direitos de comércio de escravos. Como resultado, uma gama incrivelmente ampla de avaliações foi publicada. Lorde Hutcheson, usando análise de fluxo de caixa, verificou corretamente que as ações nas operações finais estavam sendo oferecidas a um preço bem acima de seu valor real.[40] Na outra ponta do espectro, um artigo infame no *Flying Post* argumentava que, quanto mais alto o preço que os investidores pagavam pelas ações da Mares do Sul na operação, melhor o negócio que eles estavam fechando.[41] Na ausência de analistas financeiros estabelecidos, os investidores desinformados não tinham certeza de qual avaliação estava correta.

O sucesso do esquema da Mares do Sul na engenharia de uma bolha pode ser visto na Figura 2.2. O preço das ações da Mares do Sul subiu de £126 no início de 1720 para um pico de £1.100 em meados de julho. A queda foi igualmente drástica, acelerando em outubro para encerrar o ano, simetricamente, a um preço de £126. Até então, no entanto, o objetivo principal do governo já havia sido alcançado: 80% das anuidades não exigíveis haviam sido convertidas em ações da Mares do Sul. Surpreendentemente, uma das primeiras ações do Parlamento ao se reunir novamente em dezembro de 1720 foi excluir a possibilidade de rescindir essa conversão.[42]

As quedas de investidores furiosos tiveram então de ser administradas sem provocar consequências políticas adversas. Essas consequências eram potencialmente graves.

Figura 2.2 Preço das ações da Companhia dos
Mares do Sul (£) e datas da operação[43]

P.G.M. Dickson argumenta que o humor do público no final de 1720 era desagradável o suficiente para representar um risco genuíno de revolução.[44] A solução do governo foi uma combinação de compensação e correção. A compensação foi um alívio parcial oferecido aos acionistas. A "lei para restauração do crédito público", que foi aprovada em agosto de 1721, reduziu o capital da Mares do Sul e reduziu o montante fixo que ela havia concordado em pagar ao governo.[45] Os acionistas da operação de dívida de agosto tiveram seus termos alterados de modo que eram quase idênticos aos da operação de maio, reduzindo assim as perdas de quem havia comprado no auge da bolha. Ainda assim, todos os acionistas foram obrigados a aceitar uma redução substancial no valor de suas ações.[46]

A correção foi usada contra os diretores da Mares do Sul, a fim de satisfazer a sede de retribuição do público. Em janeiro de 1721, seis diretores foram destituídos de cargos públicos e os quatro deputados foram expulsos do Parlamento. Foi aprovado um projeto de lei exigindo que todos os diretores apresentassem levantamentos de suas propriedades ao Parlamento, e acusações de corrupção foram feitas contra membros do governo. John Aislabie, que havia planejado o lado do governo no esquema, foi considerado culpado, expulso do Parlamento e preso na Torre de Londres. Um projeto de lei confiscando os bens de todos os diretores foi aprovado em julho.[47]

Esse bode expiatório do governo anterior fez mais do que canalizar a raiva pública para um alvo conveniente. Ao impor um custo pessoal àqueles que implementaram o esquema, o governo britânico poderia tranquilizar os investidores de que não se repetiria, pois qualquer político que tentasse poderia esperar ser punido e desgraçado. Isso preservou a capacidade do governo de emitir títulos a taxas de juros razoáveis. No entanto, o principal benefício do esquema da Mares do Sul para o governo também foi preservado, uma vez que os pagamentos reduzidos da dívida permaneceram em vigor. O Parlamento havia realizado um feito impressionante: uma inadimplência parcial da dívida existente sem aumento correspondente no custo futuro de seus empréstimos.

Uma característica da bolha da Mares do Sul que não ocorreu na França foi um boom simultâneo no estabelecimento de novas empresas. Julian Hoppit estima que cerca de 190 sociedades anônimas britânicas foram estabelecidas em 1719 e 1720, com um capital subscrito entre £90 milhões e £300 milhões.[48] Quase todas essas empresas desapareceram rapidamente, em grande parte devido à oposição regulatória na forma do Bubble Act de 1720 e uma série de mandados emitidos contra as empresas. Apenas duas das novas empresas, London Assurance e Royal Exchange Assurance, foram sucessos de longo prazo, em grande parte como resultado dos monopólios concedidos a elas pelo Parlamento.[49] Como mostra a Figura 2.3, as empresas existentes também experimentaram um boom e um colapso ao mesmo tempo que a Companhia dos Mares do Sul. Entre setembro de 1719 e junho de 1720, as ações da Companhia Real Africana subiram de £13 em setembro de 1719 para um pico de £180, enquanto as ações da Companhia das Índias Orientais subiram de £189 para £420.

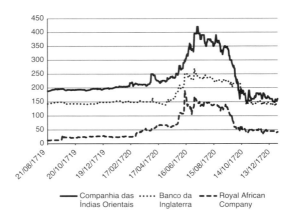

Figura 2.3 Preços das ações (£) do Banco da Inglaterra, Royal Africa Company e Companhia das Índias Orientais[50]

A Holanda, apesar de também ter uma dívida pública significativa, não experimentou uma conversão de dívida como os esquemas das companhias do Mississippi ou dos Mares do Sul. Propostas semelhantes foram sugeridas, mas consideradas desnecessárias; o governo podia tomar emprestado muito mais barato do que na França ou na Grã-Bretanha, em parte porque a dívida holandesa já era amplamente negociada em mercados secundários.[51] A bolha de 1720 na Holanda consistiu inteiramente em um boom de promoção e reversão do preço das ações. Entre junho e outubro de 1720, foram projetadas quarenta sociedades anônimas, com um capital nominal proposto de 800 milhões de florins, cerca de três vezes o PIB da República Holandesa. Quase todas essas empresas foram projetadas para estimular a especulação, tendo uma proporção muito baixa de capital integralizado. A maioria eram companhias de seguros puras ou o seguro era uma grande proporção de seus negócios. Das quarenta empresas, apenas seis se tornaram totalmente operacionais, e apenas uma, a Stad Rotterdam, foi um sucesso de longo prazo.[52]

Figura 2.4 Índice de preços de ações para a Holanda[53]

Um índice dos preços das ações holandesas, conforme relatado em *Leydse Courant*, é mostrado na Figura 2.4. Esses dados são apresentados com a ressalva de que a fonte não é totalmente confiável. Os preços às vezes eram listados antes da emissão de quaisquer ações, de modo que não está claro se o preço é o de certificados que autorizam o titular a comprar uma ação, de negociação pré-operação não oficial ou simplesmente fabricado por diretores da empresa.[54] Os preços relatados, no entanto, representam a melhor estimativa disponível do valor pelo qual as ações holandesas subiram e caíram, dobrando na primavera e no verão até um pico em 1º de outubro de 1720, antes de perder metade do valor máximo em dezembro.

O boom de promoção e de preço das ações foi atribuído ao fluxo de especulação para a Holanda, à medida que os esquemas das companhias do Mississippi e dos Mares do Sul se esgotaram.[55] Embora os movimentos das taxas de câmbio indiquem que isso ocorreu, provavelmente é um fator menor do que pode parecer: muitos dos movimentos dos preços das ações podem ser atribuídos à manipulação de mercado, relatórios de preços falsificados ou enganosos e preocupações sobre a resposta regulatória ao modelo de negócios proposto pela Stad Rotterdam. Também é notável como poucas das empresas propostas alcançaram a operação completa, o que parece incoerente com uma abundância de dinheiro especulativo. Oscar Gelderblom e Joost

Jonker, portanto, descrevem a bolha na Holanda como um fracasso, sem o impacto econômico, político ou cultural daqueles ocorridos na França e na Grã-Bretanha.

Houve também uma série de esquemas inspirados na Companhia do Mississippi em outros países europeus. Conversões de dívida em capital foram consideradas na Espanha, em Portugal, em Piemonte, na Dinamarca e na Suécia, e as propostas de criação de empresas comerciais coloniais chegaram à Rússia, a Viena e à Sicília. A motivação em cada um foi abertamente semelhante: um esquema de conversão espanhol foi vendido ao rei como um meio de "pagar de forma imperceptível" suas dívidas, e uma proposta para criar um banco de terras russo argumentou que permitiria ao czar arrecadar fundos para a guerra. Hamburgo, Veneza, Espanha e Portugal também experimentaram pequenos booms financeiros.[56] No entanto, o nível de negociabilidade nos mercados financeiros era geralmente muito baixo para que qualquer bolha significativa se desenvolvesse fora da Inglaterra e da França.

Causas

Além de serem as primeiras bolhas financeiras documentadas, as bolhas de 1720 se destacaram por terem sido criadas de maneira explícita e deliberada por um pequeno número de pessoas. Tanto John Law quanto os diretores da Mares do Sul tinham uma compreensão intuitiva do triângulo da bolha, cultivando habilmente todos os três lados com o objetivo específico de aliviar o fardo da dívida do governo. Seu primeiro e mais fundamental movimento foi aumentar a negociabilidade trocando dívidas muito ilíquidas por ações altamente líquidas. Um ativo financeiro que era muito difícil de comprar e vender foi assim substituído por um que podia ser comprado e vendido facilmente. Isso criou o potencial para mudanças frequentes de preços em um mercado secundário, o que, por sua vez, permitiu que os ativos se tornassem instrumentos de especulação. Sem esse aumento inicial de negociabilidade, que exigiu o endosso dos governos francês e britânico, nenhuma das bolhas teria sido possível.

O crédito e a alavancagem foram rapidamente expandidos para ajudar os investidores a comprar ações das empresas da bolha. A Companhia dos Mares do Sul usou ações parcialmente pagas por meio de parcelas, também emprestando dinheiro a indivíduos para ajudá-los a comprar ações da empresa. Métodos semelhantes foram usados na França, onde foram complementados por uma expansão substancial da oferta monetária. O controle de Law sobre o Banco Geral significava que ele poderia direcionar toda a política monetária da França para gerar a bolha.

Estimular o investimento especulativo foi a pedra angular de ambos os esquemas, pois a perspectiva de ganhos de capital rápidos foi o que induziu os detentores de dívidas a aceitar uma conversão em termos inferiores. Isso foi deliberadamente estimulado pelo que Hutcheson denominou como "a gestão astuta do espírito do jogo".[57] Alguns investidores, principalmente estrangeiros, eram muito bons em especular e conseguiam obter grandes lucros; outros eram essencialmente jogadores de azar e sofreram pesadas perdas.[58] Nada disso importava para os engenheiros das bolhas, que simplesmente precisavam de investimentos especulativos para manter os preços subindo.

Tecnicamente, os investidores poderiam ter especulado na direção oposta, apostando no estouro da bolha. Não havia restrições legais específicas sobre contratos futuros, então os investidores poderiam simplesmente entrar em um acordo para vender ações ao preço de hoje em alguns meses e esperar que o preço caísse antes de comprar essas ações. No entanto, parece improvável, por duas razões, que a venda a descoberto de ações da Mares do Sul fosse uma alternativa viável para investidores informados. Em primeiro lugar, havia o risco de os preços das ações subirem ainda mais antes do vencimento do contrato. O *Whitehall Evening Post* relatou, em março de 1720, sobre um corretor da bolsa judeu que perdeu £100 mil dessa maneira.[59] Em segundo lugar, como já foi referido, as companhias do Mississippi e dos Mares do Sul detinham, ambas, um certo controle sobre o fornecimento das suas próprias ações. A venda a descoberto em uma escala significativa o suficiente para afetar os preços provavelmente teria sido vista como um ataque à empresa, que poderia responder de forma incisiva — comprando grandes quantidades de suas próprias ações para aumentar os preços, possivelmente até forçando o vendedor a descoberto a comprar ações da empresa para cumprir o contrato a termo. As perdas para vendedores a descoberto, em tal cenário, poderiam ter sido extremamente altas. Talvez como resultado desses dois fatores, as fontes contemporâneas raramente recomendavam a venda a descoberto. Hutcheson, apesar de todo seu ceticismo em relação ao esquema, nem sequer mencionou a possibilidade e as estratégias que incorporam posições vendidas não parecem ter sido utilizadas por um número significativo de investidores.[60]

Com todos os três lados do triângulo da bolha no lugar, o surgimento de uma bolha exigia apenas uma faísca: uma explosão inicial de aumentos de preços que poderia dar início ao processo autoperpetuante de especulação. Isso se deu, no caso da Lei, por meio de uma combinação de propaganda, restrição temporária de oferta e compromissos de compra de ações a preços acima do valor de mercado. Uma vez que os primeiros compradores de ações obtiveram ganhos de capital espetaculares, tais medidas tornaram-se menos necessárias. Quanto ao esquema da Mares do Sul, a propaganda foi aumentada pela emissão de ações em parcelas a preços sucessivamente mais altos, o que comunicava uma expectativa de que o preço das ações aumentaria. Seus engenheiros-chefes provavelmente não tinham intenção de que os preços subissem tanto quanto no verão de 1720: uma bolha menos dramática ainda teria convertido a maior parte da dívida do governo, mas com menos consequências pessoais para os diretores.[61] Mas uma vez que o fogo se espalhou além de um certo nível, tornou-se impossível de controlar.

O nível de especulação foi o aspecto mais marcante das bolhas e tem impulsionado os relatos mais populares dos episódios. O mais influente deles é *A História das Ilusões e Loucuras das Massas*, de Charles Mackay, que foi publicado pela primeira vez em 1841. Mackay tece uma narrativa convincente na qual investidores tolos e gananciosos foram levados por uma mania de jogo e foram arruinados como resultado de sua própria loucura. A classe média vitoriana adorava a mensagem moral clara sobre responsabilidade fiscal, e o livro vendeu excepcionalmente bem.[62] Sua popularidade contínua deve muito a uma série de anedotas vívidas que supostamente ilustram a extensão da estupidez dos investidores. A mais duradoura dessas anedotas dizia respeito a um empreendimento de um milhão de libras intitulado "Uma empresa para realizar um negócio muito vantajoso, mas que ninguém sabe o que é", para o qual as ações foram supostamente preenchidas em um dia e que os proprietários depois desapareceram. Os relatos críticos excepcionalmente bem escritos da bolha por Daniel

Defoe e Jonathan Swift foram usados para apoiar a narrativa, e elementos da abundante sátira do período foram reimpressos.[63]

Há dois grandes problemas com o relato de Mackay. Primeiro: não fornece uma explicação causal convincente para as bolhas, tratando-as como explosões espontâneas de loucura. Segundo: ele é principalmente fictício. Quase nenhuma das anedotas pode ser fundamentada. As peças satíricas, é claro, não deveriam ser interpretadas literalmente, mas Mackay também falhou em colocá-las dentro de seu contexto cultural. A partir de 1720, um crescente movimento religioso preocupado com a decadência moral apoderou-se da bolha da Mares do Sul como a personificação dos problemas da sociedade. Para promover os objetivos desse movimento, fazia sentido exagerar até que ponto a bolha era consequência da ganância.[64] Isso difundiu uma concepção popular da bolha que ignorava sua natureza política em favor de uma narrativa simples de um "extraordinário delírio popular".

Também rejeitamos a hipótese — mais notoriamente defendida por Peter Garber — de que os preços observados durante as bolhas podem ser totalmente explicados por mudanças imprevisíveis nas perspectivas das companhias do Mississippi e dos Mares do Sul, com especulações de distorção de preços desempenhando um papel menor. Na hipótese de Garber, o alto preço das ações do Mississippi refletiu um potencial aumento da atividade econômica resultante das reformas financeiras de Law. A Companhia dos Mares do Sul, por sua vez, é caracterizada por Garber como "financeira em primeiro lugar": tendo acumulado um grande fundo de crédito e o apoio do Parlamento, era concebível que a empresa encontrasse saídas de investimento lucrativas.[65]

O problema com esse argumento é que ele é infalsificável: não há nível teórico de preços para o qual não possa ser feito. Uma maneira mais convencional de avaliar um ativo é comparar seu preço com seus fluxos de caixa descontados associados, levando em conta a incerteza e a liquidez. Esse foi o método usado pelo próprio John Law, cujos cálculos mostraram que o preço máximo das ações da Companhia do Mississippi só era coerente com suas estimativas de fluxos de caixa futuros se ele pudesse reduzir a taxa de desconto para um nível extremamente otimista de 2%. François Velde, depois de trabalhar em vários cenários possíveis, acha que é "difícil evitar a conclusão de que a empresa foi supervalorizada várias vezes".[66] A análise contemporânea de Hutcheson dos ativos da Companhia dos Mares do Sul implicava um preço de £557 por ação, bem abaixo do preço máximo da ação de £1.100, e mesmo essa avaliação foi baseada em suposições otimistas irreais.[67] Apesar da afirmação de Garber, não há evidências que sugiram que os diretores da Mares do Sul tenham feito qualquer esforço para encontrar novas saídas lucrativas para seu excesso de capital.[68] Os preços de pico das ações das companhias do Mississippi e da Mares do Sul simplesmente não são explicáveis sem a presença de uma substancial especulação que distorce os preços.

Consequências

A bolha do Mississippi teve três consequências negativas notáveis para a França. A primeira delas foi uma recessão curta, mas severa. Embora seu efeito sobre o PIB não tenha sido estimado com segurança, os dados econômicos disponíveis apoiam os abundantes relatos qualitativos da ruína econômica. Por exemplo, o nível de preços em Paris caiu 38% em 1721, uma deflação mais severa do que os Estados Unidos experimentaram durante a Grande Depressão.[69] A segunda consequência negativa foi que as reformas financeiras, potencialmente benéficas, foram adiadas ou rejeitadas por causa de sua associação com o regime da Lei. Papel-moeda, por exemplo, tornou-se um termo pejorativo, e as tentativas de reintroduzi-lo durante uma crise de liquidez em 1789 não conseguiram sustentar a confiança do público. Finalmente, e de forma mais significativa, o experimento consolidou o fracasso da França em reformar a dívida pública, e suas taxas de juros permaneceram altas pelo resto do século. Além de restringir o desenvolvimento econômico do país, isso representava uma séria desvantagem em futuros conflitos, portanto, foi ligado, embora indiretamente, tanto à Revolução Francesa quanto ao fracasso derradeiro de Napoleão.[70] A bolha da Mares do Sul também foi pensada por muito tempo como acompanhada por uma recessão, porque fontes qualitativas de 1721 sugerem que o país estava em grave turbulência econômica. Jornais e panfletos contemporâneos estavam repletos de artigos de opinião, sátiras e poesias condenando o esquema. Tentativas foram feitas para organizar uma ação coletiva por aqueles que perderam dinheiro, e as perdas na bolha foram responsabilizadas por vários suicídios.[71] O comitê da Câmara dos Comuns de 1721 que investigou a bolha recebeu inúmeras petições relatando, em termos um tanto histéricos, que a economia havia colapsado.[72]

Essas fontes, no entanto, tinham uma agenda transparente. Jornais e panfletos enfrentaram o incentivo usual de serem hiperbólicos para aumentar as vendas, e muitas vezes participavam de uma cruzada moral contra a ganância percebida e o excesso da bolha. As petições, enquanto isso, foram apresentadas quando o governo de Walpole estava no processo de resolver o esquema e parecem ter sido parte de uma campanha organizada em nome daqueles que perderam dinheiro. De fato, o efeito econômico da bolha foi pequeno e localizado; seu impacto mais tangível foi um aumento de falências na área da Grande Londres. Os níveis de exportação permaneceram quase inalterados, as flutuações dos preços agrícolas estavam dentro dos limites normais e os movimentos das taxas de câmbio normalmente não indicavam uma crise econômica ou financeira. As estimativas da produção industrial e do PIB também sugerem muito pouco efeito.[73]

Muito foi escrito sobre a miséria daqueles que perderam dinheiro no esquema da Mares do Sul, mas havia um outro lado nessas transações. Muitos investidores ganharam muito dinheiro com o esquema, embora normalmente tivessem o bom senso de manter silêncio sobre isso. Esses ganhos não se limitaram a pessoas de dentro: há evidências que sugerem que os grupos externos tiveram um desempenho muito bom, seu distanciamento dos principais círculos financeiros talvez lhes concedendo uma visão mais sóbria dos esquemas. As mulheres, que normalmente representavam cerca de 20% dos investidores, eram significativamente mais propensas do que os homens a especular com sucesso em ações do Banco da Inglaterra e da Companhia Real Africana. Os investidores judeus também parecem ter tido um desempenho melhor do que a média, geralmente comprando ações mais baratas após o crash, e os huguenotes tiveram um desempenho relativamente bom.[74]

É difícil encontrar um lado bom para a França na bolha do Mississippi. As melhorias nas finanças públicas foram revertidas e todas as inovações financeiras de Law que poderiam ter melhorado a situação econômica foram jogadas fora com a água do banho. No entanto, o esquema da Mares do Sul foi, sem dúvida, um resultado líquido positivo para a Grã-Bretanha, reduzindo significativamente sua carga de dívida e tendo apenas um impacto econômico gerenciável e de curta duração. A bolha na Holanda, na medida em que existiu, teve poucas consequências econômicas além do surgimento de alguns novos e inovadores modelos de negócios de seguros.[75]

A maioria das histórias da primeira bolha financeira foi estruturada pela suposição de que suas consequências foram negativas. Tópicos típicos para discussão incluem como a culpa deve ser distribuída e como os formuladores de políticas modernas podem impedir que algo semelhante aconteça novamente. Uma abordagem mais perspicaz pode ser comparar a bolha nos três principais países para determinar por que as consequências econômicas foram graves na França, mas não em outros lugares. As principais características de cada episódio de bolha estão resumidas na Tabela 2.1. A Grã-Bretanha empreendeu um grande esquema de conversão de dívidas enquanto experimentava um boom e um crash simultâneos nas ações da empresa existente; a Holanda experimentou apenas o último.

A dívida privada, na forma de ações parcialmente pagas e empréstimos com margem, aumentou nos três países. No entanto, apenas a França experimentou uma grave recessão econômica. Há duas razões pelas quais o impacto econômico foi muito mais severo na França. Em primeiro lugar, a bolha do Mississippi envolveu um esforço direto para reformar a moeda do país e, assim, atraiu uma proporção muito maior da população.

Tabela 2.1 Comparando a primeira bolha financeira na França, Grã-Bretanha e Holanda

	França	Grã-Bretanha	Holanda
Esquema de conversão de dívida	Sim	Sim	Não
Boom de promoção e padrão de bolha nas ações da empresa existente	Não	Sim	Sim
Ações parcialmente pagas e empréstimos de margem	Sim	Sim	Sim
Sistema bancário envolvido com a bolha	Sim	Não	Não
Redução sustentada do custo de financiamento da dívida pública	Não	Sim	Não
Consequências econômicas negativas substanciais	Sim	Não	Não

Em 1720, bastava possuir ouro, prata, joias ou promissórias para expor qualquer indivíduo aos caprichos do esquema de John Law. A bolha da Mares do Sul foi muito menos ambiciosa e quase não teve efeito sobre a grande maioria da população, que era pobre demais para investir em ações. A participação no boom de ações da Holanda foi ainda mais restrita. Em ambos os casos, a maioria dos que perderam dinheiro podia se dar ao luxo de fazê-lo, e a escala de falências não foi suficiente para causar uma cadeia de inadimplência que poderia ter levado a uma crise financeira total.

Em segundo lugar, o sistema bancário estava muito mais profundamente envolvido na fabricação e manutenção da bolha do Mississippi. Como resultado, o estouro da bolha e as tentativas de Law de administrá-la levaram a uma emissão excessiva de promissórias e inflação alta, seguida de deflação acentuada e contração do crédito. Esses grandes problemas no setor financeiro criaram graves consequências econômicas que afetaram todas as classes da sociedade francesa. Em contraste, o Banco da Inglaterra e o Banco da Escócia estavam amplamente separados da bolha e, em 1721, ambas as instituições trabalharam ativamente para sustentar os fluxos de crédito e manter a estabilidade monetária.[76]

Uma consequência final das bolhas, comum aos três países afetados, foi o declínio da forma de sociedade por ações. Tal dispositivo estava fora de questão na França, que ficou tão marcada pela experiência que voltou ao seu sistema financeiro anterior, caracterizado pela estrita adesão às diretrizes religiosas sobre empréstimos de dinheiro. As instituições e os mercados financeiros franceses permaneceram estagnados e ineficientes por mais de um século.[77] A Grã-Bretanha, sob pressão da Companhia dos Mares do Sul, aprovou o Bubble Act em 1720, que proibia a formação de qualquer sociedade anônima sem a aprovação parlamentar. A importância dessa lei pode ter sido exagerada — as sociedades anônimas já eram ilegais sob a lei comum — mas, de qualquer forma, muito poucas se formaram após o colapso do esquema da Mares do Sul.[78] A Holanda não aprovou nenhuma lei equivalente, mas, curiosamente, de todo jeito, o formato de sociedade anônima quase desapareceu.[79] Isso resultou em uma ausência generalizada de empresas com ações transferíveis, removendo o lado comercial do triângulo da bolha. Como resultado, nenhuma grande bolha ocorreu por mais de um século depois de 1720.

3) NEGOCIABILIDADE REVIVIDA: A PRIMEIRA BOLHA DOS MERCADOS EMERGENTES

> A mania das preocupações com a mineração, que se alastrou em Londres e no império de maneira geral em 1824 e 1825, após a abertura do México e de outras partes da América espanhola ao nosso comércio, constitui uma era marcante e, lamentamos ter que acrescentar, vergonhosa em nossa história comercial.
> *John R. McCulloch*[1]

> Venha comigo, e vamos soprar
> Muitas bolhas, ao avançar;
> Bolhas, sempre a brilhar
> Que são de sabão — ou de fantasiar;
> Como a Mares do Sul a prosperar
> Do seu elemento a borbulhar!
> Venha comigo, e vamos soprar
> Muitas bolhas, ao avançar.
> *The Bubble Spirit*[2]

Embora o advento da negociabilidade em massa tenha auxiliado o governo britânico a reestruturar sua dívida em 1720, a bolha que a acompanhou resultou em uma reação cultural e regulatória. Ao longo do século seguinte, a negociabilidade das ações foi suprimida com sucesso. O Bubble Act, aprovado em 1720, proibia qualquer empresa com ações negociáveis de se estabelecer sem a aprovação explícita do governo. Além disso, os juízes de direito consuetudinário — por natureza muito conservadores — eram hostis com empresas que tentavam operar com até mesmo uma aparência de negociabilidade de ações. Mesmo a autorização de 51 empresas de canal com ações negociáveis pelo Parlamento entre 1790 e 1794 não resultou em uma bolha porque todas as ações de canal tinham denominações de ações muito altas e, como resultado, o mercado para elas era muito pequeno.[3]

Em 1807 e 1808, a negociabilidade ameaçou voltar quando houve um pequeno boom promocional. No entanto, a maioria das promotoras eram as chamadas empresas sem personalidade jurídica: empresas que não tinham autorização parlamentar para atuar como empresa. Isso significava que suas ações não eram livremente transferíveis e a negociação de suas ações era ilegal. Consequentemente, essas empresas atraíram a ira do procurador-geral, e o Bubble Act foi invocado pela segunda e última vez em sua história.[4] Quando a onda seguinte de novas empresas começou a se formar em 1824, no entanto, os políticos não intervieram, tendo redescoberto como poderiam usar a negociabilidade para promover seus próprios interesses. O resultado foi a primeira bolha de mercado emergente, e, diferentemente de 1720, o processo não pôde ser revertido.

O poeta autodenominado Bubble Spirit destaca um dos principais ingredientes dessa bolha — um político avarento e desonesto. O político visado no poema é John Wilks, deputado eleito por Sudbury (ou como o Bubble Spirit chamava, Sudsbury), que ganhou o apelido de "Bubble Wilks" por causa das várias empresas improváveis com as quais ele estava associado e as quais ajudou a promover.[5] Uma de suas primeiras tentativas (malsucedidas) de abrir uma empresa foi em 1822, quando publicou um prospecto de uma empresa para fazer cumprir as leis de Tudor sobre a observância do Shabat.[6] Durante 1824 e 1825, no entanto, as empresas de mineração, gás, seguros e ferrovias que ele ajudou a promover tiveram vários graus de sucesso. Uma de suas principais manobras foi dar a essas empresas um ar de respeitabilidade, persuadindo parlamentares e nobres a se tornarem diretores. Porém, ele não havia perdido sua propensão para esquemas ridículos, como uma empresa de condensação de madeira para transformar a matéria-prima macia em dura, ao passá-la de maneira mecânica entre dois rolos gigantes. Como o *The Times* observou sarcasticamente, "talvez tenha sido descoberto que o mesmo processo que comprimia as fibras de madeira macia também as quebrava e, assim, diminuía um pouco sua resistência".[7] Sua manipulação fraudulenta da Devon and Cornwall Mining Company levou à sua prisão, falência, renúncia do Parlamento e ao banimento de sua família para Paris. Mesmo no exílio, Wilks foi incapaz de resistir à fraude financeira e seus boatos na bolsa resultaram em seu banimento de sua vizinhança e, eventualmente, expulsão da França.[8]

Os anos que antecederam o primeiro boom dos mercados emergentes foram marcados pelas Guerras Napoleônicas. A vitória da Grã-Bretanha sobre Napoleão teve um custo enorme. Na época de Waterloo, em junho de 1815, a dívida nacional era de £778,3 milhões, tendo aumentado quase £536 milhões nos 22 anos anteriores à guerra.[9] Ao contrário do ocorrido em 1720, o governo não precisava de um esquema elaborado para reduzir o custo do serviço desse enorme fardo da dívida. O desenvolvimento do mercado da dívida pública e da engenharia financeira significava que ela podia simplesmente liquidar a dívida e refinanciá-la a um custo menor. Esse refinanciamento, somado ao crescimento da poupança excedente decorrente de uma economia em recuperação, levou os investidores a buscarem casas mais rentáveis para seus fundos, principalmente depois de 1822.[10] Nessa lacuna, vieram, em primeiro lugar, os empréstimos latino-americanos; em segundo lugar, as minas latino-americanas; e em terceiro lugar, uma infinidade de sociedades anônimas.

As guerras napoleônicas afrouxaram o domínio das potências ibéricas sobre a América Latina, com o resultado de que a partir de 1810 as lutas armadas pela independência sucederam-se. No início da década de 1820, muitos países latino-americanos declararam sua independência da Espanha e de Portugal, enquanto a política externa britânica passou de tentar fazer a mediação entre a Espanha e suas colônias rebeldes a se preparar para reconhecer a independência destas últimas como nações.[11]

Esses países recém-independentes procuraram Londres a fim de arrecadar fundos para suas tropas, possivelmente por solicitação ativa de financistas britânicos.[12] O primeiro lote de empréstimos latino-americanos foi emitido em 1822 para Colômbia, Chile, Peru e o mítico país de Poyais na América Central. Poyais foi "governado" pelo infame general Gregor MacGregor, um aventureiro escocês, mercenário e fraudador narcisista. Além de induzir os investidores a lhe dar £200 mil, ele também convenceu muitos escoceses de que deveriam imigrar para Poyais. A maioria dos imigrantes dos dois primeiros navios (cerca de 250 pessoas) morreu logo após chegar ao país falso infestado de malária. Seu golpe acabou sendo exposto, e, em 23 de janeiro de 1824, os títulos de Poyais não tinham valor. Ainda assim, o golpe de Poyais não deteve os investidores, e Brasil, Colômbia e México emitiram títulos em 1824 e 1825.

O boom de empréstimos latino-americanos preparou o caminho para a bolha das ações de mineração latino-americanas em 1824 e

1825, porque os títulos eram de alto rendimento e elevavam o perfil da região na mente dos investidores. O interesse dos investidores nas minas latino-americanas foi estimulado ainda mais pelos viajantes britânicos que voltaram dos países recém-libertados para educar o público britânico sobre o potencial econômico dos novos estados. Uma dessas pessoas foi William Bullock, que estava entre os primeiros viajantes britânicos a visitar o México depois que se tornou independente, em 1821. Em seu retorno à Grã-Bretanha, ele publicou um relato de suas viagens e, em 1824, apresentou em Londres uma grande exposição de artefatos e da fauna mexicana, que foi visitada por 50 mil pagantes.[13] Em seu livro, Bullock enfatizou o potencial das minas de prata abandonadas e a possibilidade de um vasto mercado para produtos britânicos no México.

As primeiras dessas minas a serem listadas no mercado de ações foram a Anglo-Mexican e a United Mexican, ambas criadas no início de 1824 e listadas na obra *Course of the Exchange,* de James Wetenhall em julho de 1824. Depois disso, até o final de 1825 (veja a Tabela 3.1), foram emitidos prospectos para 74 mineradoras latino-americanas, 44 das quais ainda operavam no final de 1826.

Tabela 3.1 *Sociedades por ações formadas em 1824 e 1825*[14]

	Número de empresas	Capital nominal (£m)	Ações (.000)
Empresas sobreviventes	127	102,8	1.618,3
Empresas abandonadas	118	56,6	848,6
Empresas projetadas	379	212,7	3.494,4
Total	**624**	**372,1**	**5.961,3**
Minas sobreviventes	44	27	359
Minas abandonadas	16	6	98
Minas projetadas	14	6	80
Total	**74**	**39**	**537**

Notas: As empresas sobreviventes (minas) são as que ainda existiam em dezembro de 1826; empresas abandonadas (minas) são aquelas que emitiram ações, mas foram abandonadas até dezembro de 1826; empresas projetadas (minas) referem-se àquelas que emitiram prospectos ou anunciaram sua projeção na imprensa, mas que não deixaram evidências de sua efetiva formação.

A narrativa que se desenvolveu em torno das minas latino-americanas, que foi usada *ad nauseam* em seus prospectos, foi a seguinte: em primeiro lugar, o abandono das minas de prata em 1810 deveu-se à agitação política, e não à exaustão, o que significa que elas mantinham riquezas incalculáveis para aqueles que pudessem fazê-las ressurgir. Em segundo lugar, a corte espanhola havia desfrutado de muita prosperidade graças às minas, apesar de operá-las de forma ineficiente — elas nunca haviam sido totalmente exploradas. A implicação um tanto arrogante era a de que, "pela introdução do capital, habilidade, experiência e maquinário ingleses, as despesas de trabalho nessas minas podem ser bastante reduzidas, e sua produção, muito aumentada".[15] Em terceiro lugar, havia uma crença explícita de que os metais preciosos eram abundantes na América Latina. Por exemplo, o prospecto da Imperial Brazilian Mining Association referia-se à descoberta de grandes pepitas de ouro puro, e o da General South American Mining Association falava de recursos inesgotáveis de ouro, prata, mercúrio e cobre.

Além do boom promocional nas mineradoras latino-americanas, houve um boom na promoção de outras empresas. Como pode ser visto na Tabela 3.1, 624 empresas foram promovidas em 1824 e 1825. Contudo, no final de 1826, apenas 127 delas ainda existiam — o restante havia sido abandonado, tinha falido ou nunca foi muito além da publicação de um prospecto. O capital nominal total das 624 empresas foi de impressionantes £372,1 milhões, mas desses apenas £17,6 milhões foram realmente levantados.[16]

A Tabela 3.2 revela como o fluxo de promoções de empresas, durante o início de 1824, cresceu no final do ano e se tornou um cataclismo em

Tabela 3.2 *Principais empresas projetadas de fevereiro de 1824 a janeiro de 1825*[17]

	Número de empresas	Número de empresas com deputado ou lorde como diretor	Capital (£.000)	Ações (.000)
Fevereiro 1824	5	1	6.360	38
Março 1824	4	0	6.630	69
Abril 1824	10	7	11.220	197

Maio 1824	4	3	9.250	188
Junho 1824	4	2	2.330	28
Julho 1824	8	3	5.000	65
Agosto 1824	9	3	4.670	69
Setembro 1824	4	1	2.000	41
Outubro 1824	4	0	3.425	54
Novembro 1824	15	2	14.711	167
Dezembro 1824	16	6	14.015	153
Janeiro 1825	65	15	56.551	873
Total	**148**	**43**	**136.162**	**19.421**

janeiro de 1825, com 65 grandes empresas sendo promovidas somente naquele mês. Janeiro de 1825 seria o auge do boom promocional. Além das minas latino-americanas, havia empresas que forneciam bens públicos locais, como companhias de gás e hidroelétricas, empresas de infraestrutura, como pontes, canais, docas e ferrovias, e inúmeras companhias de seguros e anuidades. As empresas estabelecidas nesses setores eram mais propensas a sobreviver e os preços de suas ações não sofreram uma elevação acelerada e um subsequente colapso.[18]

Duzentas e três empresas promovidas durante o boom foram colocadas em uma categoria diversa por Henry English em seu estudo de 1827 sobre o boom — esse grupo abrangente incluía empresas de transporte, agricultura, comércio, desenvolvimento de terras, manufaturação, trading e empresas têxteis, das quais aproximadamente metade tinha operações no exterior. Os modelos de negócios dessas empresas, como os das mineradoras, muitas vezes se baseavam na suposição de que os britânicos, intelectualmente superiores, poderiam explorar oportunidades de lucro perdidas naquele momento por habitantes locais primitivos. Inevitavelmente, muitas dessas empresas falharam devido ao descaso com o conhecimento local. O capitão Francis Head, escritor de viagens e testemunha ocular dos acontecimentos na Argentina, descreveu a experiência da Churning Company, criada para fornecer manteiga para o povo de Buenos Aires. Ao descobrir essa lacuna no mercado, ela prontamente despachou um carregamento de leiteiras escocesas para Buenos Aires. Head conclui seu relato da seguinte forma: "Porém, as dificuldades que elas vivenciaram foram muito grandes: em vez de lidarem com animais domésticos pacientes, elas foram apresentadas a um conjunto de criaturas selvagens e rebeldes, que pareciam tão ferozes que nenhuma jovem que já se sentou em um banquinho de três pernas poderia ousar aproximar, muito menos ordenhá-las! Entretanto, os gaúchos foram para cima das vacas, amarraram suas pernas com tiras de couro e, assim que ficaram quietas, as lojas de Buenos Aires ficaram literalmente cheias de manteiga. Contudo, agora vamos à triste moral da história: depois que todas as dificuldades foram vencidas, descobriu-se, em primeiro lugar, que não se guardava manteiga! — e em segundo lugar, que, de uma forma ou de outra, os gaúchos e nativos de Buenos Aires gostavam mais do óleo!"[19]

Os satíricos da época eram rápidos em elaborar prospectos simulados da empresa que zombavam da mania promocional. *John Bull*, um periódico semanal, mostrava um prospecto de uma empresa para içar balas de canhão de ferro do fundo do mar em cenários de grandes batalhas navais.[20] A *London Magazine* falou de um certo Mr. Hop-the-twig (ou algo como "senhor Pé-na-cova", em tradução literal) fundando a Aeronautical Swine-shearing Lunarian Joint Stock Commercial and Agricultural Company* (ou Lunarian A.S.S.) para desenvolver o comércio de lã suína na Lua.[21] Outro prospecto satírico, que parece ter emanado de uma brincadeira na Bolsa de Valores, era de uma empresa para drenar o Mar Vermelho a fim de recuperar o ouro e as joias deixados pelos egípcios em sua perseguição aos israelitas.[22]

A Figura 3.1 mostra o padrão clássico de bolha em ações de mineração estrangeiras e de novas empresas diversas. Notavelmente, o índice de ações blue-chip não mostra esse padrão. Se um acionista tivesse investido £100 no índice de mineração estrangeira em agosto de 1824, teria valido impressionantes £511 em fevereiro de 1825, o pico da bolha. No início de fevereiro de 1825, lorde Eldon, o Chanceler, levantou-se e proferiu o discurso do Rei na abertura do Parlamento. Esse discurso altivo refletiu e reforçou o clima de otimismo em relação à economia.[23] Seguiu-se o maior aumento de um mês nos dois índices de ações na Figura 3.1 e coincidiu com o mês em que ocorreu o maior número de promoções da empresa. Havia muito do que se gabar e ser otimista. Então, imediatamente após o discurso do Rei, o lorde Eldon deu uma volta completa

---

* Companhia Comercial e Agrícola Aeronáutica de Tosquia Suína da Lua, em tradução literal.

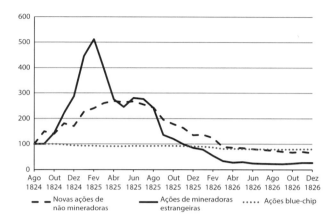

Figura 3.1 Índices de retorno de ações, 1824–1826[24]

e fez um discurso que tentou furar a crescente bolha do mercado de ações. Eldon afirmou que apresentaria a legislação ao Parlamento, que verificaria a negociação de ações de empresas não incorporadas, ou seja, aquelas empresas que não foram autorizadas pela Coroa ou pelo Parlamento. Essa intervenção do lorde Chanceler causou grande pânico no mercado de ações.[25] O *Times* informou que nos dias que se seguiram às observações do lorde Chanceler, as vendas foram muito difíceis e grandes quedas de preços se tornaram constantes quando os proprietários insistiram em vender.[26]

Um depressor adicional do mercado de ações e da divulgação de empresas veio no dia seguinte, quando o juiz Abbott, o presidente da corte, invocou o Bubble Act para determinar que a Equitable Bank Loan Company (que tinha John "Bubble" Wilks como promotor e advogado da empresa) era ilegal porque tinha ações transferíveis. Além disso, houve uma intenção maliciosa nisso porque foi cobrada uma taxa de juros de usura de 8%, que era 3% acima do juro máximo que poderia ser cobrado.[27] Essa decisão, em combinação com o discurso de Eldon, desencadeou uma corrida de projetos de lei ao Parlamento buscando a incorporação total ou o menor direito dos proprietários de processar e serem processados coletivamente. No total, 439 petições de projetos de lei particulares foram apresentadas ao Parlamento na sessão de 1825, das quais 206 foram aprovadas.[28] No entanto, no final de março, lorde Eldon interveio dramaticamente mais uma vez por seu julgamento no caso *Kinder versus Taylor*, que, aparentemente, era uma pequena disputa legal sobre a constituição da empresa Real del Monte, um dos primeiros empreendimentos de mineração no México. A Real del Monte funcionava como uma empresa não incorporada, ou seja, não tinha sido incorporada pelo Parlamento, mas tinha a maioria das características jurídicas de uma empresa. Eldon surpreendeu ambas as partes da disputa usando o caso para argumentar que a empresa e, por implicação, outras como ela, eram ilegais sob a lei escrita e a jurisprudência. Uma implicação de seu julgamento foi que, mesmo que o Bubble Act fosse removido do livro de leis, a jurisprudência impediria qualquer "deslizamento em direção à especulação descontrolada e ao caos".[29]

O efeito combinado dessas intervenções foi que os preços das ações de mineração estrangeiras caíram 50% no final de abril e os preços de novas empresas diversas estagnaram (veja a Figura 3.1). Embora essas intervenções tenham atuado como um freio na atividade comercial e nos preços, elas não fizeram nada para diminuir a promoção de novos esquemas que chegavam ao mercado ou que buscavam aprovação parlamentar.[30]

As tentativas de estourar a bolha produziram uma literatura panfletária ativa se opondo a elas como interferência legislativa e apoiando, em particular, as mineradoras latino-americanas. Entre os panfletários estava um escriturário de 21 anos de idade chamado Benjamin Disraeli, que 43 anos depois se tornaria primeiro-ministro. Disraeli escreveu dois panfletos em março e abril de 1825 e editou um terceiro no final daquele ano. Seu principal objetivo era refutar o que ele via como o paralelo errôneo sendo traçado entre o boom da mineração latino-americana e a bolha da Mares do Sul. Ele também expandiu os benefícios das mineradoras latino-americanas por meio da estratégia a seguir: primeiro, ele gastou um tempo considerável dando uma visão detalhada, um tanto mundana e aparentemente calculada de cada empresa de mineração latino-americana. Então, passou a lidar com a "opinião muito prevalente de que a propriedade de todo o globo civilizado está prestes a ser depreciada pelo súbito e imenso aumento do meio circulante" por causa da abundância de prata e ouro nas minas latino-americanas.[31] Disraeli mostrou despreocupação com isso, argumentando que o México exigiria todas as moedas de ouro e prata que suas próprias minas permitissem. A parte final de sua estratégia foi caluniar as empresas nacionais de capital aberto que estavam sendo estabelecidas, sugerindo que o Parlamento talvez precisasse fazer algo para contê-las.

O lorde Eldon nunca apresentou a sua prometida legislação ao Parlamento, mas no mesmo dia em que tomou a decisão na Chancelaria sobre a Real del Monte, um deputado mobilizou-se no Parlamento para revogar o Bubble Act. Isso foi realizado em julho de 1825, mas a decisão de Eldon no caso Real del Monte significava que os tribunais de direito comum ainda eram hostis à configuração de empresa não incorporada.[32]

A revogação do Bubble Act não conseguiu ressuscitar o mercado de ações e o boom promocional de empresas. Em junho, a taxa dos títulos de dívida de primeira classe subiu de 3,5% para 4%, dificultando o pagamento de parcelas de suas ações por parte dos especuladores, que dependiam do aumento dos preços para ajudar a pagar as chamadas de capital anteriores.[33] Além disso, os acionistas descobriram "que, embora os pedidos de pagamento fossem imediatos e urgentes, a perspectiva de retorno se tornou mais remota e incerta; também começaram logo a surgir dúvidas quanto à existência de segurança suficiente para qualquer renda".[34] A partir de junho, as negociações enfraqueceram e houve um rápido declínio nos preços das ações pelo resto do verão.

Em setembro, a deterioração do mercado de minerações estrangeiras e novas empresas diversas tornou-se grave. Informações sobre o mau estado de muitas minas latino-americanas chegaram ao mercado de Londres, e também ficou muito claro que o mercado latino-americano de produtos britânicos manufaturados não era nem de longe tão grande quanto se esperava. Muitos acionistas se recusaram a pagar as chamadas de capital e começaram a vender tudo, enquanto nas cafeterias de Londres, os acionistas se reuniam para dissolver suas empresas antes que perdessem mais dinheiro.[35] O pânico no mercado de ações continuou em novembro e, em dezembro, espalhou-se para o mercado monetário. O sistema bancário passou por uma grande crise, que só diminuiu em janeiro de 1826 após uma intervenção extraordinária do Banco da Inglaterra.

Então, as notícias sobre os custos para colocar as minas mexicanas em funcionamento começaram a se espalhar, juntamente com relatos sobre até que ponto as inundações atrapalhavam suas operações. Em maio de 1826, o jornal *The Times* informou que as ações das empresas de mineração não eram vendáveis — nenhum corretor ou intermediário estava disposto a comprá-las.[36] No final de 1826, a maioria das mineradoras latino-americanas havia falido. O índice das ações de mineração estrangeira na Figura 3.1, estando em 511 em fevereiro de 1825, caiu para 27 no final de 1826. Mesmo aqueles que sobreviveram além de 1826 produziram pouco em termos de retorno para os investidores.[37]

O capitão Francis Head, oficial da Royal Engineers e ex-gerente da Associação de Mineração do Rio Plata, publicou um relato devastador sobre seu fracasso no outono de 1826. Ele atribuiu o fracasso a três fatores.[38] Em primeiro lugar estavam as dificuldades físicas de levar máquinas, homens, provisões e materiais para minas remotas — as estradas eram ruins, os rios, muitas vezes, intransitáveis, e as minas geralmente ficavam a quilômetros do porto mais próximo. O engenheiro-chefe da Associação Colombiana de Mineração, o jovem Robert Stephenson (famoso por ter projetado e fabricado a locomotiva Rocket), descobriu que os motores a vapor e outras máquinas eram muito volumosos para serem transportados em mulas por estradas primitivas e caminhos montanhosos.

Em segundo lugar, havia grandes dificuldades em montar equipes. Os moradores não estavam dispostos a trabalhar e a aderir a contratos, a maioria dos trabalhadores da Cornualha estava permanentemente embriagada, e as minas eram tão difíceis de inspecionar que um gerente de mina poderia facilmente roubar os lucros. Grandes disputas salariais eclodiram no México, onde a força de trabalho local exigiu seu método tradicional de pagamento — o *partido*, que era um salário diário fixo mais um valor de comissão por peça. As greves resultantes foram demoradas e violentas.

Em terceiro lugar, as nações latino-americanas recém-independentes estavam sujeitas à instabilidade política, sofrendo expropriação por políticos e fraca aplicação de contratos. Relatos de outros viajantes e funcionários também enfatizaram a instabilidade e a corrupção dos novos países, bem como suas dificuldades econômicas.[39] De fato, a instabilidade política era tal que os detentores de títulos rapidamente perceberam que tinham pouca esperança de pagamento, e, no final de 1827, todos os títulos latino-americanos, exceto os do Brasil, estavam inadimplentes.[40]

Os jornais desempenharam um papel fundamental nessa primeira bolha de mercado emergente. Por um lado, seus editoriais eram céticos: muitas promoções de empresas eram rotuladas pela imprensa como "bolhas" ou "esquemas".[41] O jornal *The Times* alertou seus leitores sobre as novas promoções fantasiosas de empresas e os aconselhou a "não se deixarem enganar por sua própria imaginação".[42] Talvez não seja surpreendente que o *The Times* se opusesse a novos esquemas, já que tinha uma longa história de oposição ao empreendimento por ações e à especulação com ações. Desde o início de 1824, o *Times* estava alertando seus leitores para serem discretos e cautelosos sobre novos esquemas que estavam sendo projetados, traçando paralelos com o que eles chamavam de tragédia ou mania da Mares do Sul de 1720.[43] De fato, depois que a bolha estourou, um senhor elogiou o jornal por expor todas as "especulações de fraude" e vários leitores escreveram cartas ao editor do *Times* agradecendo ao jornal por seus avisos prescientes sobre a "mania" das sociedades anônimas.[44]

Por outro lado, os jornais podem ter ajudado de várias maneiras a inflar a bolha. Alguns jornalistas foram pagos para promover novos esquemas, com o editor do *Morning Chronicle* questionando a integridade dos colegas editores que permitiram que isso acontecesse.[45] No entanto, o papel dos jornais durante a bolha pode ter sido mais sutil. Eles começaram a publicar artigos diários sobre as condições da bolsa de valores, refletindo e provavelmente ampliando a psicologia do boom que dominava o mercado.[46] Eles também imprimiram (por uma taxa) prospectos de novos esquemas — em 23 e 24 de janeiro de 1825, o *The Times* e o *Morning Chronicle* continham prospectos de 35 novas empresas. Além disso, tanto o *The Times* quanto o *Morning Chronicle*, então os dois principais jornais diários, dedicaram muitos centímetros de coluna a questões latino-americanas, destacando as possibilidades de investimento e os fabulosos metais preciosos do México. Foi até sugerido que editoriais e artigos de opinião fossem comprados em jornais para enaltecer qualquer país latino-americano que estivesse prestes a emitir títulos.[47] Os jornais, assim, ajudaram a desenvolver e moldar a narrativa que encorajou as pessoas a investir em empresas latino-americanas.

Causas

As tentativas do juiz Abbott de estourar a bolha foram parcialmente motivadas pelo que ele viu como jogos e especulações precipitadas — investidores comprando ações simplesmente na esperança de um lucro rápido quando elas fossem revendidas. Muitos outros contemporâneos também destacaram o crescente espírito de especulação durante o boom. O *Times* alertou seus leitores em um estágio inicial sobre "o espírito do jogo" e a "comunidade de jogadores" que compravam ações simplesmente na esperança de ganhar dinheiro vendendo-as.[48] Essa visão ecoou na literatura panfletária da época. Por exemplo, a alegação de um panfletário era a de que "muitas pessoas se engajaram em esquemas de todos os tipos, sem qualquer consideração do que o empreendimento poderia produzir, não com a intenção de contribuir com sua parte do capital, mas como um jogo sobre os valores das ações".[49]

Joseph Parkes foi um experiente advogado de empresas que, além de vivenciar os acontecimentos de 1824 a 1825, fez um cuidadoso estudo a respeito do período e apresentou suas provas perante uma comissão parlamentar seleta em 1844. Ele descreve como uma epidemia nacional a quantidade extraordinária de especulação que ocorreu em 1824 e 1825 e disse à comissão como os policiais foram empregados para manter a ordem em lugares onde as ações estavam sendo negociadas.[50] John McCulloch, o primeiro professor de Economia da University College London, ao escrever em 1832 sobre os eventos de 1824–1825, sustentou que "muitos dos que estavam mais ansiosos na busca de ações pretendiam apenas mantê-las por alguns dias ou semanas, para lucrar com a ascensão que eles previram, vendendo a outros mais ingênuos ou ousados do que eles".[51]

John Francis, diretor do Banco da Inglaterra, também foi testemunha ocular dessa epidemia nacional de especulação. Ele descreveu o cenário em torno da entrada da Bolsa de Valores durante os meses de boom da seguinte forma: "alguns rapazes (...) cujas roupas variadas eram notoriamente de uma feira de trapos, entravam e saíam; e, além disso, assistia-se a uma ralé estranhamente variada, exibindo em todos os tipos de formas e idades, vestimentas sujas, pobreza calamitosa e vilania carrancuda."[52] Francis lembrou que foi cobrada uma multa de £5 para quem bloqueou a entrada para dispersar o transtorno.

Um jovem especulador, que se encaixa na descrição de Francis, foi Benjamin Disraeli. Com apenas £52 em seu nome em 1824, ele havia feito grandes empréstimos para enriquecer especulando em ações de mineração.[53] Na primavera de 1825, viu-se sendo detentor de ações de todas as grandes mineradoras. Ele levou anos para pagar suas dívidas — em 1849, seu corretor ainda estava tentando obter dele £1.200 mais juros.

O *Times* argumentou que essa "especulação gigantesca" não teve nenhum paralelo, exceto pela bolha da Mares do Sul.[54] Uma grande semelhança com o episódio da Mares do Sul foi o uso generalizado de ações parcialmente pagas por novas empresas. Esse recurso permitiu que um aumento moderado nos preços das ações produzisse um grande lucro porque apenas uma pequena parcela (cerca de £5 ou menos) foi paga pelas ações quando foram vendidas. A possibilidade de obter um lucro enorme arriscando apenas uma pequena quantia era "uma isca tentadora demais para se resistir" e abriu a especulação de ações para as massas.[55] Como disse um cronista de crises comerciais do século XIX, "os velhos e os jovens, homens e mulheres, ricos e pobres, nobres e simples, todos foram atraídos para a multidão".[56]

A venda a descoberto era uma prática bem conhecida na Bolsa de Valores de Londres na década de 1820, mas sua utilidade para evitar a escalada dos preços das ações durante a bolha foi frustrada pela presença de nichos e plataformas, por meio dos quais os diretores de uma nova empresa compravam suas ações, tornando muito caro para os vendedores a descoberto cumprirem seus contratos.[57] Este também foi o caso em 1720. A venda a descoberto era vista como moralmente suspeita, e os mercados financeiros estavam felizes por essa manipulação de mercado ser usada para frustrar os vendedores a descoberto pessimistas e oportunistas.

Durante a primeira bolha de mercado emergente, a negociabilidade, o segundo lado do triângulo da bolha, aumentou substancialmente graças aos empresários que pressionavam para que suas empresas fossem incorporadas e tivessem livre transferência de ações. Essas ações eram geralmente muito mais negociáveis do que as de empresas estabelecidas porque eram emitidas em taxas muito menores. O custo médio de uma ação em uma empresa de canal em 1825 era de £271, em comparação com as £10 para novas empresas diversificadas.[58] Para contextualizar esses números: o trabalhador comum nessa época estaria se dando bem se ganhasse £50 por ano, e o professor comum, £70.

Além disso, ao contrário dos setores estabelecidos, o capital não pago era comum tanto na mineração quanto nas novas empresas diversificadas, com o resultado de que as ações com denominações aparentemente altas de £50 ou £100 eram acessíveis mesmo para pessoas que tinham £10 ou menos para investir. O aumento da negociabilidade dos títulos em 1825 se reflete na liquidez geral dos mercados de ações e títulos, que atingiu um recorde histórico que não seria superado até a bolha seguinte chegar, em 1844.[59]

O último lado do triângulo da bolha foi um grande estímulo monetário e de expansão do crédito. O governo continuamente injetou dinheiro na economia comprando sua dívida de longo prazo e, em 1823 e 1824, usou esquemas de conversão de dívida para reduzir a taxa de juros de longo prazo.[60] Sob pressão do governo, o Banco da Inglaterra reduziu sua taxa de desconto pela primeira vez, de 5% para 4%, em junho de 1822.[61] Além disso, o Banco realizou operações de mercado aberto por meio da compra da Dead Weight Annuity, que havia sido criada pelo governo para pagar as pensões navais e militares e que eles não conseguiram vender aos investidores.[62] Como resultado dessas ações, a emissão de promissórias do Banco nos três anos anteriores a fevereiro de 1825 aumentou 25%. Os bancos ingleses também aumentaram sua emissão de promissórias em cerca de 50% entre 1823 e 1825.[63]

Depois de 1825, essa expansão monetária foi vista como um passo em falso fundamental que permitiu que a bolha ocorresse. O economista Thomas Tooke, antecipando nossa metáfora do triângulo do fogo, argumentou que "o Banco [da Inglaterra] não acendeu o fogo, mas, em vez de tentar impedir o avanço das chamas, forneceu combustível para manter e prolongar o incêndio".[64] De acordo com Tooke, o fogo havia sido ateado pelo esquema de refinanciamento da dívida do governo, e o Banco deveria ter reduzido sua emissão de promissórias em 1824 para neutralizar esse efeito, mas, ao invés disso, ele a aumentou.[65] Além disso, julgava que a aquisição de títulos públicos pelo Banco contribuiu para o espírito de especulação.[66] Outros culparam igualmente o Banco e o governo pela flexibilização monetária e de crédito, mas o Banco, naturalmente, teve uma visão diferente.[67] A opinião da maioria entre as testemunhas no "Committee of Secrecy on Bank of England Charter" de 1832 era a de que a culpa por gerar a especulação no mercado de ações e o aumento dos preços dos ativos era dos bancos do país.[68]

O efeito da flexibilização monetária e de crédito sobre as ações foi exacerbado pelo aumento da alavancagem disponível para os investidores por meio do capital não integralizado de muitas das novas ações. Além disso, muitos investidores parecem ter feito, assim como Benjamin Disraeli, grandes empréstimos para investir em ações que exigiam apenas uma pequena entrada.[69] Essa dose dupla de alavancagem significava que os indivíduos com poucas quantias de dinheiro em seus nomes poderiam entrar no mercado de ações.

A faísca que acendeu o incêndio foi uma mudança na política do governo para a América Latina e para as empresas. Uma vez que os estados latino-americanos conquistaram sua independência da Espanha, a postura política da Grã-Bretanha era a de promover a reaproximação entre os dois lados. No entanto, em 1823, grupos de mercadores de Londres, Liverpool e Manchester começaram a pedir ao Parlamento o reconhecimento formal dos estados, a fim de proteger os novos mercados para seus produtos. George Canning, que foi secretário de relações exteriores de 1822 a 1827, simpatizava nisso com os mercadores, mas enfrentou oposição do rei e de outros políticos. Em 1823, Canning despachou comissários para Buenos Aires, Colômbia e México e cada vez mais seus discursos na Câmara dos Comuns pressionavam pelo reconhecimento dessas novas nações. Muitos dos prospectos das mineradoras lançados em 1824 afirmavam que a estabilidade política dos novos países estava quase assegurada porque a independência deles logo seria reconhecida pelo governo britânico.[70] O reconhecimento formal de Canning da independência dos países latino-americanos em dezembro de 1824 representou, dessa forma, um enorme impulso para os promotores de empresas. Essa mudança de política foi imediatamente seguida pelo boom frenético de promoções e pela rápida valorização dos preços das ações, pois os investidores concentraram sua atenção nas minas latino-americanas e outras empresas que poderiam aproveitar as abundantes oportunidades comerciais resultantes desse setor.[71] A ideologia subjacente ao movimento de Canning foi usada como ferramenta de marketing, com os acionistas encorajados a desempenhar seu papel de "patrocinar a liberdade fresca e os princípios liberais", financiando o restabelecimento de minas em colônias recém-independentes.[72]

Nada disso teria resultado em uma bolha, no entanto, não fosse por uma segunda mudança de política: uma atitude mais permissiva em relação à incorporação e à negociação de ações. Durante 1824 e 1825, os deputados ativos apoiavam um número sem precedentes de projetos de constituição e pedidos de empresas não incorporadas para ter o direito de processar e serem processadas coletivamente. Esses projetos foram aprovados facilmente devido a uma série de enormes conflitos de interesse enfrentados pelos parlamentares.[73] Em primeiro lugar, os parlamentares eram acionistas de empresas e, no entanto, podiam fazer parte do comitê que examinava os projetos de incorporação. Em um caso, dezesseis membros de um comitê detinham ações da empresa cujo projeto de constituição estava prestes a ser apresentado a eles. Em segundo lugar, os parlamentares eram recrutados muitas vezes para serem diretores dessas novas empresas, conferindo-lhes um ar de respeitabilidade. Muitos deputados foram induzidos por pessoas como John "Bubble" Wilks a se tornarem diretores pelo donativo de ações da empresa, pois estavam livres para vender com um grande lucro uma vez que a empresa fosse constituída. Dos 278 diretores de mineradoras latino-americanas enumerados por Henry English, 45 eram parlamentares, e cerca de um terço das grandes empresas promovidas tinham parlamentares ou nobres como diretor ou fundador. Trinta e um deputados eram diretores em três ou mais das empresas recém-criadas.[74] O prefeito de Londres, que também estava na lista, afirmou mais tarde ter recebido até cinco ou seis pedidos por dia para se tornar diretor de uma empresa.[75]

Consequências

O boom se encerrou de fato no início do verão de 1825. Os bancos haviam emprestado somas consideráveis de dinheiro a investidores e mercadores que haviam sido tentados pelo aumento dos preços das ações e das commodities e, portanto, estavam extremamente vulneráveis a uma recessão.[76] No outono, vários bancos no oeste da Inglaterra entraram em colapso, desestabilizando os mercados monetários e o Banco da Inglaterra. Então, no início de dezembro de 1825, um grande banco londrino, Pole, Thornton and Company, que estava investindo em títulos arriscados, faliu após passar por quedas de preço consecutivas. Esse colapso foi seguido por uma série de corridas aos bancos ingleses e subsequentes e falências. O pânico atingiu o pico em 14 de dezembro de 1825, o notório "dia do terror", em que muitos bancos de Londres e do interior fecharam suas portas; havia poucas cidades na Inglaterra onde a "paralisação dos bancos locais não havia ocorrido ou não era temida de hora em hora".[77] Segundo o *The Times*, na semana após o dia do terror, bancos em toda a Inglaterra e País de Gales enfrentaram severas corridas**.[78]

Muitos dos bancos que fecharam em dezembro acabaram reabrindo. Porém, 30 bancos ingleses entraram em falência em dezembro de 1825, e outros 33, no primeiro trimestre de 1826.[79] No total, quase 18% do sistema bancário inglês faliu.[80] Contudo, esse índice de falência não captura totalmente a gravidade da crise. Quase todos os bancos do interior do Reino Unido procuraram o Banco da Inglaterra para obter liquidez porque o dinheiro não podia ser emprestado de outro lugar, mesmo com a garantia de títulos do governo.[81] De acordo com William Huskisson, presidente da Junta Comercial, a Inglaterra "estava a 24 horas de entrar em um estado de escambo".[82] Isso foi corroborado por testemunhas perante uma comissão parlamentar de 1832, julgando que todo o sistema bancário e de crédito em dezembro de 1825 estava a poucos dias de entrar em colapso completo.[83] Em última análise, o Banco da Inglaterra pôs fim ao pânico ao atuar como emprestador de última instância (ou seja, emprestando a bancos quando ninguém mais o faria) a partir do dia 14 de dezembro. Os bancos "fez tudo o que estava ao seu alcance para aliviar a angústia, descontaram as duplicatas tão generosamente quanto qualquer grupo de homens poderia fazer, e merecem o maior crédito do país pelo que fizeram".[84]

Por que o sistema bancário foi tão vulnerável ao colapso do boom de 1825? A regulamentação da época fazia com que os bancos ingleses ficassem restritos à forma de organização de sociedades limitadas e, se quisessem emitir promissórias (o que a maioria dos bancos da época fazia), não poderiam ter mais do que seis sócios.[85] Como resultado, os bancos ingleses eram muito pequenos, tornando-os vulneráveis de três maneiras: em primeiro lugar, os choques na riqueza dos sócios deram a eles o incentivo para investir o dinheiro do banco em ativos de risco em um esforço para recuperar suas perdas. Em segundo

---

** Uma corrida bancária é o rápido saque de depósitos por parte dos correntistas de um banco. Mesmo que o banco tenha ativos o suficiente para cobrir todos os saques, uma corrida pode ser danosa, já que nem todos seus ativos são líquidos. Assim, para pagar os correntistas, o banco pode ser forçado a vender ativos rapidamente com um desconto, potencialmente levando à sua falência. (N. da RT.)

lugar, o pequeno número de sócios significava que os bancos tinham pequenas reservas de capital para absorver as perdas decorrentes de ativos inadimplentes. Em terceiro lugar, as restrições ao crescimento forçaram os bancos a restringir suas operações a uma localização geográfica limitada, o que significa que eles não poderiam diversificar de forma adequada seus ativos e passivos.

A vulnerabilidade do sistema bancário foi causada por sua estrutura regulatória e, portanto, o colapso do sistema bancário inglês em 1825 teve raízes políticas. Como um *quid pro quo* para fornecer financiamento ao governo, o título do Banco da Inglaterra significava que outros bancos só poderiam operar como sociedades militadas. A aristocracia e a pequena nobreza, que eram a elite política da época, apoiavam essa regulamentação porque restringia o crédito concedido aos pequenos agricultores, permitindo que os proprietários mantivessem o poder e o controle social sobre eles.

O efeito econômico do estouro da primeira bolha dos mercados emergentes e da subsequente crise bancária foi substancial. Primeiro, a oferta de dinheiro caiu, devido ao encerramento de tantos bancos. Segundo, comerciantes e empresários acharam quase impossível obter financiamento porque muitos bancos sobreviventes reduziram seus empréstimos e se recusaram a descontar letras de câmbio.[86] As falências aumentaram significativamente e, em 1826, o PIB real do Reino Unido contraiu em 5,3%. Para termos uma ideia, entre 1800 e 2010, apenas três anos tiveram uma queda do PIB maior do que 1826. Os danos não se restringiram ao Reino Unido, pois a bolha também deixou uma marca negativa na América Latina. Levaria quase cinquenta anos para que os investidores britânicos voltassem a se interessar pelos empreendimentos latino-americanos. Embora possamos apenas especular, é provável que a bolha, ao paralisar as finanças e desencorajar o investimento, tenha contribuído para a instabilidade pós-independência da América Latina ao longo do restante do século.

Por outro lado, a primeira bolha de mercado emergente trouxe duas grandes mudanças benéficas para o sistema financeiro. A primeira mudança foi a liberalização do sistema bancário, iniciada por uma lei aprovada pelo Parlamento em 1826, que permitia que os bancos se constituíssem livremente como sociedades anônimas com responsabilidade ilimitada. O sistema bancário que emergiria dessa reforma era um modelo de estabilidade, ao mesmo tempo que satisfazia as necessidades monetárias e creditícias do país.[87] A segunda mudança foi a abolição do Bubble Act, que marcou o movimento em direção à liberalização da lei de incorporação no Reino Unido. Isso tornou mais fácil para os empresários agregarem seu capital e constituírem as grandes empresas que transformariam a Grã-Bretanha. No entanto, também tornou muito mais fácil para as empresas emitir ações que poderiam ser negociadas em mercados públicos: um aumento substancial na negociabilidade fundamental. Parcialmente, como uma consequência, as bolhas seriam muito mais comuns no século XIX do que haviam sido no século XVIII. Outro importante legado da primeira bolha de mercado emergente foi o nascimento do jornalismo financeiro.[88] Depois de 1852, os jornais começaram a publicar colunas da cidade, cobrir as assembleias gerais anuais de empresas e comentar os movimentos e a condição do mercado. A nova imprensa financeira especializada forneceu uma fonte independente e autorizada de informação e aconselhamento para os investidores. Os acontecimentos de 1824 e 1825 foram, portanto, os grandes responsáveis pela ascensão da imprensa como cão de guarda do sistema financeiro, latindo sempre que as coisas não pareciam certas. Porém, quão eficaz seria a imprensa na prevenção de bolhas no futuro? No Capítulo 4, veremos que um grande conjunto de editoriais negativos na imprensa financeira do Reino Unido foi fundamental para estourar — mas não impedir — a bolha das ações ferroviárias do Reino Unido.

4) DEMOCRATIZANDO A ESPECULAÇÃO: A GRANDE MANIA FERROVIÁRIA

> "Benditas sejam as ferrovias em todo o lugar,"
> Eu disse, "e que o mundo ao avançar;
> Benditas sejam as ferrovias em todo o lugar
> Na Itália, na Irlanda e na França,
>
> Pois um mendigo não fica sem esperança,
> E todo patife tem chance de bonança".
> *William Makepeace Thackeray*[1]

> Londres é tão monótona quanto pode ser. Não há nada o que falar além das ações da Ferrovia. E, como não sou capitalista, não vejo nada de interessante nisso.
> *Charles Dickens*[2]

Embora a bolha de 1825 tenha levado à legalização de empresas com ações negociáveis, a negociabilidade ainda era um pouco limitada porque apenas o Parlamento poderia conceder o direito de uma empresa se constituir com responsabilidade limitada. No entanto, o Parlamento agora tinha o poder de aumentar substancialmente a negociabilidade a qualquer momento simplesmente concedendo um grande número de títulos. Em meados da década de 1840, eles fizeram exatamente isso, concedendo títulos para centenas de companhias ferroviárias durante o que ficou conhecido como a mania ferroviária. O *The Economist*, em 2008, descreveu a mania ferroviária como indiscutivelmente a maior bolha da história.[3] Essa não é apenas uma hipérbole moderna. Charles Mackay, na terceira edição de *A História das Ilusões e Loucuras das Massas*, escreveu que a mania ferroviária era maior do que qualquer coisa que a precedera.[4] Karl Marx, em *O Capital*, referiu-se a ela como a *großen Eisenbahnschwindel*, que significa literalmente a "grande mania ferroviária".[5]

Duas décadas antes da grande mania ferroviária, uma tecnologia nova e revolucionária estava começando a transformar a Grã-Bretanha: ferrovias movidas a vapor. A primeira ferrovia desse tipo no mundo havia sido autorizada pelo Parlamento em 1821 e inaugurada em 1825, o ano em que ocorreu a bolha anterior. A autorização parlamentar foi necessária devido à necessidade de obrigar os proprietários a vender os terrenos ao longo da rota proposta da ferrovia, bem como adquirir o direito de incorporação.[6] A ferrovia seguinte a ser autorizada foi a Liverpool and Manchester Railway, em 1826. Essa ferrovia, a primeira que levava passageiros do Reino Unido, foi inaugurada em 1830. A abertura oficial foi um desastre, com William Huskisson, deputado de Liverpool, sendo ferido fatalmente pela locomotiva Rocket de George Stephenson na frente do primeiro-ministro.[7] Esse começo trágico, no entanto, não impediu que a Liverpool and Manchester Railway rapidamente se tornasse um sucesso — principalmente para seus acionistas, já que em 1835 sua taxa de dividendos estava próxima de 10%. O sucesso inicial da Liverpool and Manchester Railway talvez não seja surpreendente, já que ela tinha um monopólio.

Tal sucesso encorajou os promotores a abordar o Parlamento com esquemas ferroviários para outras partes do país. Em 1836 e 1837, o Parlamento autorizou 59 novas ferrovias e cerca de 2.500km de trilhos. Esse boom de pequenas promoções foi acompanhado por uma alta e um colapso nos preços das ações ferroviárias, com valores subindo 65% e depois caindo 45% entre maio de 1835 e maio de 1837.[8] Esse episódio às vezes é chamado de "primeira mania ferroviária" porque serviu como um aviso portentoso do que estavam por vir vários anos depois na Grande Mania Ferroviária.[9]

O colapso dos preços das ações levou a indústria ferroviária a uma pausa, e pouquíssimas ferrovias foram autorizadas entre 1838 e 1843. Em 1840, o desenvolvimento das ferrovias entrou em reversão, com mais quilômetros de ferrovia abandonadas do que as autorizadas.[10] Em 1843, apesar da tecnologia ter mais de vinte anos, a Inglaterra e a Escócia juntas tinham pouco mais de quarenta companhias ferroviárias com uma média de 57km de via. Porém, no ano seguinte, William Gladstone antecipando que a melhoria das condições econômicas poderia voltar a estimular o desenvolvimento ferroviário, iniciou uma comissão parlamentar seleta para considerar sua futura regulamentação. Gladstone estava particularmente interessado em restringir seu poder de monopólio potencial, mas também estava interessado em desenvolver uma rede ferroviária nacional, o que evitaria duplicações desnecessárias. Uma rede ferroviária nacional também criaria externalidades de rede: se a rede ferroviária cobrisse a maior parte do país, as pessoas usariam os trens com muito mais frequência, beneficiando as ferrovias existentes ao criar muitos clientes extras para elas.[11]

O Railways Act resultante foi aprovado em julho de 1844, exigindo pelo menos um trem por dia por empresa para transportar passageiros a uma taxa de um centavo por quilômetro. A lei também permitiu que o governo sancionasse novas linhas concorrentes; eles poderiam até nacionalizar linhas autorizadas após 1844 se as linhas gerassem dividendos de mais de 10%. Esta última ameaça sinalizou aos investidores que as ferrovias eram empresas muito lucrativas que deveriam gerar enormes dividendos — muito além do que qualquer outro setor estava pagando na época.

Outro produto do Railway Act de Gladstone foi uma nova maneira de processar aplicações para ferrovias. O sistema de lei privada parlamentar, que funcionou bem para todos os desenvolvimentos anteriores de transporte no Reino Unido, como os canais e rodovias locais, não funcionou tão efetivamente para as ferrovias porque o interesse nacional foi negligenciado às custas do interesse local.[12] Assim, em agosto de 1844, foi estabelecido um "conselho ferroviário" para escrutinar as ferrovias projetadas, com o objetivo de fazer esquemas de racionamento e construir uma rede ferroviária nacional integrada.[13] A principal intenção do Conselho Ferroviário era evitar a construção de linhas duplicadas e concorrentes. O jornal *The Economist*, defensor do livre mercado e da concorrência, declarou que a criação de novas companhias ferroviárias em concorrência com as existentes não deveria ser deixada para os interesses de Gladstone; em vez disso (e um tanto infelizmente, como os eventos provariam), eles sugeriram que aqueles que investem seu dinheiro são os melhores juízes.[14]

O entusiasmo gerado pelo Railways Act de Gladstone no primeiro semestre de 1844 pode ser visto na Figura 4.1, que mostra um índice de ações ferroviárias e, para fins de comparação, um índice de retornos das vinte maiores empresas não ferroviárias dessa época. As ferrovias foram amplamente promovidas nessa época e 199 pedidos de novas ferrovias foram apresentados para consideração na sessão parlamentar de 1845, que na época normalmente acontecia de fevereiro a julho.[16]

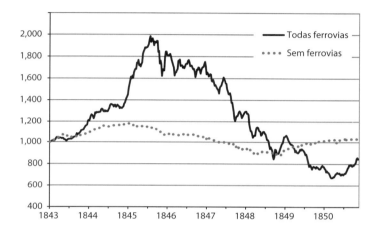

Figura 4.1 Índices de ações semanais da British Railways e empresas não ferroviárias de primeira linha[15]

Como muitos acreditavam que os efeitos da rede de novas ferrovias tornariam as já existentes ainda mais lucrativas, os preços das ações ferroviárias dispararam, e muitos outros promotores elaboraram esquemas ferroviários para consideração na sessão do Parlamento de 1846.

A atmosfera animada da época e o consequente fomento de novos esquemas ferroviários foram mais bem descritos em *The Glenmutchkin Railway*, um conto satírico publicado após a bolha.[17] A história fala de dois protagonistas — Augustus Reginald Dunshunner e Bob M'Corkindale. Ambos eram pobres, tinham aversão ao esforço e eram conhecedores do melhor uísque de malte Oban. M'Corkindale era o cérebro para os negócios da dupla, tendo uma vez folheado o livro *A Riqueza das Nações* de Adam Smith. Em 1844, observando como os jornais fervilhavam todas as semanas com novos esquemas ferroviários que foram rapidamente contratados, eles juntaram-se à corrida especulativa com seus fundos combinados de £300. No entanto, em seis meses eles nunca receberam uma alocação de oferta inicial de ações por causa de seu baixo status social e ganharam apenas £20 comprando e vendendo ações da ferrovia no mercado de ações.

Em 1845, frustrados com a falta de sucesso, Dunshunner e M'Corkindale decidiram promover sua própria ferrovia, que deveria ter 19km de comprimento e ser sediada no mítico vale de Glenmutchkin, nas Terras Altas da Escócia. Eles elaboraram um prospecto da noite para o dia, que descrevia Glenmutchkin como um vale altamente povoado e próspero, e encheram o conselho de administração provisório da ferrovia com nomes semelhantes aos dos líderes celtas ou lordes escoceses, que eles acreditavam "soar bem aos ouvidos dos saxões". Eles decidiram ter um importante empresário presbiteriano no conselho para atrair o dinheiro de outros presbiterianos, que supostamente poderiam "cheirar uma [pechincha] de uma distância quase incrível". Para atrair ainda mais os presbiterianos escoceses como investidores, o prospecto afirmava que a empresa se opunha a todas as viagens aos domingos e distribuiria 12 mil folhetos evangelísticos aos pobres.

Para criar uma empresa ferroviária, os promotores tinham de apresentar um pedido detalhado ao Parlamento no mês de novembro que antecedesse a sessão parlamentar. Essa solicitação tinha que incluir, entre outras coisas, a justificativa para a criação da ferrovia, estimativas de custos, tráfego e despesas de trabalho. Também tinha que incluir os nomes e dados dos indivíduos que se comprometeram em conjunto a fornecer 75% do capital exigido pela empresa e que já tinham pagado 5% do capital prometido.

Os script certificates* (ou apenas scripts, como eram comumente conhecidos) eram emitidos para indivíduos que receberam alocações de ações e haviam pagado seus 5%. A fictícia Glenmutchkin Railway emitiu 12 mil ações de £20 cada, o que significava que os acionistas bem-sucedidos inicialmente pagavam apenas £1. Dunshunner e M'Corkindale esperavam ganhar muito dinheiro negociando os scripts, que eram ativamente negociados, embora fosse ilegal fazê-lo.[18] Os scripts eram feitos ao portador, tornando-os fáceis de transferir sem medo de represálias legais. No entanto, o titular original de um script permanecia legalmente responsável por todas as dívidas da

---

* O script certificate é um direito de obter determinado montante de ações de uma empresa, mas não constitui propriedade das ações em si. Uma empresa pode emitir scrips com valor nominal menor do que o valor de uma ação, por exemplo, e o detentor dos scripts poderia trocá-los por uma ação assim que juntasse scripsts o suficiente. (N. da RT.)

ferrovia até que ela fosse incorporada, e os compradores de scripts estariam em uma posição legal duvidosa se quisessem processar os promotores por perdas.[19]

Quando uma aplicação chegava ao Parlamento, era, então, patrocinada pelos deputados usando o procedimento de projeto de lei privado** do Parlamento. O projeto de lei privado era analisado por uma comissão parlamentar e poderia ser contestado, o que aumentaria de maneira drástica os custos para os promotores de obter o projeto de lei no Parlamento. Também tinha que obter a aprovação do Conselho Ferroviário de Gladstone. Se bem-sucedido, era aprovado um projeto de lei privado parlamentar que autorizava a construção da ferrovia e a compra dos terrenos necessários e incorporava a ferrovia como uma sociedade de responsabilidade limitada. Nessa fase, os investidores que tinham ações atribuídas a eles recebiam a emissão dos certificados de ações. Esperava-se também que eles atendessem a futuras chamadas de capital à medida que surgissem. A empresa ferroviária também estava livre nesse momento para levantar capital adicional. A candidatura da Ferrovia Glenmutchkin falhou, para alívio de Dunshunner e M'Corkindale, cuja fraude teria sido exposta se sua candidatura ao Parlamento tivesse sido bem-sucedida.

Durante a sessão parlamentar de 1845, os principais problemas com o processo de autorização ferroviária tornaram-se cada vez mais claros. O Conselho Ferroviário foi sistematicamente ignorado: 35,5% de suas recomendações não foram implementadas. Posteriormente, ele foi dissolvido, em 10 de julho de 1845.[20] Isso tornava mais provável que uma conta ferroviária fosse avaliada em seus custos e benefícios sociais locais, isoladamente de considerações nacionais, um processo que não levava em conta as externalidades da rede ou a potencial concorrência esbanjadora decorrente da duplicação de rotas.[21] Isso resultou em uma corrida insana de esquemas ferroviários sendo desenvolvidos para aprovação parlamentar na sessão de 1846.

No outono de 1845, surpreendentes 562 novas petições ferroviárias haviam sido submetidas ao Parlamento.[22] Notavelmente, muitas outras empresas ferroviárias projetadas nunca chegaram à fase de solicitação

---

** No direito britânico, existem projetos de lei públicos e privados. Um projeto de lei público é análogo ao projeto de lei no Brasil — se aprovado, se tornará legislação que deve ser seguida por todos. Um projeto de lei privado pode ser referente a indivíduos (em que o Parlamento autoriza especialmente determinados casamentos que seriam considerados ilegais sob o regime da lei, por exemplo) ou a corporações (garantindo um benefício específico ou autorizando projetos especiais, como os de ferrovias), e, se aprovado, garantirá esses benefícios específicos. (N. da RT.)

de autorização parlamentar — o *Times* estimou que 1.238 novos projetos foram iniciados somente em 1845.[23] A escala da promoção ferroviária no outono de 1845 é ilustrada na Figura 4.2, que mostra a contagem de palavras dos anúncios promovendo novas ferrovias no Railway Times, o principal periódico ferroviário da época. O primeiro ponto dessa série ocorreu no outono de 1844, quando as ferrovias que se candidatavam a ser consideradas durante a sessão parlamentar de 1845 estavam sendo promovidas e angariando capital. No entanto, isso foi completamente ofuscado pela escala de propagandas que foram colocadas no outono de 1845. Tal foi o nível de promoção que os dois principais periódicos ferroviários imprimiram até três suplementos semanais durante setembro e

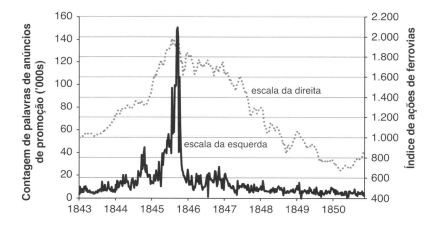

Figura 4.2 Índice do mercado de ações ferroviárias e contagem semanal de palavras de anúncios promocionais da companhia ferroviária[24]

outubro de 1845 para atender à demanda de publicidade de novos esquemas ferroviários para atrair investidores.[25] Como pode ser visto na Figura 4.2, essa explosão na atividade promocional coincidiu com o ponto de inflexão do índice de ações ferroviárias.

O boom nos preços das ações e o boom de promoção foram acompanhados por um boom nos periódicos ferroviários, com 16 periódicos circulando em 1845. A maioria deles teve vida curta, durando não mais do que alguns meses, com circulação média de 10.750 exemplares por semana, em comparação com cerca de 355 mil do *Railway Times*.[26] O jornal *The Economist* também entrou na briga das reportagens ferroviárias em janeiro de 1845, quando introduziu uma seção dedicada às ferrovias. Esses jornais tendiam a refletir a positividade do mercado ferroviário, com movimentos ascendentes de preços normalmente seguidos por cobertura positiva da imprensa. Surpreendentemente, no entanto, os jornais não parecem ter reforçado o sentimento do mercado: a cobertura jornalística positiva não foi associada a subsequentes aumentos de preços.[27]

O aumento da atividade promocional que se seguiu à extinção do conselho da ferrovia começou a suscitar a preocupação de que fossem autorizadas linhas duplicadas.[28] Uma série de artigos no *The Times* de julho de 1845 em diante alertavam, em particular, sobre os efeitos prejudiciais das novas ferrovias propostas.[29] A imprensa financeira, que havia sido concebida após a bolha de 1825, estava agindo como um cão de guarda para os investidores, latindo aos sinais de problemas. E não era qualquer cachorro velho que estava latindo — o *Times* era, de longe, o principal jornal diário da década de 1840 em termos de circulação e influência.[30] Seus editoriais eram extremamente críticos em relação à "especulação excessiva" nas ações das ferrovias. Em 18 de outubro de 1845, fim de semana anterior ao início do crash do mercado, seu editorial foi mordaz: "a mania da especulação ferroviária atingiu o ponto em que todas as loucuras, por mais absurdas em si mesmas, deixam de ser ridículas e se tornam, em virtude de sua universalidade, assuntos aptos a serem considerados tanto pelo político quanto pelo moralista."[31] Em um suplemento de 17 de novembro de 1845, o *The Times* publicou uma exposição da loucura da especulação ferroviária.[32]

Henry Tuck, autor de manuais de acionistas ferroviários, atribuiu a culpa pelo colapso do mercado ao *The Times*.[33] O *Railway Times* usou linguagem grosseira, acusando o *Times* e seus repórteres de manipularem o mercado para seu próprio ganho e de serem mentirosos habituais para fins fraudulentos. Tal era sua ira que o principal artigo do *Railway Times* durante todas as semanas entre 18 de outubro e 13 de dezembro de 1845 enfocava o papel do The Times em causar o colapso do mercado de ações ferroviárias.[34] No entanto, um estudo sobre o efeito de editoriais negativos no mercado de ações ferroviárias sugere que o *The Times* teve um efeito insignificante no mercado.[35] Embora o jornal possa ter desempenhado um papel no crash ao chamar a atenção para o boom da promoção ferroviária, foi uma confluência de grandes eventos nessa época que realmente fez com que a bolha estourasse.

Em primeiro lugar, a abolição do conselho ferroviário e a publicidade desenfreada para todos significaram que, em vez de se beneficiar das externalidades positivas de uma rede bem-organizada, as empresas ferroviárias começaram a competir de forma perdulária entre si. Em segundo lugar, houve uma colheita muito pobre na Inglaterra e na Escócia, e um desastre na Irlanda, onde a colheita de batata fracassou devido a uma praga. Em meados de outubro, a gravidade dessa situação tornou-se evidente.[36] Em dezembro de 1845, desencadeou-se uma crise política quando o primeiro-ministro, Robert Peel, renunciou temporariamente ao cargo porque seu gabinete não apoiou seu desejo de revogar as Leis do Milho (que impunham tarifas e restrições às importações de grãos).

Em terceiro lugar, a saída do ouro devido a problemas com a colheita levou o Banco da Inglaterra a aumentar sua taxa de juros de 2,5% para 3% em 16 de outubro e depois para 3,5% em 6 de novembro.[37] Alguns comentaristas sugeriram que o declínio nos preços das ações ferroviárias foi atribuível a esses aumentos na taxa do Banco da Inglaterra — o Banco estava, em essência, estourando a bolha.[38] No entanto, a análise do *The Economist* na época está provavelmente mais próxima da verdade — o aumento da taxa "apenas determinou a grande maioria dos detentores de ações a fazer então o que eles pensavam fazer mais cedo ou mais tarde: vender a maioria das ações que detinham."[39]

Em quarto lugar, a queda acentuada nos preços das ações ferroviárias pode ter sido precipitada pelos grandes aportes de capital feitos pelas ferrovias que o Parlamento acabara de autorizar em julho e agosto de 1845. Esses aumentos substanciais foram feitos quando as ferrovias começaram a construção de suas linhas. Essas chamadas ofuscavam todas as que haviam sido feitas nos três anos anteriores e marcou o início de grandes e frequentes chamadas de capital para acionistas ferroviários. Após os meses inebriantes anteriores, isso pode ter sido um choque de realidade para muitos investidores.

Como pode ser visto na Figura 4.2, após os dias sombrios do último trimestre de 1845, o mercado de ações ferroviárias se estabilizou um pouco no início de 1846, com os investidores sem recuperar seu antigo entusiasmo nem sucumbindo ao pânico. No entanto, a partir de agosto de 1846, os preços das ações voltaram a cair. Quando finalmente atingiu o fundo do poço, em abril de 1850, o mercado de ações ferroviárias havia caído 66% em relação ao pico, no verão de 1845.

Como em muitas outras bolhas, a falência da mania ferroviária revelou e induziu práticas duvidosas. Em 1848, foi publicado um panfleto que alegava que as ferrovias controladas por George Hudson, o "Rei das Ferrovias", estavam deduzindo despesas do seu capital, em vez de da receita, permitindo-lhes relatar lucros artificialmente elevados e pagar dividendos mais altos do que os garantidos.[40] Em 1849, vários comitês de inquérito estabelecidos por acionistas descobriram que Hudson havia alocado dinheiro em excesso para si mesmo, feito transações de partes relacionadas entre ferrovias que controlava e manipulava as contas da empresa para exagerar lucros e dividendos.[41] Hudson não estava aumentando lucros e dividendos de maneira fraudulenta durante o boom, mas tentando sustentar seu império após o crash. Ele renunciou às suas presidências e foi processado por várias dívidas. Perdeu tudo e faliu, indo para o exílio ao perder a vaga de deputado, que lhe dava proteção legal contra a prisão por dívidas não pagas. No entanto, a fraude de Hudson parece ter sido um incidente isolado, e não uma característica sistêmica do boom ferroviário. Nem as comissões de inquérito a outras empresas nem um relatório parlamentar sobre a contabilidade ferroviária encontraram provas de práticas fraudulentas.[42]

O estouro da bolha da mania ferroviária também resultou na aprovação da Lei de Dissolução, em 1846, permitindo que os acionistas obrigassem os promotores da empresa a liquidar qualquer ferrovia que não tivesse recebido autorização parlamentar. Quanto às que foram autorizadas, o Parlamento aprovou um projeto de lei em 1850 para facilitar seu abandono se 60% ou mais dos acionistas o solicitassem.[43] Dos 13.825km autorizados pelo Parlamento nas sessões de 1845–1847, 2.510km foram abandonados pelos promotores sob este segundo Ato, e outros 3.218km, no valor de cerca de £40 milhões de capital, foram abandonados antes que o consentimento formal do Parlamento fosse concedido.[45]

A magnitude da grande mania das ferrovias e o efeito transformador na indústria são ilustrados na Figura 4.3, que mostra a escala sem precedentes de expansão e investimento em ferrovias entre 1845 e 1847. A parte muito maior da formação de capital (ou seja, aumento de capital físico, como ferrovias, pontes e locomotivas) e os aumentos de capital realizado ocorreram depois de 1845 porque a construção das novas ferrovias levou tempo, e o capital foi angariado a partir dos acionistas em um cronograma paralelo à construção da rede ferroviária.

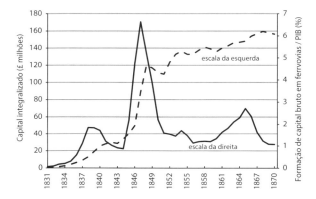

Figura 4.3 A formação do capital bruto pelas ferrovias do Reino Unido como porcentagem do PIB e capital social integralizado das ferrovias do Reino Unido[44]

A grandeza da mania ferroviária também pode ser considerada em relação ao restante do mercado de ações. Em 1838, as ações ferroviárias constituíam 14% de todas as ações cotadas e 23% do valor total do mercado de ações. Em 1848, as ferrovias representavam 48% das ações cotadas e 71% do valor total do mercado de ações.[46]

Causas

Durante a mania ferroviária, a negociabilidade aumentou de várias maneiras. O Parlamento tornou-se muito mais liberal na concessão de títulos corporativos para companhias ferroviárias, com centenas de empresas a receberem autorização. Mesmo antes de a autorização ser concedida, o processo exigia que os promotores formassem organizações semelhantes a empresas que detinham ações negociáveis na forma de certificados de títulos. O mercado de ações ferroviárias trouxe um nível de atividade sem precedentes para o mercado de ações geral: ao contrário da maioria das outras ações empresariais, as ações das empresas ferroviárias eram negociadas diariamente durante a mania ferroviária.[47] De fato, a negociabilidade do capital ferroviário era tal que quinze novas bolsas de valores abriram em todo o país durante a Mania para atender à demanda da crescente concessão especuladora.[48] Sete dessas novas bolsas de valores provincianas fecharam quando a mania ferroviária chegou ao fim.[49]

O próximo lado do triângulo da bolha é dinheiro e crédito, sem os quais não há combustível para alimentar uma bolha. No caso da mania ferroviária, a taxa de desconto do Banco da Inglaterra foi reduzida em setembro de 1844 para 2,5%, uma baixa histórica nos 150 anos desde a criação do banco. Além disso, a queda nas taxas de juros fez com que o rendimento do principal título de dívida do governo caísse para 3% pela primeira vez em mais de um século.[50] De acordo com o *Railway Times*, um efeito das baixas taxas de juros foi o que levou os investidores a buscar rendimento investindo em ações ferroviárias.[51] Há, no entanto, muito pouca evidência de investidores fazendo empréstimos para comprar ações ferroviárias. Uma razão para isso é que a natureza parcialmente paga das ações ferroviárias significava que a alavancagem foi incorporada a elas — os investidores poderiam assumir posições altamente alavancadas nas ferrovias simplesmente pagando um depósito inicial de 10%. Essa alavancagem embutida contribuiu para o aumento dos lucros dos acionistas durante o boom.[52] De fato, para estimular o investimento ferroviário, o Parlamento reduziu o depósito exigido para 5% em fevereiro de 1844, aumentando assim a natureza alavancada das ações ferroviárias.[53] Essa decisão foi revertida em julho de 1845, assim como a próxima parcela dos esquemas ferroviários estava sendo preparada para o Parlamento.

À medida que o dinheiro fácil e as condições de crédito intensificavam o boom nos preços das ações ferroviárias, a interrupção do fornecimento de dinheiro e de crédito teve o efeito oposto. O aumento das taxas de juros e os pedidos de capital aos acionistas acentuou a queda dos preços das ações ferroviárias durante o estouro. De fato, o estouro da Mania coincidiu com o aumento da taxa de desconto do Banco da Inglaterra, enquanto as chamadas de capital tornaram-se muito maiores e mais frequentes no final de 1845, continuando a crescer nos três anos seguintes.

A especulação é o lado final do nosso triângulo da bolha. A alta do preço das ações durante a mania ferroviária atraiu muito dinheiro especulativo. Investir nas bolhas de 1720 e 1825 limitava-se principalmente aos que tinham recursos — aqueles da classe média alta e da pequena nobreza que podiam, em certo sentido, perder suas participações de investimento. No entanto, durante a mania ferroviária, graças a baixas denominações de ações e ações parcialmente pagas, muitos membros das classes média e trabalhadora foram jogados para a classe especulativa. No caso da ferrovia fictícia Glenmutchkin, que tipificava a maioria das ferrovias reais, os investidores precisavam de apenas £1 para comprar uma ação na ferrovia, com as £19 restantes a serem resgatadas se a ferrovia fosse autorizada e construída. Para contextualizar esses números, os funcionários públicos da época ganhavam cerca de £180 por ano, professores, cerca de £80, e trabalhadores, cerca de £50.[54]

Muitos especuladores com poucos recursos esperavam trocar suas ações antes que a ferrovia fosse autorizada ou antes que qualquer compra fosse feita. As ações parcialmente pagas também desempenharam seu papel em 1720 e 1825 na atração de especuladores, mas o crescimento das classes médias e o fato de que os investimentos iniciais muito baixos eram necessários logo no início significavam que as ações parcialmente pagas desempenhavam um papel importante na democratização da especulação durante o período da mania ferroviária. O aparecimento de guias de investimento populares, como o *Short and Sure Guide to Railway Speculation*, *The Railway Speculator's Memorandum Book* e *How to Make Money in Railway Shares*, indica, ainda, que a especulação estava sendo democratizada.

Tal como acontece com outros episódios famosos de bolhas, as evidências anedóticas e circunstanciais apontam para indivíduos ingênuos, amadores e sem dinheiro investindo durante a mania ferroviária. Os contemporâneos chegaram a sugerir que esses investidores amadores, em seu clamor por ações ferroviárias, elevaram os preços e, em seu pânico, contribuíram para o colapso dos preços das ações ferroviárias.[55] Porém, muitas dessas representações de investidores vêm da imprensa satírica e de fontes literárias contemporâneas.[56] Uma das epígrafes deste capítulo é do poema satírico de William Makepeace Thackeray, *The Speculators*, no qual ele retrata bandidos sem dinheiro falando sobre se tornarem ricos por meio de seus investimentos em ferrovias. Contudo, até que ponto essas caricaturas se assemelham à realidade?

Os historiadores das ferrovias apontam a participação de investidores inexperientes, como mulheres e clérigos, bem como o papel significativo desempenhado pelos novos ricos da classe média.[57] Por exemplo, gigantes literários como Charlotte Brontë e William Makepeace Thackeray e cientistas importantes como Charles Darwin investiram em ações ferroviárias durante a mania.[58] Usando as listas de acionistas dos esquemas ferroviários que chegaram ao Parlamento em 1845 e 1846, podemos olhar para além das caricaturas e dos estereótipos.[59] Essas listas apenas fornecem uma visão dos acionistas iniciais que investiram no período que antecedeu a mania, e não dos muitos especuladores que compraram ações durante a mania. Para isso, as listas vão sub-representar as classes médias porque os promotores ferroviários preferiram ter suas listas de operações recheadas com as classes altas e nobres. No entanto, as mulheres representavam 6,5% dos acionistas, e os clérigos, 0,9%, o que não é irreal, e os profissionais de classe média representavam 13,1% dos acionistas, e os fabricantes, comerciantes e varejistas representavam outros 37,8%. Até as classes trabalhadoras entraram na ação, representando 1% dos acionistas.

As vendas a descoberto durante as bolhas de 1720 e 1825 foram inibidas por pressões e aparelhamentos, por meio dos quais os insiders haviam controlado o mercado de ações. O mesmo provavelmente aconteceu durante a mania ferroviária. A ocorrência de controle de mercado é difícil de provar — geralmente ela só pode ser observada quando um vendedor a descoberto ou seu corretor não estão dispostos a pagar seus contratos e são levados ao tribunal. No entanto, controle de mercado é a principal maneira pela qual Dunshunner e M'Corkindale, os promotores da fictícia ferrovia Glenmuchkin, ganharam dinheiro com seu esquema. Um dos membros de seu conselho provisório — um próspero fabricante de caixões presbiteriano chamado Samuel Sawley — começou a apostar com a queda de ações por meio de vendas a descoberto. Ficando sabendo disso e vendo o preço das ações cair para £1, Dunshunner e M'Corkindale abriram caminho comprando todas as ações disponíveis à venda. Quando o contrato de Sawley venceu, ele teve que comprar ações que havia vendido a descoberto. No entanto, quase todas as ações estavam sob o controle de Dunshunner e M'Corkindale, e em questão de dias elas subiram para £17 por causa da necessidade de Sawley de cumprir suas obrigações contratuais. Depois de uma semana pagando preços tão altos, Sawley ainda não conseguia cumprir suas obrigações e foi forçado a visitar Dunshunner para ver se ele lhe venderia algumas ações. Sawley chegou em traje funerário completo e com "um semblante mais triste do que se estivesse assistindo ao enterro de sua amada esposa". Ele confessou ter vendido a descoberto — "o diabo me tentou e eu vendi em excesso" — e acabou usando quase todo seu patrimônio para comprar duas mil ações de Dunshunner.

O desenvolvimento e a aprovação do Railway Act de Gladstone forneceram a faísca que acendeu a bolha. Essa lei proporcionou uma benção ao mercado, sugerindo que o governo esperava que a lucratividade futura fosse tão alta que mais tarde eles poderiam ter que considerar a nacionalização. Porém, o mais importante é que essa lei estabeleceu o Conselho Ferroviário. As ferrovias não eram uma tecnologia nova — as ferrovias de passageiros existiam havia mais de 15 anos e existiam mais de 2.250km de ferrovia antes da mania —, mas a rede ferroviária não era integrada nacionalmente. A criação do conselho ferroviário sinalizou aos investidores e potenciais promotores que o governo procuraria apenas aprovar novas ferrovias que se somassem à rede. Isso criaria externalidades de rede para as ferrovias existentes, aumentando consideravelmente o número de passageiros.

O conselho ferroviário era necessário porque a estrutura do Parlamento não era adequada para construir uma rede ferroviária nacional. Os parlamentares naquela época tinham muito mais incentivo eleitoral para promover os interesses de seu eleitorado local do que para promover o interesse nacional. A política foi, assim, dominada por interesses locais e não nacionais, e esses interesses resultaram em competição entre cidades para obter esquemas ferroviários, em vez de um desejo de formar uma rede ferroviária nacional integrada.[60] O fracasso de Gladstone em dar ao conselho ferroviário o poder de anular esses interesses locais foi um grande erro político, e quando sua impotência ficou clara no verão de 1845, a lei foi abolida.[61]

A abolição do conselho ferroviário assinalou o fim da coordenação parlamentar na tentativa de construção de uma rede ferroviária nacional. Consequentemente, no outono de 1845, o Parlamento foi inundado com pedidos e, por fim, autorizou muitos esquemas duplicados e antieconômicos que destruíam uns aos outros por meio de uma concorrência inútil. O efeito devastador dessa competição foi comentado por um contemporâneo — "o efeito óbvio da concessão de uma linha concorrente é diminuir, se não destruir os lucros da antiga linha; e não é provável que possa, ao entrar em concorrência com a linha antiga, ser altamente lucrativa".[62] Não é de surpreender que tenha sido quando os preços das ações ferroviárias começaram a entrar em colapso. De fato, o jornal *The Economist* mais tarde observou que as linhas surgidas no período da Mania mostraram pouco ou nenhum lucro.[63] Uma ilustração disso é que o retorno sobre o patrimônio na rede pré-mania de York e North Midland foi de 10,1%, em comparação com -0,3% para a parte de sua rede construída durante a mania.[64] O *Railway Times* resumiu afirmando que "rivalidade ferroviária e ruína ferroviária são termos quase sinônimos".[65]

Uma mudança que ocorreu desde a bolha de 1825 foi que os deputados não podiam mais participar de comitês que analisavam propostas nas quais tinham interesse, seja como diretor da proposta ou como deputado do distrito em que a ferrovia estava sediada. Isso deveria ter reduzido a tensão local *versus* a nacional no Parlamento. No entanto, os políticos poderiam contornar essa restrição por meio do "logrolling", em que dois ou mais políticos concordavam em votar nos esquemas ferroviários um do outro.[66] Herbert Spencer, o famoso biólogo e filósofo, sugeriu que os parlamentares agiram de forma oportunista durante a mania.[67] Porém, de um modo geral, esse não foi o caso: eles estavam simplesmente respondendo ao eleitorado local, e não aos interesses nacionais. De fato, não há evidências que sugiram que os parlamentares lucraram com seus investimentos mais do que outros investidores.[68]

A construção de redes ferroviárias em outras partes do mundo nessa época é instrutiva a esse respeito. O objetivo na França e em outras partes do continente era não ter linhas duplicadas ou concorrentes, e isso foi alcançado por meio do envolvimento do Estado (ou propriedade) na construção de redes ferroviárias.[69] Isso explica por que a Europa Continental não experimentou sua própria mania ferroviária. No caso das ferrovias norte-americanas, que eram empresas totalmente privadas, os governos estaduais efetivamente racionaram as ações ferroviárias para reduzir os efeitos da concorrência prejudicial.[70] Embora houvesse concessão irrestrita de ações, os governos subnacionais nos Estados Unidos desempenharam um papel fundamental na construção da rede ferroviária, fornecendo capital para as rotas que havia decidido serem viáveis. Os governos estaduais e locais forneceram metade do capital para as primeiras ferrovias, e todas as linhas norte-americanas significativas construídas antes de 1860 receberam financiamento de governos subnacionais.[71] Esse controle *de facto* sobre a construção de rotas ferroviárias pode explicar parcialmente por que os Estados Unidos também não experimentaram uma bolha ferroviária.[72]

A tensão local *versus* nacional foi integrada ao sistema parlamentar britânico, pois simplesmente refletiu a forma única da qual o sistema político inglês foi desenvolvido. Ao contrário, as instituições políticas e os incentivos de outros países estavam muito mais fortemente voltados para os interesses nacionais do que para os locais, e talvez seja por isso que eles evitaram ter suas próprias manias ferroviárias.

Uma explicação alternativa para a falha do Parlamento é que, como a Grã-Bretanha foi o primeiro país a desenvolver uma rede nacional via iniciativa privada, ele sofria de uma desvantagem em razão do pioneirismo. Como o método tradicional de procedimento parlamentar funcionou bem para a construção de canais e estradas, que foram todos empreendimentos locais, os parlamentares foram levados a pensar que tal procedimento seria igualmente bom para as ferrovias. No entanto, eles não contemplaram a importância das externalidades da rede. Por outro lado, durante os debates parlamentares, alguns deputados notaram o perigo de usar o seu procedimento já estabelecido para rever os pedidos de ferrovias.[73]

Por que as ferrovias existentes estavam tão dispostas a entrar em uma competição desastrosa? Em uma análise contrafactual, juntamente com um colega, um de nós examinou as estratégias abertas às empresas ferroviárias diante da ameaça da concorrência dos recém-chegados.[74] A principal constatação foi que a pior coisa que eles poderiam ter feito era não ter feito nada, e a melhor estratégia foi a que eles seguiram, ou seja, expandir sua própria rede para se proteger da concorrência. As ferrovias estavam dispostas a construir ramais que só trariam perdas porque isso era melhor do que ter um rival fazendo isso e acabar sendo expulso do negócio.[75]

Consequências

Quanto a classe especuladora recentemente emancipada sofreu na recessão? A romancista Charlotte Brontë, enquanto refletia sobre suas pesadas perdas de investimentos em ferrovias durante a mania, felizmente comparou sua situação com a de milhares de investidores da classe média que sofreram imensamente por causa do colapso dos preços das ações ferroviárias. Ela escreveu: "Muitos foram quase privados de seu pão de cada dia pelo antigo e estranho Sistema Ferroviário; aqueles que apenas perderam as provisões feitas para o futuro devem tomar cuidado com a forma como reclamam."[76] As bolhas anteriores tiveram investidores que perderam fortunas, mas a mania ferroviária envolveu muitos especuladores oriundos da classe média que tinham muito pouco a perder. Embora muitos indivíduos tenham sofrido quando os preços das ações ferroviárias caíram, a questão permanece sobre quais foram as consequências da mania ferroviária para a economia geral.

Em outubro de 1847, exatamente dois anos após o pico das ações ferroviárias, houve uma crise financeira no Reino Unido. As pressões no mercado monetário vinham ocorrendo desde janeiro de 1847, com o Banco da Inglaterra elevando sua taxa de desconto quatro vezes no primeiro trimestre de 1847. O banco também racionava seus empréstimos e descontos de transações. Isso culminou na chamada "semana do terror", de 16 a 23 de outubro, durante a qual vários bancos suspenderam pagamentos e até bancos bem administrados tiveram que procurar ajuda do Banco da Inglaterra. A pressão sobre os mercados monetários só diminuiu quando o primeiro-ministro e chanceler do Tesouro, no final da semana de terror, enviou ao Banco de Inglaterra uma carta permitindo-lhe desrespeitar o recentemente aprovado Bank Charter Act. Com isso, o banco conseguiu encerrar a crise ampliando sua emissão de notas, auxiliando os bancos que enfrentam dificuldades de liquidez.

A causa imediata da crise foi o fracasso de muitos comerciantes, particularmente aqueles envolvidos no negócio do milho. O preço do trigo dobrou na primeira metade de 1847, após uma colheita ruim em 1846. No entanto, o alto preço do trigo acabou atraindo importações, o que resultou no colapso do preço do trigo em cerca de 50% no verão de 1847. Isso pegou muitos comerciantes de milho e especuladores desprevenidos e acabou resultando em seu fracasso. Esses fracassos mercantis exacerbaram as já tensas pressões sobre o mercado monetário, resultando na semana do terror em outubro de 1847.

Embora a mania ferroviária não pareça ter sido responsável pela crise financeira de 1847, parece ter agravado indiretamente as pressões no mercado monetário.[77] O fato de os acionistas ferroviários terem integralizado seu capital em parcelas à medida que as linhas ferroviárias foram construídas fez com que houvesse muitos pedidos de capital em 1847.[78] Como pode ser visto na Figura 4.1, houve um enorme aumento no capital integralizado que entrou no setor ferroviário em 1847, e a escala de formação bruta de capital nas ferrovias em 1847 foi sem precedentes. Os pedidos de capital ao longo de 1847 significaram que os acionistas tiveram que retirar dinheiro de seus bancos ou levantar esse capital em outro lugar, o que colocou uma grande pressão sobre os mercados monetários.[79]

O Lorde John Eatwell sugere que a mania ferroviária é um exemplo *prima facie* de uma bolha útil, pois, depois que ela estourou, os investimentos de valor social real foram deixados para trás.[80] Não há dúvida de que a rede ferroviária nacional que surgiu como resultado da mania ferroviária foi transformadora. A enorme redução nos custos de tempo e dinheiro das viagens tornou as viagens possíveis para as massas e viagens mais frequentes (e confortáveis) para as classes média e alta. Dionysius Lardner, um comentarista ferroviário contemporâneo, observou que em 1835 havia apenas sete diligências diárias entre Londres e Edimburgo que levavam dois dias, mas em 1850 havia vários trens por dia transportando passageiros e carga, com um tempo de viagem inferior a doze horas.[81] Na medida em que é possível quantificar os benefícios sociais das ferrovias em toda a sua extensão, análises econômicas de custo-benefício sugerem que a rede ferroviária que emergiu da mania proporcionou enormes ganhos de bem-estar ao longo do século XIX e além.[82] Para estimar os ganhos de bem-estar trazidos pelas ferrovias, os historiadores econômicos usaram o conceito de poupança social, ou seja, o custo para a sociedade de fazer o mesmo que as ferrovias fizeram, sem elas. Um estudo estimou que as economias sociais das ferrovias em termos de tempo e dinheiro chegaram a 2% do PIB em 1850 e estavam perto de 10% em 1900.[83] Esse foi um grande benefício para a produtividade da economia vitoriana.

No entanto, deve-se perguntar se a utilidade social foi tão alta quanto poderia ter sido se o processo de autorizar as ferrovias e estabelecer uma rede ferroviária não fosse tão *laissez-faire* ou *ad hoc*. Deve-se perguntar também se uma bolha foi um pré-requisito para a criação de uma rede ferroviária nacional.

A forma de autorizar as ferrovias e estabelecer uma rede ferroviária foi ineficiente e resultou em uma rede ferroviária insatisfatória, com linhas desnecessárias e duplicadas. Um estudo estimou que o sistema ferroviário de cerca de 32 mil km que surgiu em 1914 continha cerca de 11 mil km a mais do que o necessário — os mesmos benefícios sociais poderiam ter sido obtidos com um investimento substancialmente menor.[84] As ineficiências no sistema ferroviário que foram bloqueadas durante a mania ferroviária contribuíram para o mau desempenho subsequente das empresas ferroviárias e ineficiências generalizadas que atormentaram as ferrovias britânicas até os dias atuais.[85] Assim, em vez de a bolha ser útil para a sociedade, ela criou uma rede desordenada e um sistema ferroviário cheio de ineficiências de longo prazo. Além disso, muito investimento foi desperdiçado na construção dessa rede insatisfatória. Uma rede ferroviária socialmente útil e lucrativa em longo prazo poderia ter sido construída sem a mania. Contudo, isso só teria sido possível se o cálculo político do Parlamento tivesse sido menos apegado aos interesses regionais e, portanto, mais capaz de criar uma rede ferroviária nacional eficiente, reprimindo a concorrência desnecessária e linhas duplicadas. Com tal abordagem, a mania ferroviária nunca teria acontecido.

A mania ferroviária democratizou a especulação. A imprensa financeira, que deveria proteger os investidores e avisá-los das bolhas, abordou a mania ferroviária tarde demais para ser útil para a nova classe especulativa. De acordo com seu autor, a moral da sátira da ferrovia Glenmutchkin foi o investidor de embargo. Os investidores precisavam cuidar de si mesmos porque ninguém mais o faria.

Após uma década do fim da mania ferroviária, qualquer aparência de regulamentação governamental de sociedades anônimas no Reino Unido foi removida quando as empresas receberam a liberdade de incorporar sem precisar de aprovação prévia do governo. A negociabilidade foi irrestrita, e a especulação foi democratizada. No entanto, a única alavancagem durante a mania ferroviária foram as ações parcialmente pagas; a bolha foi predominantemente alimentada por dinheiro, em vez de crédito. Os investidores ainda arriscavam seu próprio dinheiro. E se eles começassem a especular com o dinheiro de outras pessoas?

5) DINHEIRO DOS OUTROS: O BOOM IMOBILIÁRIO AUSTRALIANO

> Em Melbourne, mais especificamente, o espírito de especulação enlouqueceu, de modo que financistas e aventureiros de todos os tipos faziam um carnaval constante de dissipação com o dinheiro de outras pessoas: obtido com muito pouca dificuldade dos bancos de Melbourne, muitos dos quais — infelizmente para si e para o país — foram levados a avançar em terras sem proveito, sem renda e com títulos mortos de todos os tipos, pela acirrada competição que existia entre eles.
> *Nathaniel Cork*[1]

No final do século XIX, a liberdade de incorporação e a negociabilidade das ações de propriedade eram princípios estabelecidos em muitos países, e a capacidade de especulação foi estendida às classes médias. Além da bolha do Mississippi, no entanto, as bolhas normalmente não tiveram efeitos econômicos negativos duradouros. As perdas ainda eram suportadas principalmente por aqueles que podiam pagar, as falências que ocorreram não se transformaram em inadimplências generalizadas e as indústrias afetadas não eram tão sistemicamente importantes que pudessem minar toda a economia. Como a popularidade contínua de Mackay expôs, as bolhas eram lembradas em grande parte como fábulas com um leve tom humorístico, lidas pela classe média como forma de entretenimento.

O boom imobiliário australiano da década de 1880 foi diferente. Seu estouro afundou a Austrália na depressão mais longa e profunda de sua história, com pobreza generalizada, falta de moradia e fome. Um relato comovente dado pelo Rev. J. Dawborn ilustra a situação das massas em 1893.[2] Um dia, uma fatigada mãe de seis filhos foi à porta de sua residência paroquial em Melbourne com um bebê nos braços. Seu marido era pedreiro e estava desempregado. Ela não comia havia três dias e alimentava seus filhos com talos de couve-flor e repolho, que havia cozido e amassado na panela. No entanto, alguns anos antes, seu marido, sua família e toda Melbourne desfrutavam de um boom imobiliário, marcando um período de prosperidade sem precedentes. Contrastando com os relatos irreverentes de Mackay sobre bolhas anteriores, as histórias do boom imobiliário de Melbourne são puras tragédias humanas. Um historiador compara a "Maravilhosa Melbourne" à cidade bíblica de Babel: um lugar rico e próspero que acabou sendo submetido a julgamentos e pragas na forma de crises financeiras, falências e fortunas perdidas.[3]

Tal catástrofe econômica se originou em 1885, quando um boom de casamentos, uma população que só crescia e a urbanização aumentaram a demanda por unidades de moradia suburbana em Melbourne e Sydney.[4] Como muitos cidadãos de Melbourne emigraram de cidades industriais frias e úmidas, o estilo de vida suburbano era particularmente atraente: um historiador descreve o suburbanismo nesse período como "o ópio das classes médias".[5] O súbito aumento na demanda fez com que os preços dos terrenos disparassem: terrenos vendidos por 15 xelins por metro quadrado em 1884 estavam sendo vendidos por vinte vezes mais em 1887. Por exemplo, terrenos em Burwood, que ficava a 15km do centro de Melbourne, aumentaram de £70 para £300 por acre.[6] No distrito comercial central de Melbourne, os preços dobravam a cada poucos meses, e a quantidade de vendas de casas explodiu. Em sua revisão de 1887, o *Australasian Insurance and Banking Record* afirmou que uma quantidade extraordinária de propriedades havia mudado de mãos durante o ano, envolvendo todos, desde trabalhadores a empresas de investimento imobiliário.[7]

Grande parte desse boom foi alimentado por capital estrangeiro, quase todo vindo do Reino Unido. Atraído pela alta taxa de crescimento econômico, o investimento britânico na Austrália cresceu vertiginosamente ao longo da década de 1880, como pode ser visto na Tabela 5.1, e em 1888 atingiu £22,8 milhões — mais de 10% do PIB australiano. Inicialmente, esse dinheiro foi investido principalmente em títulos, mas gradualmente se espalhou para o boom imobiliário à medida que a década avançava. Esse processo se acelerou depois de janeiro de 1887, quando a Associated Banks of Victoria, uma coalizão dos dez bancos de trading australianos com sede em Melbourne, cortou sua taxa básica de juros de 6% para 5%. Isso foi seguido por um segundo corte da taxa em agosto de 1887, desta vez para 4%. Um tanto presciente, mas com efeito de apoio, o *Australasian Insurance and Banking Record* afirmou que isso estimularia os preços das ações e a atividade comercial.[8]

Tabela 5.1 *PIB australiano, PIB per capita e empréstimos no exterior*[9]

	PIB Nominal (£m)	GDP per capita (£)	Investimento britânico na Austrália (£m)
1881	147,8	64	5,7
1886	177,4	62	17,9
1887	195,6	67	15,2
1888	201,5	65	22,8
1889	221,4	68	22
1890	214,9	64	15,6
1891	211,6	67	12,6
1892	179,7	57	5,6
1893	160,6	53	−1
1899	190,4	55	6
1900	198,3	57	5,8

Entretanto, esse estímulo econômico teve um efeito desigual, pois a redução do interesse em ativos seguros encorajou os investidores a assumirem mais riscos. De acordo com H. G. Turner, então gerente-geral do Commercial Bank of Australia, os poupadores responderam a esses cortes nas taxas de juros buscando um melhor rendimento.[10]

A demanda por investimentos de maior rentabilidade foi atendida pelo surgimento de grandes empresas fundiárias e imobiliárias. Como essas empresas tinham muito mais acesso a recursos financeiros do que os pequenos empreiteiros e construtores tradicionais, elas podiam comprar grandes extensões de terrenos suburbanos e subdividi-las em lotes de construção de habitação única. Esses lotes foram vendidos posteriormente para construtores revendedores, ou as próprias empresas executaram suas obras.[11] Com os preços dos imóveis subindo rapidamente, esse modelo de negócios foi extremamente lucrativo, resultando em uma enxurrada de novas empresas de construção imobiliária. Como mostra a Figura 5.1, 40 dessas empresas foram constituídas somente em Victoria em 1887. Muitas delas encontraram financiamento adicional tomando empréstimos

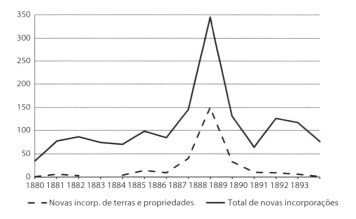

Figura 5.1 Novas formações de empresas em Victoria[12]

dos 28 bancos de trading estabelecidos na Austrália. Embora as estipulações nas cartas bancárias proibissem empréstimos sobre imóveis, os bancos regularmente encontravam uma maneira de contornar essas regulamentações. Em 1887, a Royal Commission on Banking Laws deu a essa prática sua bênção não oficial e, em 1888, o governo de Victoria aprovou uma legislação removendo esse regulamento para os bancos incorporados no estado.

À medida que o boom imobiliário se desenvolveu, o financiamento imobiliário e a especulação foram cada vez mais dominados por dois outros tipos de instituições: sociedades de construção e empresas relacionadas ao boom imobiliário. As sociedades de construção eram tradicionalmente os principais fornecedores de financiamento habitacional para indivíduos que queriam comprar uma casa de habitação única. No entanto, durante o boom imobiliário, eles começaram a mudar seu modelo de negócios, fornecendo financiamento para os construtores-especuladores emergentes e promotores imobiliários.[13] As empresas do boom imobiliário tinham um modelo de negócios híbrido que combinava especulação, investimento imobiliário e banco hipotecário. A fim de financiar suas próprias operações imobiliárias ou de terceiros, eles aproveitaram o ambiente regulatório bancário relaxado para se transformar em bancos paralelos, angariando fundos do público e de depositantes no Reino Unido. Eles eram particularmente agressivos quando se tratava de captar depósitos, afastando muitos depositantes dos bancos de trading, oferecendo taxas de juros extremamente tentadoras. Em Nova Gales do Sul, eles foram tão bem-sucedidos em atrair depósitos que suplantaram em grande parte as sociedades de construção.[14]

Nos primeiros meses de 1888, o valor das terras no centro de Melbourne aumentou cerca de 50%, e o valor dos terrenos suburbanos dobrou ou até triplicou em alguns casos.[15] Por exemplo, 6,25 acres de terra no lado sul do rio Yarra foram comprados por £100 mil e revendidos por £300 mil apenas 6 meses depois.[16] Na primeira metade de 1888, os terrenos suburbanos eram muitas vezes vendidos três ou quatro vezes, sem quaisquer melhorias e pelo triplo de seu preço.[17] No mesmo período, os valores das terras nas partes mais desejáveis do distrito comercial central passaram de £400 para £1.100 por menos de um metro.[18] Como resultado, arranha-céus de doze andares foram erguidos no distrito comercial central para rivalizar com os de Londres. A quantidade de especulação de terras em setembro e outubro de 1888 foi tal que o *Argus*, um dos principais jornais de Melbourne, expandiu seus anúncios de venda de terras de uma página e meia para quatro páginas. Embora Sydney não tenha experimentado nada parecido com o boom em Melbourne, o preço de um bloco de terra lá subiu, em 1888, de £191 para £304.[19]

Um estudo com cem investidores de terras de Melbourne que examina por quanto eles compraram e venderam um pedaço de terra suburbana (permitindo a subdivisão) descobriu que, durante a década de 1880, o retorno médio anual da terra era de 39,8%. Isso explica por que tantas pessoas estavam interessadas em participar do boom imobiliário. Em termos de preços dos terrenos, o mesmo estudo constata que o preço médio por acre subiu de £39 em 1882 e £166 em 1885 para £303 em 1888. No entanto, em 1890, os preços médios dos terrenos caíram para £154.[20]

A Figura 5.2 acompanha as mudanças nos preços das casas em Melbourne nas últimas três décadas do século XIX. O índice de preços da habitação,

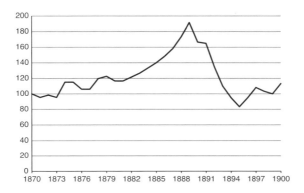

Figura 5.2 Índice de preços de casas de Melbourne[21]

que vinha apresentando tendência ascendente desde 1880, acelerou em alta em 1887 e 1888 e atingiu o pico em 1889, tendo quase dobrado desde 1870, seu auge. No final do século, os preços das casas haviam se recuperado ligeiramente, mas apenas para o nível dos valores de 1870.

Sydney, na década de 1880, não experimentou o mesmo aumento nos preços das casas que Melbourne — os preços ao longo da década aumentaram cerca de 32%.[22] Além disso, ao contrário dos preços das casas em Melbourne, os de Sydney não começaram a cair até 1892. No entanto, em 1894 eles caíram 50%. O mercado imobiliário em ambas as cidades levou muito tempo para se recuperar — no ano de 1912 em Sydney e em 1918 em Melbourne, antes de voltarem aos níveis de 1889. Os preços dos terrenos também permaneceram baixos por um longo período: o preço médio de um bloco de terra em Sydney era de £123 em 1907, tendo sido de £303 em 1888.[23]

Além do boom no preço dos terrenos e das casas, houve um boom promocional de empresas imobiliárias em 1888 (veja a Figura 5.1). Muitos aludiram deliberadamente ao seu status de quase-bancos, com nomes como Australian Land Investment and Banking Company. As ações em empresas imobiliárias eram atraentes para indivíduos comuns que não tinham fundos para negociar diretamente com terrenos, mas queriam lucrar com o boom.[24] Registros de insolvência revelam que carpinteiros, tecelões, operários, padres, mulheres solteiras, professores e viúvas investiram em empresas de expansão de terras.[25] A democratização da especulação que testemunhamos na mania ferroviária estava bem viva 43 anos depois e a mais de 16 mil km de distância.

Tal era a demanda por ações de empresas imobiliárias quando chegaram ao mercado, que elas foram amplamente inflacionadas e vendidas de forma imediata por um valor maior. Um comentarista observou que "às vezes uma empresa recém-formada está na posição de algumas das criações na época da bolha da Mares do Sul — ela não sabe exatamente qual linha de negócios assumir, e apesar disso, suas ações são negociadas a um prêmio".[26]

A Figura 5.3 contém um índice de ações das empresas do boom de terras que foram negociadas na Bolsa de Valores de Melbourne. Entre dezembro de 1887 e julho de 1888, esse índice mais do que dobrou. No entanto, ele pode nos levar a subestimar o aumento do preço das ações das empresas imobiliárias porque inclui apenas 25 empresas, presumivelmente as maiores, e, portanto, ignora os empreendimentos menores e mais especulativos que podem ter sido negociados nas outras bolsas de Melbourne.

Os valores do período de final de ano de todas as empresas imobiliárias na Bolsa de Valores de Melbourne são mostrados na Tabela 5.2. Essa tabela ilustra o crescimento das empresas de boom e a forma como os valores de mercado e de pagamento divergiram durante os anos de boom. Isso revela também que o número de transações na Bolsa de Melbourne triplicou em 1888.

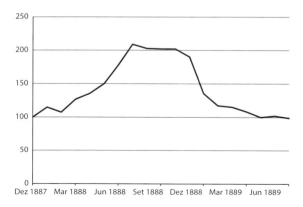

Figura 5.3 Índice mensal de ações de empresas em expansão na Bolsa de Valores de Melbourne[27]

Tabela 5.2 *A Bolsa de Valores de Melbourne e as empresas imobiliárias*[28]

	Número de empresas não mineradoras	Número de empresas imobiliárias	Capitalização total do mercado (£m)	Capital total integralizado (£m)	Capitalização total do mercado das empresas em expansão. (£m)	Capital total integralizado de empresas imobiliárias (£m)	Número de transações na Bolsa de Valores de Melbourne
1886	85	7	25	17,9	1	1,3	6.494
1887	95	8	34,1	20	2,6	1,5	14.913
1888	153	25	44,1	26,9	8,5	3,5	59.411
1889	152	22	47,7	28,8	4,1	3,9	45.118
1890	152	18	48,6	29,6	4,1	3,6	77.282
1891	154	18	23,9	25,5	2,9	3,9	57.018
1892	121	3	23,9	25,5	0,2	0,6	36.440
1893	112	3	10,7	23,7	0	0,3	n/a

O aumento no volume de negócios foi tão grande que os funcionários da bolsa lutaram para lidar com isso, permanecendo em seus escritórios até tarde da noite para processar as transações.[29] Essa era apenas uma das seis bolsas de valores que operavam na mesma cidade, então o número total de transações foi muito maior.[30] Com exceção da Bolsa de Valores de Melbourne, todas essas bolsas de "bolha" desapareceram após cessar o boom imobiliário.[31] O aumento da negociação também se refletiu no dinheiro ganho pelos corretores e no valor de um assento na bolsa*, que subiu de £300 em dezembro de 1887 para £1.500 em março do ano seguinte.[32]

Assim como um corte nas taxas de juros pelos Bancos Associados de Victoria coincidiu com a escalada do boom da terra, o aumento de 1% em sua taxa de juros em 22 de outubro de 1888 marcou seu fim. Esse aumento foi acompanhado por uma nova política de racionamento de crédito, tornando mais fácil o desconto de promissórias imobiliárias. Os Bancos Associados tomaram essas medidas porque reconheceram que a política de dinheiro barato que haviam introduzido em 1887 estava contribuindo para a superexpansão do crédito; a especulação nos terrenos e a especulação nas empresas imobiliárias.[33] Essa mudança de política teve um efeito quase imediato sobre os preços das empresas do boom da terra: em dezembro, o índice de empresas do boom imobiliário (veja a Figura 5.3) caiu 35% em relação ao seu pico. O aperto de crédito também trouxe um fim abrupto à especulação imobiliária.[34]

Em sua edição de dezembro, o *Australasian Insurance and Banking Record* aplaudiu os Bancos Associados por sua ação, porque trouxe à luz a condição precária do ramo imobiliário.[35] Quase imediatamente, dez pequenas empresas imobiliárias faliram e as ações de empresas do boom imobiliário tornaram-se invendáveis. No entanto, as empresas desse ramo não entraram em colapso por mais três anos.[36]

Há quatro razões pelas quais a liquidação do boom imobiliário ocorreu tão lentamente. Em primeiro lugar, houve melhorias na economia em geral que desaceleraram a venda de ações de empresas em expansão devido ao pânico.[37] Após o colapso do boom imobiliário em Victoria, o investimento público e privado em Nova Gales do Sul aumentou.[38] Depois de chuvas e colheitas abundantes, o maior corte de lã já registrado e um aumento na demanda europeia por lã, as perspectivas econômicas para Victoria pareciam muito melhores.[39]

---
* Um assento na bolsa se refere a uma permissão para negociar diretamente na bolsa, seja em nome de terceiros, seja em nome próprio. (N. da RT.)

Em segundo lugar, houve um boom nas ações das minas de prata em 1889, que estimulou temporariamente a economia e pode ter desviado a atenção da condição perigosa das empresas imobiliárias.[40] O boom se concentrou nas minas de prata de Broken Hill e, em particular, na Broken Hill Proprietary Company. As ações da Broken Hill Proprietary aumentaram em valor em 188% em 1889.

Em terceiro lugar, os bancos de trading, que haviam permanecido um pouco distantes do próprio boom imobiliário, aumentaram seus empréstimos e saques a descoberto para sociedades de construção e empresas imobiliárias, acreditando que seus problemas eram temporários. Essa extensão de crédito significou que, mesmo no final de 1890, dois anos após o colapso do boom, muito poucas sociedades de construção ou empresas imobiliárias faliram.[41] Foi somente quando os bancos de trading começaram a cobrar seus saques a descoberto em 1891 que um grande número de sociedades de construção e empresas imobiliárias começou a falir.[42] A extensão do crédito por muitos bancos de trading após o colapso do boom em 1888 acabaria por contribuir para a sua própria morte.[43]

Em quarto lugar — e é a parte mais importante —, as empresas do boom imobiliário, esperando que o mercado imobiliário se recuperasse, desenvolveram estratégias de sobrevivência que impediram sua morte. A maioria oferecia depósitos a prazo fixo ou debêntures com duração de 12 ou 24 meses, de modo que, quando o boom despencou repentinamente, essas instituições ficaram menos vulneráveis a uma corrida do que os bancos de trading normais. No entanto, à medida que os depósitos venceram, eles enfrentaram um problema de financiamento. Em resposta, intensificaram seus esforços para atrair depósitos, principalmente do Reino Unido. Muitos abriram escritórios em Londres e na Escócia; alguns até mudaram seu nome para incluir a palavra "banco" ou implicar uma associação com o Reino Unido. Por exemplo, em setembro de 1889, o Victoria Freehold Bank mudou seu nome para British Bank of Australia.[44] Os jornais escoceses estavam repletos de anúncios dessas empresas, oferecendo juros extraordinariamente altos nos depósitos.[45] Contudo, esses depósitos estavam sendo usados apenas para pagar outras dívidas vencidas.[46] Isso acabou transformando essas empresas imobiliárias em esquemas Ponzi. Várias empresas, como as associadas a Sir Matthew Davies, o presidente do Parlamento vitoriano, engajaram-se em práticas contábeis criativas, pagaram dividendos de capital ou de fundos emprestados e usaram fundos da empresa para evitar que o preço de suas ações caísse.[47]

Claro, esses bancos zumbis só seriam capazes de sobreviver por pouco tempo. Entre 1889 e meados de 1891, a única grande instituição a falir foi a Premier Permanent Building Association of Melbourne. Seu fracasso trouxe à luz balanços fraudulentos e diretores que excediam seus poderes. O *Australasian Insurance and Banking Record* alertou que essa impropriedade financeira afastaria os poupadores britânicos de depositarem seu dinheiro na Austrália.[48] No entanto, os investidores britânicos só começaram a investigar a situação na Austrália mais de perto após o colapso do Barings Bank, em novembro de 1890. A Tabela 5.1 mostra como o fluxo de investimento britânico começou a desacelerar em 1890. Em julho de 1891, com seus depósitos vencidos e com acionistas relutantes em fazer uma renovação, as empresas zumbis do boom imobiliário e as sociedades de construção em Melbourne e Sydney começaram a cair como dominós. Nos seis meses seguintes, cada onda de fracassos prejudicou ainda mais a confiança dos investidores britânicos.[49] Em 1892, o fluxo de investimento britânico havia diminuído. Em março de 1892, só em Melbourne e Sydney, 31 grandes empresas de expansão de terras e nove sociedades de construção faliram. Essas quarenta instituições tinham ativos totais de £22,8 milhões e depósitos de £12,7 milhões. Seus depositantes não se deram bem — cerca de um oitavo de suas economias foram totalmente perdidas, e o restante ficou bloqueado por um longo tempo.[50] As instituições teriam sido supostamente apoiadas por um capital não realizado de £5,5 milhões, teoricamente disponível para os investidores no caso de tal crise. Na prática, no entanto, os depositantes receberam menos de 30% desses £5,5 milhões. Isso porque os grandes acionistas foram absolvidos de sua responsabilidade por meio de "composições" secretas: processos especiais de falência para a elite privilegiada que lhes permitia fugir de tais responsabilidades.[51] Por exemplo, F. T. Derham, o chefe dos correios de Victoria de 1886 a 1890, devia a seus credores £550 mil em uma série de transações de expansão de terras. A composição secreta que ele fez com seus credores o manteve solvente porque ele só tinha que pagar um centavo por libra. Havia 240 centavos em uma libra na época, então isso permitiu que Derham cancelasse 99,6% de sua dívida.

Em meados de 1892, a liquidação do boom imobiliário parecia ter chegado ao fim. Porém, em seus estágios finais, os bancos de trading estabelecidos estavam à beira da calamidade. Eles também, como veremos a seguir, teriam que pagar um preço pelos excessos da década de 1880.

Que papel a mídia desempenhou durante o boom e o crash? Na fase de expansão, dúvidas ocasionais foram expressas pelo semanário Table Talk e pelo *Australasian Insurance and Banking Record*.[52] Os jornais diários pouco fizeram para questionar o boom, possivelmente porque se beneficiaram generosamente das taxas de publicidade de empresas imobiliárias e sociedades de construção que buscavam depósitos. De fato, Nathaniel Cork, quando perguntado sobre a situação das finanças australianas por banqueiros de Londres, mostrava-lhes uma cópia do jornal *Argus* que ele havia guardado de sua visita antípoda; uma olhada em seus anúncios lhes dizia tudo o que precisavam saber.[53] Assim como aconteceu com a mania ferroviária, o dinheiro publicitário substancial que os jornais receberam das empresas de bolha deu-lhes um poderoso incentivo para não questionar o boom.

Quando se tratava da apreensão, a grande imprensa evitava investigá-la sempre que possível. Uma exceção foi a *Table Talk*, uma revista semanal de fofocas com sede em Melbourne. Sob a direção de seu fundador Maurice Brodzky, que foi descrito como o jornalista investigativo original, a *Table Talk* publicou uma série de denúncias sobre o comportamento inescrupuloso de diretores de empresas do boom imobiliário.[54] A imprensa britânica também desempenhou um papel importante no crash, particularmente após o colapso de Barings, chamando a atenção dos investidores britânicos para as principais fraquezas estruturais do sistema financeiro australiano.[55]

Causas

Embora as bolhas anteriores tenham seguido a remoção das restrições ao estabelecimento de empresas com ações negociáveis, a bolha australiana foi a primeira em que houve verdadeira liberdade de incorporação. Em outras palavras, os empresários poderiam estabelecer empresas com ações negociáveis sem necessidade de autorização prévia do governo ou do sistema legal.

Como resultado da engenharia financeira, a terra também se tornou muito mais comercializável. As empresas do boom de terras arrecadaram dinheiro de acionistas e depositantes e usaram os recursos arrecadados para comprar propriedades e terrenos. Essas ações tinham denominações relativamente baixas e podiam ser compradas com um pequeno depósito, com o saldo remanescente pago em dois a três anos.

Durante o boom, várias bolsas de valores abriram, o que significa que os investidores puderam comprar e vender ações em vários locais diferentes pela primeira vez. O aumento da liquidez foi agravado por um aumento de três vezes no volume de negócios, tornando mais fácil encontrar um comprador ou vendedor.[56] Enquanto anteriormente a especulação de imóveis era restrita aos que eram ricos o suficiente para comprar e vender terrenos, essa financeirização imobiliária pelas empresas de boom permitiu que investidores comuns especulassem em terrenos simplesmente comprando e vendendo ações de empresas imobiliárias.

Dinheiro e crédito — o segundo lado do triângulo da bolha — eram abundantes durante o boom imobiliário.

Tabela 5.3 *A crescente vulnerabilidade do sistema bancário australiano*[57]

	Depósitos do exterior (% do total de depósitos)	Índice de capital mediano (%)	Índice de liquidez mediano (%)	Número de filiais
1870	12	52,6	12,9	381
1875	10	36,1	12,5	613
1880	12,8	32,8	16,7	844
1885	18,6	21,2	10,4	1.159
1888	22,8	22,3	12,6	1.404
1889	24,4	21,7	11,8	1.465
1890	25,5	19,4	13,2	1.543
1891	27,1	19,6	11,3	1.553
1892	25,4	18,3	12,3	1.519

As principais fontes de crédito eram os bancos de trading, as sociedades de construção e as empresas do boom da terra, muitas das quais eram bancos *de facto*. Durante a década de 1880, os bancos de trading expandiram agressivamente sua carteira de depósitos e empréstimos. Como pode ser visto na Tabela 5.3, na década de 1880, os bancos de trading expandiram sua rede de agências para captar depósitos domésticos e cada vez mais buscavam depósitos do Reino Unido. Alguns bancos chegaram a contratar agentes de propaganda com esse propósito. Entre 1880 e 1888, os bancos de trading duplicaram seus depósitos australianos, para £88,5 milhões, e quase quadruplicaram seus depósitos no exterior, para £24,0 milhões.[58] A Tabela 5.3 revela que essa expansão dos depósitos não foi acompanhada por um aumento concomitante de capital, e o resultado foi que os bancos ficaram muito mais alavancados. Além disso, os índices de liquidez na Tabela 5.3 sugerem que, em 1888, estava sendo emprestada uma proporção maior de sua base de depósitos do que em 1880. Os depósitos angariados por muitos dos bancos de trading eram cada vez mais emprestados a especuladores e construtores ou emprestados contra a segurança imobiliária.[59]

As sociedades de construção também se expandiram agressivamente na década de 1880, particularmente a partir de 1885. Em 1888, elas mais que dobraram seus depósitos para £5,3 milhões. Seus empréstimos ao setor imobiliário nesses anos também aumentaram muito, de £2,5 milhões de novos empréstimos concedidos em 1887 para impressionantes £4,4 milhões concedidos em 1888.[60] Grande parte desse crédito concedido pelas sociedades de construção foi adiantado a especuladores imobiliários, em vez de seu mutuário tradicional — o proprietário-ocupante. As sociedades de construção durante a década de 1880 também fizeram mudanças significativas em sua política de empréstimos. Elas alongaram seus prazos de pagamento em média de oito para doze anos e reduziram a segurança que exigiam dos mutuários, o que tornou muito mais atraente tomar empréstimos deles. Do ponto de vista do boom da terra e dos especuladores imobiliários, a maior mudança em sua política de empréstimos foi que os empréstimos poderiam ser pagos a qualquer momento sem incorrer em penalidade.[61] Isso facilitou muito a prática do flipping, ou seja, comprar imóveis com fundos de empréstimos, subdividir terrenos, vendê-la rapidamente com lucro e pagar o empréstimo.

As empresas imobiliárias eram instituições altamente alavancadas, que em alguns casos tinham a aparência de bancos porque angariavam depósitos substanciais do público doméstico e do Reino Unido. Em 1890, estima-se, as empresas imobiliárias em Victoria detinham £7,3 milhões em depósitos e debêntures.[62] No entanto, esses depósitos, em vez de serem adiantados aos mutuários e investidos em títulos seguros, foram investidos em esquemas imobiliários.

A alavancagem da compra de terras e propriedades durante o boom imobiliário era dupla. Primeiro, o incorporador imobiliário ou a empresa de expansão tomada emprestado extensivamente para comprar o terreno. Então, uma vez que eles subdividiam a terra, a prática usual era oferecê-la em condições de crédito estendidas àqueles a quem a vendiam.[63] Isso se aplicava também à compra de ações em empresas imobiliárias. Os acionistas iniciais tinham que pagar apenas uma pequena parcela inicial e estavam sujeitos a futuras chamadas de capital. Essa prática alavancou a compra de ações em empresas altamente alavancadas.

Como nas bolhas anteriores, o elemento que mais chamou a atenção dos contemporâneos foi a especulação, muitas vezes percebida como resultado de uma fraqueza moral generalizada. Em 1893, um jornalista inglês recentemente repatriado atribuiu a bolha à inerente inferioridade dos australianos, afirmando que "o espírito de jogo inerente ao povo constitui um elemento de grave fraqueza no caráter nacional".[64] Como explicação para a bolha, isso fica um pouco prejudicado pelo fato de que grandes quantidades de dinheiro investido na bolha vieram do Reino Unido. Evidências anedóticas, no entanto, sugerem que a especulação era generalizada. Nathaniel Cork, um especialista bancário do Reino Unido, visitou a Austrália em 1888 e observou que: "Em Adelaide, a rua em que se localizava a Bolsa de Valores estava lotada de homens, mulheres e meninos em estado de agitação a partir das 9h da manhã. Todos pareciam estar se divertindo, e alguns homens em cargos de responsabilidade não se envergonhavam de passar a primeira meia hora de seu dia neste cenário de excitação. Toda a população, de estadistas a empregadas, estava no redemoinho." [65]

O mesmo aconteceu em Melbourne, com os membros da bolsa de valores encontrando dificuldades para entrar em seus escritórios em meio à vasta multidão de especuladores que se reuniam todos os dias nas ruas do lado de fora da bolsa.[66] James Service, o primeiro-ministro de Victoria até 1886, concordou com essa visão, acrescentando que "não havia um homem e dificilmente uma mulher na colônia que não ficou caidinho com a ideia de fazer fortuna durante o boom imobiliário".[67] Notavelmente, as histórias de fortunas sendo feitas simplesmente por meio de flipping dos imóveis várias vezes geraram uma mentalidade de enriquecimento rápido entre os investidores e encorajaram alguns a especular muito além de seus meios.[68] A história oficial de um notável corretor de bolsa de Melbourne sugere que o fervor especulativo dos anos do boom imobiliário teve suas raízes na descoberta de novas minas de ouro e prata na década de 1880.[69]

A faísca que desencadeou o boom da terra foi a liberalização em 1887 da restrição aos bancos de emprestar recebendo imóveis em garantia. Esse foi o ato final de um processo de liberalização de 25 anos. Na época do boom, a Austrália era um exemplo *prima facie* de um sistema bancário livre porque tinha poucas barreiras legais à entrada, poucos regulamentos, liberdade para os bancos emitirem suas próprias promissórias e nenhum banco central ou emprestador de última instância.[70] Em 1862, o Tesouro Britânico delegou a responsabilidade pela supervisão bancária aos governos coloniais individuais. Por um tempo, as colônias implementaram os regulamentos deixados como herança pelos britânicos, o mais importante deles era que os bancos não deveriam conceder hipotecas sobre imóveis. No entanto, as colônias gradualmente divergiram dos princípios do Tesouro britânico em direção a "uma situação em que os bancos estavam sujeitos a um mínimo de restrição legal".[71]

Apesar desse ambiente de laissez-faire, os bancos de trading foram proibidos de emprestar recebendo imóveis como garantia. No entanto, em 1887, o governo vitoriano nomeou uma Comissão Real sobre as leis bancárias do estado, com foco particular neste último grande vestígio de regulamentação. Em um relatório de julho de 1887, ele recomendou que os empréstimos imobiliários pelos bancos não fossem mais restritos. A Comissão argumentou que, embora os empréstimos com propriedades como garantia pudessem ser imprudentes para os bancos ingleses, os terrenos na Austrália eram negociáveis e "essa experiência mostra que não existem títulos melhores do que os efetuados sobre os terrenos".[72] O governo vitoriano aprovou essa recomendação em lei em dezembro de 1888, mas, de maneira surpreendente, a seção um da lei invoca a legislação do Banks and Currency Amendment Statute 1887.[73] Muito possivelmente essa datação foi para dar cobertura legal aos bancos que agiram antes da mudança legal, na sequência do fato de a Comissão Real, antes de informar em julho de 1887, já havia orientado a elaboração de um projeto de lei para aprovar suas recomendações legais.[74]

O relatório da Comissão Real teve dois efeitos. Em primeiro lugar, sinalizou ao público e aos depositantes que terrenos e propriedades eram ativos de alta qualidade. Isso, sem dúvida, foi um grande incentivo para as empresas imobiliárias que estavam angariando depósitos e investindo em propriedades. Em segundo lugar, os bancos começaram a emprestar de forma substancial para a segurança da propriedade. Assim, a Comissão ajudou a gerar a faísca que acenderia o boom imobiliário.

Por que os políticos removeram a restrição ao crédito imobiliário? Uma avaliação bondosa é que eles estavam dormindo, intoxicados com o crescimento de Melbourne, ou estavam sendo perseguidos demais por lobistas para tomar as medidas necessárias.[75] Michael Cannon, em sua polêmica exposição *The Land Boomers*, é muito menos gentil com a elite política — ele argumenta que o Parlamento vitoriano se tornou um clube de especuladores de terras em que o uso de cargos públicos para ganhos privados era comum.[76] A maior parte do gabinete de Duncan Gilles, primeiro-ministro de Victoria de 1886 a 1890, tinha diretorias em empresas imobiliárias, e alguns eram verdadeiros especuladores que faliram no crash. Do lado de fora do gabinete, as casas inferiores e superiores estavam cheias de especuladores e diretores de empresas imobiliárias. Nada menos que trinta membros da assembleia legislativa eram diretores de empresas em expansão.[77] A Imperial Banking Company, a primeira das grandes empresas do boom imobiliário a falir, foi criada por Sir Benjamin Benjamin, o prefeito de Melbourne entre 1887 e 1889. Notavelmente, as comissões especiais de falência estabelecidas na sequência do crash permitiram que muitos empreendedores proeminentes do boom imobiliário evitassem pagar suas dívidas.

A influência dos empreendedores do boom imobiliário sobre os políticos e a máquina política talvez seja mais bem exemplificada por Sir Matthew Davies, o ex-presidente do Parlamento vitoriano, cuja rede de empresas degenerou em esquemas Ponzi. Todas as quatro principais empresas de seu "grupo Davies" eram presididas por políticos de alto escalão. Ela entrou em colapso em 1892, precipitando a própria falência de Davies e a de suas empresas, após o que várias tentativas malsucedidas foram feitas para processá-lo por conspiração por fraude ao emitir balanços falsos. Esse mesmo Matthew Davies presidiu a Comissão Real de Bancos de 1887.

Consequências

A liquidação do boom da terra não terminou com o colapso das empresas do boom imobiliário e das sociedades de construção. Os bancos de trading — o coração do sistema financeiro da Austrália — também pagariam um preço alto. Em março de 1892, dois dos 28 bancos de trading australianos suspenderam o pagamento — o Mercantile Bank of Australia e o Bank of South Australia. Isso levou o Tesoureiro de Vitória a coagir os Bancos Associados de Vitória a uma declaração pública de que estavam "dispostos a prestar assistência financeira uns aos outros nos termos e na medida que parecesse justificável para cada um deles, se e quando surgisse a ocasião".[78] A sensação de pânico diminuiu.[79] No entanto, essa declaração pública de assistência mútua mostrou-se inútil quando, em janeiro de 1893, o Banco Federal, membro dos Bancos Associados, fechou suas portas.

Os Bancos Associados buscaram restabelecer a confiança do público declarando que seu pacto de assistência mútua estava seguro e alegando que o Banco Federal não havia pedido ajuda antes do fechamento.[80] Subsequentemente, o Tesoureiro de Victoria pressionou os Bancos Associados a declararem em março de 1893 que os bancos associados (...) concordaram em agir em conjunto na prestação de assistência financeira uns aos outros, caso fosse necessário, e que o governo de Victoria resolveu permitir a sua cooperação cordial.[81]

No entanto, o Banco da Australásia, que não esteve envolvido em sua elaboração, exigiu que a declaração fosse reeditada com o esclarecimento de que "os bancos ajudariam uns aos outros na medida em que parecesse adequado para cada um", e o primeiro-ministro vitoriano se recusou a endossá-lo.[82] Isso minou a credibilidade do pacto de assistência mútua com o público. Essas dúvidas foram comprovadas em abril de 1893, quando os Bancos Associados se recusaram a ajudar o Banco Comercial da Austrália. Seguiu-se um pânico e, em 17 de maio, mais onze bancos de trading suspenderam o pagamento (ou seja, eles fecharam suas portas e os depositantes não podiam sacar seus depósitos) e os treze restantes estavam enfrentando grandes corridas e saques de depósitos. A essa altura, 15 dos 28 bancos de trading da Austrália haviam falido ou sido suspensos. Esses 15 bancos controlavam 56,8% do total de ativos do sistema bancário australiano.

Em uma tentativa de parar o pânico, o governo de Victoria declarou um feriado bancário de cinco dias em 1º de maio de 1893. Em vez de acalmar a situação, a animação dos depositantes "aumentou a febre e assumiu-se rapidamente que todos os bancos teriam que suspender suas atividades se não houvesse a intervenção do Governo".[83] Como resultado, vários bancos, incluindo os "Três Grandes", optaram por permanecer abertos para sinalizar sua força aos depositantes.[84]

Ao contrário da aparente confusão do governo vitoriano, o governo de Nova Gales do Sul (New South Wales — NSW) abordou a crise com um toque seguro — aprovou três medidas aplicáveis apenas a bancos com sede em NSW. A primeira medida foi declarar que o governo de NSW estava disposto, se necessário, a atuar como emprestador de última instância. Esse decreto seguiu o colapso do Australian Joint Stock Bank, um dos maiores bancos de trading, em 21 de abril de 1893. A segunda medida foi o Bank Issue Act. Isso fez das notas bancárias um primeiro encargo sobre os ativos, deu ao governador de NSW o poder de declarar as notas bancárias com curso legal e concedeu ao governo o direito de inspecionar os bancos.

No início de maio de 1893, Timothy Coghlan, um estatístico do governo, foi enviado para persuadir os cinco principais bancos que operavam em NSW a aceitar a lei, mas sem sucesso.[85] No entanto, quando o governo de NSW soube do fechamento iminente da Commercial Banking Company de Sydney, declarou que as notas desse banco mais as notas dos "Três Grandes" tinham valor legal. Notavelmente, nenhum dos "Três Grandes" falhou e, em poucos dias, as corridas de depósitos cessaram e a crise terminou. A medida derradeira que o governo de NSW aprovou no final de maio de 1893 permitiu ao governo adiantar 50% das quantias devidas aos depositantes de contas-correntes de bancos suspensos na forma de notas do Tesouro que tinham valor legal. Simplificando, "esta era a política tradicional de sufocar o pânico com dinheiro".[86]

A maioria dos bancos que suspenderam as atividades durante a crise foi autorizada a se envolver na reconstrução financeira por meio da conversão de alguns depósitos em ações preferenciais, conversão de alguns depósitos de curto prazo em depósitos fixos de longo prazo, chamadas de capital e captação de novo capital junto aos acionistas. Tal reconstrução foi criticada na época pela imprensa britânica, com alguns defendendo a liquidação de bancos falidos.[87] No entanto, a liquidação pode não ter sido possível porque os ativos e as garantias do banco não eram vendáveis e podem até ter sido quase inúteis devido a perdas com vendas urgentes.[88] Vale lembrar que muitos depositantes da época acreditavam que as reconstruções eram o melhor resultado para eles.[89]

A razão fundamental pela qual ocorreu a crise bancária é que, na década de 1880, muitos bancos australianos tornaram-se muito mais vulneráveis e frágeis por causa dos riscos que corriam em um ambiente não regulamentado. Após a liquidação do boom imobiliário em 1891 e 1892, foi apenas uma questão de tempo até que os próprios bancos de trading mais arriscados entrassem em colapso. Os bancos que faliram ou suspenderam o funcionamento durante a crise tinham perfis mais arriscados do que os bancos que não fecharam, pois: (a) eram excessivamente dependentes de depósitos do Reino Unido, que poderiam acabar rapidamente; (b) tinham maior alavancagem e menor liquidez, o que significa que tinham menos investimento pessoal no negócio e menos capacidade de atender a grandes saídas de depósitos; e (c) tiveram uma proporção muito maior de seus empréstimos em Victoria, o epicentro do boom imobiliário.[90]

O boom imobiliário ajudou muitos australianos a realizarem seu sonho de morar nos subúrbios e possuir uma unidade habitacional única, escapando assim da miséria, condições escassas e falta de privacidade no centro da cidade. No entanto, para muitos, essa existência feliz teve curta duração porque eles retornaram após o crash para seus antigos proprietários no centro da cidade.[91] Durante o boom, muitas casas foram construídas e, após o crash, as vagas subiram para mais de 12 mil.[92]

Os custos econômicos da liquidação do boom imobiliário superaram quaisquer benefícios efêmeros enquanto durou. Como mostra a Tabela 5.1, houve uma longa depressão na década de 1890, com o PIB nominal e o PIB per capita caindo substancialmente. Embora houvesse uma depressão global nesse momento, sua profundidade era menor, em comparação com a da Austrália. De fato, seria apenas no final da década de 1890 que o PIB real retornaria aos níveis prevalecentes na véspera do boom imobiliário, e seria no início de 1900 que o PIB *per capita* retornaria aos níveis observados em 1888.[93] Devido ao fato de que o boom imobiliário se concentrou em Melbourne, não surpreende que Victoria tenha experimentado uma depressão mais longa e profunda do que NSW.[94] Também foi substancialmente mais longa e profunda do que a que aconteceu na Austrália durante a Grande Depressão da década de 1930.

A principal razão para a gravidade da depressão de 1890 foi a crise financeira de 1893. Como os depósitos foram bloqueados em bancos suspensos, a oferta de dinheiro caiu de maneira drástica e houve uma crise de crédito, com os bancos sobreviventes se tornando muito mais cautelosos.[95] Além disso, como pode ser visto na Tabela 5.1, os fundos provenientes do Reino Unido acabaram; como diz um histórico da crise, "o investidor britânico preferiria enterrar seu dinheiro sob as tábuas do assoalho do que confiá-lo a um banco australiano".[96] Isso obrigou os bancos australianos a contratar seus balanços. Além disso, a reconstrução e recapitalização do sistema bancário durante a década de 1890 resultou em uma contração contínua do crédito até o início de 1900. Isso prejudicou os negócios durante a maior parte da década de 1890, quando ocorreu muito pouco investimento.[97]

Como em qualquer depressão econômica profunda, os números brutos escondem um custo humano significativo. A imprensa contemporânea e os historiadores subsequentes contam histórias de miséria entre as classes trabalhadoras e os antes abastados — famílias desnutridas, desfeitas e mulheres forçadas a recorrer à prostituição.[98] Graças ao estouro do boom imobiliário e à subsequente crise financeira, a Austrália enfrentou muitos anos de dificuldades econômicas e miséria humana. Melbourne já não era tão maravilhosa.

O boom imobiliário australiano mostrou que as bolhas podem ter custos econômicos e humanos substanciais quando são financiadas com dinheiro de outras pessoas. Também revelou que o sistema financeiro poderia pegar ativos como terrenos e transformá-los em objetos de especulação do mercado financeiro. Essa não seria a última vez que uma bolha imobiliária seria financiada com dinheiro de outras pessoas, e nem que uma hábil engenharia financeira transformaria terrenos ou casas em objetos de especulação do mercado financeiro. Cento e vinte anos após o pico do boom imobiliário australiano, o mundo mais uma vez experimentaria uma bolha que não era apenas devastadora para a economia, mas que também minaria a estabilidade política das grandes democracias.

6) WHEELER-DEALERS: A MANIA BRITÂNICA DAS BICICLETAS

> Dinheiro derramado nos cofres de homens que nada fizeram para construir esses negócios; eles só foram astutos o suficiente para ver que o mercado estava pronto para a flutuação, e enquanto o público clamava por ações de bicicletas, eles as conseguiram. O resultado de todas as flutuações, e da compra e venda de várias empresas, foi que poucos ganharam dinheiro e um grande número de pessoas, muitas delas trabalhadores em vários negócios, perderam suas economias de muitos anos.
>
> *W. F. Grew*[1]

> Um escritor cínico disse que, enquanto o pânico corre em bicicletas, a mania atual começou com uma corrida sobre as bicicletas.
>
> *Money*[2]

A negociabilidade, o dinheiro e o crédito abundante na Grã-Bretanha no final do século XIX significavam que, pela primeira vez, bolhas poderiam se formar sem qualquer envolvimento específico do governo. Qualquer inovação suficientemente interessante, em especial se fosse acompanhada por histórias de sucesso iniciais de alto nível, poderia atrair especulação suficiente para iniciar uma bolha. As circunstâncias que tornaram as bolhas mais frequentes — dinheiro abundante e preferência por investimentos arriscados — também forneceram terreno fértil para esquemas fraudulentos. Tanto a inovação quanto a fraude estavam presentes durante a mania britânica das bicicletas, que, embora desencadeada por uma série de grandes melhorias na tecnologia das bicicletas, foi estimulada por empreendedores financeiros que eram inventivos, criativos e questionáveis do ponto de vista ético.

Embora as bicicletas fossem usadas desde o início do século XIX, os primeiros modelos eram altamente inviáveis. O modelo penny-farthing tinha uma enorme roda dianteira que, ao dar aos pedais uma alavancagem adicional, permitia aos ciclistas atingir altas velocidades. No entanto, isso também tornava as bicicletas instáveis. Quando os ciclistas caíam, como muitas vezes acontecia, tinham um longo caminho a percorrer para chegar ao solo. Um perigo específico era "cair de cabeça": capotar no guidão, muitas vezes depois de bater em um dos muitos buracos nas estradas de meados do século XIX. As bicicletas eram geralmente feitas inteiramente de madeira e ferro forjado e, consequentemente, tinham uma suspensão comicamente ruim. Um dos modelos mais populares foi apelidado de "chacoalha ossos", devido à experiência de pilotagem desconfortável que proporcionava.

As bicicletas não se tornaram uma opção de transporte séria até a década de 1880, quando uma série de inovações aumentou de forma significativa sua utilidade. Em 1885, o modelo penny-farthing foi substituído pelo modelo "seguro", que usava uma corrente para dar alavancagem aos pedais sem a necessidade de uma grande roda dianteira. O modelo seguro logo foi substituído pelo quadro em forma de diamante, que proporcionava estabilidade adicional. Melhorias na fabricação de tubos de aço sem solda permitiram que as bicicletas fossem mais fortes e mais leves, e a adição do pneu fabricado por J. B. Dunlop em 1888 permitia uma pedalada muito mais suave.[3] A transformação foi notável: no espaço de alguns anos, dispositivos arcaicos e inviáveis se transformaram em algo muito parecido com as bicicletas que ainda usamos hoje.

A indústria de bicicletas britânica cresceu de forma constante no final da década de 1880 e início da década de 1890 e foi amplamente baseada em West Midlands. Em Birmingham, o número de fabricantes de bicicletas subiu de 72 em 1889 para 177 em 1895, e o número de fabricantes em Coventry mais que dobrou.[4] No verão de 1895, houve um notável aumento no número de ciclistas nas vilas e cidades britânicas; muitos escritores contemporâneos comentaram como o ciclismo se tornou difundido, particularmente entre as mulheres, para quem se dizia que o ciclismo havia se tornado moda.[5] Os avanços da década de 1880 abriram as portas para mais inovações no campo, e o número de patentes relacionadas bicicletas emitidas aumentou de 595 em 1890 para 4.269 em 1896, quando representava 15% de todas as novas patentes emitidas.[6] As invenções variaram de melhorias incrementais em tubos ou correntes a uma jangada que permitia que bicicletas atravessassem a água e um veículo de bombeiros.[7]

Inicialmente, a maioria das empresas de bicicletas, tubos e pneus era de propriedade privada, mas no início da década de 1890, algumas das maiores empresas foram incorporadas, com a maioria das atividades de negociação de ações ocorrendo na Bolsa de Valores de Birmingham. Uma dessas empresas foi a Pneumatic Tire Company, fundada em 1892 com um capital nominal de £300 mil, que detinha a patente para produzir pneus pneumáticos da marca Dunlop. Como os pneus Dunlop tinham uma ótima reputação, essa empresa estava excepcionalmente bem posicionada para lucrar com a crescente popularidade das bicicletas. Seu potencial foi descoberto por um magnata local chamado Ernest Terah Hooley, que elaborou um plano para lucrar comprando a empresa e depois recolocando-a no mercado de ações com uma avaliação mais alta.

Os acionistas da Pneumatic Tire Company pediram a Hooley £3 milhões, dez vezes seu valor original e bem acima da taxa de mercado. Hooley teve que pedir emprestado quase todos os £3 milhões; a compra pode ser considerada como um exemplo inicial de uma aquisição alavancada. A tentativa de relançar a empresa para uma avaliação mais alta também exigia uma cara campanha de marketing: cavalheiros com "boa reputação" eram pagos para colocar seus nomes no prospecto, e vários jornais eram pagos para fornecer cobertura positiva. Porém, esses esforços foram finalmente bem-sucedidos e, em maio de 1896, a recém-renomeada Dunlop Company foi inaugurada, com £5 milhões em ações emitidas com sucesso.[8] Hooley disse mais tarde a um tribunal de falências que a campanha de marketing custou tanto que seus lucros atingiram apenas algo entre £100 mil e £200 mil, uma taxa de retorno relativamente baixa, considerando o risco do empreendimento.[9]

As notícias da oferta de aquisição de Hooley chegaram ao mercado pela primeira vez em março de 1896, e o preço das ações da Pneumatic Tire subiu de acordo, chegando a £12,38 em 25 de abril de 1896 — um lucro de 1.138% para aqueles que haviam aplicado as ações.[10] Os investidores logo descobriram que outra empresa de pneus de capital aberto, a Beeston, deveria pagar um dividendo de 100% em antecipação a uma recapitalização liderada por Hooley. Em contraste, as bases da Dunlop Beeston eram ruins, e a empresa não teve sucesso em longo prazo. Embora não tenha sido comprovado, há motivos para acreditar que o dinheiro para o dividendo de 100% veio dos fundos próprios de Hooley para fins de manipulação de mercado.[11] Nesse caso, essa manobra foi espetacularmente bem-sucedida: as ações da Beeston subiram de £1,05 para £7,75 entre 7 de abril e 9 de maio.[12]

Os enormes ganhos de capital dessas duas empresas trouxeram o mercado de ações de bicicletas à atenção nacional. O *Financial Times* publicou seu primeiro artigo sobre ações de bicicletas em 22 de abril de 1896, alegando que a Bolsa de Valores de Birmingham havia "enlouquecido" em resposta aos rápidos aumentos nos preços das ações das bicicletas.[13] Esse sentimento foi repetido uma semana depois em um editorial que sugeria que as ações logo se tornariam "tão infladas quanto os pneus".[14] Esses aumentos de preços foram descartados como resultado de puro jogo de azar, de modo que o jornal comparou os lucros em ações de bicicleta a "uma aposta de corrida em Monte Carlo".[15] Contudo, apesar de sua linha editorial cética, os desenvolvimentos no mercado de ações de bicicletas geralmente eram relatados sem comentários. À medida que o comércio de ações de bicicletas se tornou mais popular, o *Financial Times* aumentou constantemente sua cobertura, dedicando uma seção diária ao mercado de ações de bicicletas a partir de abril de 1896. A publicidade resultante provavelmente teve um efeito mais significativo no mercado do que as críticas esporádicas do jornal, e os preços continuavam a subir. Um índice de ações de bicicletas, mostrado na Figura 6.1, subiu um total de 258% entre 31 de dezembro de 1895 e 20 de maio de 1896.

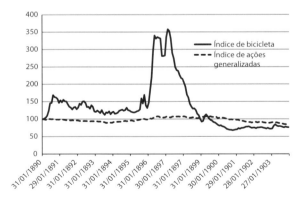

Figura 6.1 Índices mensais de ações generalizadas e de bicicletas, 1890–1903[16]

O sucesso da Dunlop Company em atrair investimentos encorajou um grande número de empresas de bicicletas existentes a abrir o capital. Como mostra a Tabela 6.1, 70 empresas de bicicletas, câmaras de ar ou pneus foram lançadas em 1895; em 1896, o número era de 363, com mais 238 flutuando nos primeiros 6 meses de 1897. A promoção da Dunlop Company por Hooley estabeleceu o modelo: comprar uma pequena empresa de bicicletas, emitir um prospecto cheio de promessas irreais, pagar personagens influentes para apoiar a flutuação e oferecê-lo ao público por um preço muito mais alto do que aquele que você pagou. Nos balanços, a discrepância entre o preço pago pela promotora e o oferecido ao público foi resolvida pela colocação de valorizações injustificadamente grandes em patentes ou por referência ao ativo intangível de "goodwill".[17] Essa prática pode ser incrivelmente lucrativa: uma empresa teria sido lançada ao público por um preço dez vezes maior do que o promotor pagara por todas as suas empresas privadas constituintes combinadas.[18]

Os métodos usados na promoção podem ser notavelmente criativos. Durante muitos anos antes do boom, J. G. Accles

Tabela 6.1 *Capitalização das empresas de bicicletas*[19]

		Número de empresas fundadas	Total de capital nominal (£000s)
1895	T1	17	357,5
	T2	12	182,5
	T3	15	1.624
	T4	26	1.476,1
1896	T1	34	1.641,1
	T2	94	13.847,2
	T3	96	5.316,6
	T4	139	6.454,6
1897	T1	156	7.370
	T2	82	4.763,6
Total		671	43.033,2

administrou uma fábrica de bicicletas que nunca havia tido lucro em Birmingham, que ele não conseguia vender de modo privado. Em 1896, ele procurou aproveitar o boom, incorporando-se como Accles Ltd. e recrutando os serviços de John Sugden, um ex-fabricante de produtos de penas de avestruz com um histórico de trapaças financeiras.[20] Para atrair investidores, Sugden e Accles fundaram outra empresa, a Lum-in-um Cycles, e fizeram um pedido em seu nome de 20 mil bicicletas Accles. Esse pedido foi, então, exibido com destaque no prospecto da Accles Ltd., sem menção ao fato de que a empresa estava efetivamente comprando produtos de si mesma (na verdade, nenhuma dessas bicicletas foi produzida).[21]

Essa estratégia inicialmente conseguiu atrair apenas £85 mil dos £300 mil necessários, então os promotores formaram outra empresa, a Accles Arms Manufacturing Ltd., que comprou mais £100 mil ações da Accles Ltd. Essas ações foram, então, vendidas de maneira discreta e gradual no mercado secundário, com quase metade liberada com sucesso em dezembro de 1898.[22] É duvidoso que a Accles Ltd. tenha tido alguma intenção de fabricar uma bicicleta sequer: sua receita total nos primeiros dezessete meses de existência foi de pouco menos de £71, consistindo apenas em taxas de transferência e juros sobre ações vencidas, e logo depois disso entrou com pedido de falência.[23] Embora Sugden tenha sido declarado falido em 1899, nem ele nem J. G. Accles parecem ter enfrentado acusações criminais por comportamento fraudulento.[24]

Também era comum que promotores de empresas de bicicletas fizessem pagamentos a jornais, seja para publicar elogios exagerados que recomendavam sua empresa ou simplesmente para silenciar suas deficiências. Esses pagamentos às vezes tomavam a forma de opções de compra, o que dava ao jornal um incentivo para gerar um preço de ação o mais alto possível no primeiro dia de negociação da ação. Durante o processo de falência de Hooley, ele nomeou o *Financial Post*, o *Financial News* e o *Pall Mall Gazette* como três dos jornais a quem ele pagou durante a promoção da Dunlop Company, bem como o jornal financeiro *Corporation of British Investors*.[25] Os dois diretores-gerentes do *Financial Post* foram presos por difamação em janeiro de 1898, tendo publicado um artigo difamatório sobre uma empresa que se recusou a pagar uma taxa de extorsão.[26] No entanto, esses conflitos de interesse não foram divulgados até muito mais tarde; no curto prazo, uma imprensa positiva poderia gerar ganhos de capital que pareciam justificar a postura do jornal.

Entretanto, outras partes dos meios de comunicação fizeram o excelente trabalho de informar os investidores. O periódico *The Economist* frequentemente criticava os promotores de ações de bicicletas, alertando já em maio de 1896 que falsos rumores de consolidação e artigos de notícias estrategicamente posicionados estavam sendo usados para manipular os preços das ações.[27] O prospecto de uma das empresas de bicicletas era tão fraco que o *The Economist* o acusou de demonstrar "uma fé muito robusta na credulidade do investidor comum".[28] Porém, o *The Economist* também poderia ser um pouco tímido, quase nunca se referindo a promotores fraudulentos pelos seus nomes.

A análise mais abrangente do mercado foi fornecida pela *Money: A Journal of Business and Finance*, uma publicação quinzenal que consistia em notícias financeiras e conselhos de investimento. A *Money* identificou três características do mercado de ações de bicicletas que sugeriam superfaturamento. A primeira: os vendedores geralmente recebiam muito poucas ações das empresas que promoviam, o que, ironicamente, "mostrou a fé que esses senhores têm em suas próprias preocupações".[29] A segunda: os lucros de muitas empresas de bicicletas seriam claramente insustentáveis diante da concorrência futura. A *Money* deu o exemplo de uma empresa de aluguel de bicicletas que alugava uma bicicleta de £3 por £0,75 por semana no início de 1896, resultando em grandes lucros, com base nos quais a empresa foi rapidamente recapitalizada. Porém, esse preço só foi possível porque o aumento repentino na demanda causou uma escassez temporária de bicicletas, enquanto a avaliação da empresa supunha que poderia ser sustentada indefinidamente. A terceira: a *Money* destacou a grande diferença entre avaliações públicas e privadas. As empresas públicas eram muito mais comercializáveis, mas as vantagens de liquidez não podiam explicar essa discrepância — o que só poderia ser resultado de especulação em larga escala.[30] Além disso, a *Money* não tinha medo de nomear os promotores que ela achava que estavam se aproveitando de investidores ingênuos. Quando Harry J. Lawson, um colaborador próximo de Hooley, tentou lançar a New Beeston Company em maio de 1896, a *Money* a descreveu como "absolutamente propensa a fracassar", destinada à "grande sepultura atribuída às promoções do Sr. Lawson no cemitério financeiro".[31]

Por outro lado, havia muitos que acreditavam piamente na bolha, pois não precisavam ser pagos para publicar propaganda sobre promoções de bicicletas. Assim como durante a mania ferroviária, os periódicos para entusiastas foram um persistente incentivador da bolha. A *Cycling* teve uma seção financeira semanal na qual discutia a evolução do mercado, geralmente com um viés muito positivo. Embora o foco principal fosse relatar notícias financeiras específicas, a coluna também criticava frequentemente a grande imprensa financeira por sua negatividade em relação ao setor. A princípio, a *Cycling* argumentou que a imprensa financeira não conseguiu apreciar o caráter revolucionário da nova tecnologia, afirmando que as perspectivas do comércio são tão vastas, e as possibilidades, tão ilimitadas, que é impossível formar qualquer ideia do que esse enorme crescimento pode trazer.[32] Enquanto o crash se intensificava, a revista frequentemente sugeria que os artigos negativos eram obra de vendedores a descoberto tentando arquitetar um crash do mercado.[33] Essa preocupação com os motivos permitiu que a revista evitasse abordar o conteúdo de artigos críticos, e é improvável que a própria *Cycling* fosse uma observadora imparcial. Seu colunista financeiro quase certamente detinha ações de bicicletas, o que pode ter influenciado sua decisão de incitar repetidamente os investidores a deter ações na expectativa de uma "reação" ou "virada da maré" na primavera e no verão de 1897.[34]

Os promotores entenderam que mesmo o investidor mais bem informado poderia ser atraído pela perspectiva de obter lucros rápidos revendendo-os para um "tolo maior". Os materiais promocionais fizeram uso liberal de histórias nas quais pequenos investidores enriqueceram da noite para o dia como resultado de seus investimentos em ações de bicicletas. A Beeston Tire Rim Company, uma das várias empresas condenadas a emergir da reconstrução da empresa Beeston original, abriu seu prospecto citando seletivamente um artigo do *Financial Times* no qual "um mergulhador que investiu a nobre soma de £0,75 (…) realizou recentemente um lucro de £345".[35] Esses lucros dramáticos eram extremamente raros, mas os investidores que conseguiam cronometrar bem suas transações podiam obter ganhos substanciais.

Esperava-se que a enxurrada de promoções, muitas das quais tinham grandes capitalizações, exercesse pressão competitiva sobre as empresas existentes. Entretanto, na verdade, os preços das ações de bicicletas permaneceram em um nível relativamente alto ao longo de 1896 e, de fato, subiram durante os primeiros três meses de 1897. Grandes retornos positivos depois que uma empresa foi listada eram algo comum: em meados de março de 1897, as empresas listadas no *Financial Times* estavam sendo negociadas, em média, a 44% acima do preço da operação.[36] Isso permitiu lucrar subscrevendo ações e revendendo-as imediatamente em mercados secundários. Como resultado, os proprietários iniciais da empresa, os promotores, os aristocratas pagos para atuar como diretores, os proprietários de jornais pagos para fornecer uma cobertura bajuladora e alguns acionistas iniciais se beneficiaram do boom. A extensão total das perdas, enquanto isso, recairia sobre quem ficasse com as ações após o crash.

A bolha das bicicletas não estourou, mas recebeu uma perfuração lenta, com os preços caindo gradualmente ao longo de vários anos. O índice de ações de bicicletas caiu 21% entre seu pico em março de 1897 e julho do mesmo ano. O declínio acelerou em julho, depois que o *Financial Times* publicou um editorial de primeira página pessimista sobre o mercado, observando que, apesar de parecerem registrar números de vendas impressionantes, as empresas de bicicletas ainda estavam pagando dividendos bastante modestos. O *Financial Times* também destacou o potencial da concorrência norte-americana e que aqueles que trabalham no setor expressaram preocupação com o afrouxamento da demanda.[37] O editorial concluiu que "a maioria das empresas está supercapitalizada" e previu que "o final do presente ano será um desastre".[38] Isso foi comprovado, e, em dezembro de 1897, o índice havia perdido 40% de seu valor no espaço de nove meses. Em vários casos, os lucros ficaram tão aquém das promessas feitas nos prospectos que os acionistas iniciaram processos judiciais.[39]

O mercado de ações de bicicletas também se saiu muito mal em 1898, terminando o ano 71% abaixo do pico de 1897. Ele não atingiu seu ponto mais baixo até o final de 1900, quando 69 das 141 empresas de bicicletas listadas no auge do boom haviam falido. A indústria continuou lutando nos primeiros anos do século XX; em 1910, apenas 21 das 141 empresas ainda existiam. As ordens de liquidação mostram que essas empresas raramente fecharam sem prejudicar seus acionistas. Quarenta e três empresas declararam falência, o que quase certamente resultou em acionistas perdendo a totalidade de seu investimento, enquanto 52 foram liquidadas voluntariamente ou por razões desconhecidas, com os preços finais das ações sugerindo que os acionistas teriam perdido dois terços de seu investimento inicial. Outras 27 foram reconstruídas, o que geralmente significava que os acionistas aceitavam uma redução de mais de 50% do valor nominal das ações.[40]

Das empresas que sobreviveram, um pequeno número se tornou nomes familiares. A Dunlop teve que lutar logo após o crash, mas depois se tornou um sucesso global ao mudar para o ramo da fabricação de pneus para carros. A Rudge-Whitworth prosperou como resultado de uma série de decisões gerenciais astutas: foi uma das poucas empresas a não se recapitalizar com uma avaliação mais alta durante o boom, pagou dividendos relativamente baixos para reter capital suficiente para evitar a falência durante o crash e rapidamente cortou os preços em resposta a uma concorrência mais acirrada.[41] A empresa continuou seu sucesso após 1912 com a produção de uma série de motocicletas icônicas. Mudar a produção para uma tecnologia que tivesse relação com a anterior era uma prática recorrente para o sucesso de longo prazo: Riley e Rover mudaram para o ramo da produção de automóveis, e Hughes Johnson Stamping mudou para produção de aviões. Apenas a Raleigh prosperou produzindo exclusivamente bicicletas, conseguindo isso somente após uma série de reconstruções que impuseram pesadas perdas a seus investidores iniciais.[42]

Os contemporâneos tendiam a ter pouca simpatia pelos investidores em ações de bicicletas. *The Whirlpool*, de George Gissing, um drama fictício publicado em 1897, apresenta um aristocrata descendente chamado Hugh Carnaby que desperdiça sua fortuna herdada, chegando ao fim do livro falido e envolvido em vários escândalos. Para ilustrar seu caráter fiscalmente irresponsável, o autor o mostra investindo pesadamente na indústria de bicicletas e mantendo persistentemente suas ações na expectativa de uma recuperação.[43] Carnaby ilustrou nitidamente o tipo de pessoa que a sociedade vitoriana esperava que comprasse ações de bicicletas: próspero, frívolo e ingênuo.

No entanto, os registros de acionistas de empresas de bicicletas, resumidos na Tabela 6.2, sugerem não apenas que a base de investidores era muito mais ampla do que o estereótipo sugere, mas que mudou consideravelmente ao longo do tempo. Rentistas como Carnaby, que especificaram suas ocupações como sendo "cavalheiro" ou "escudeiro" porque eram aposentados ou ricos o suficiente para não trabalhar, detinham apenas 16% das ações de bicicletas antes do crash. Em comparação, uma amostra de registros de acionistas do mercado de ações mais amplo mostra que os rentistas representavam 45% das ações.[44] Ao contrário de outras companhias, as empresas de bicicletas atraíram profissionais e pessoas próximas ao setor, principalmente fabricantes, como compradores de ações. Também podemos ver que, como em bolhas anteriores, a mania das bicicletas atraiu investidores de uma gama mais ampla de contexto socioeconômico do que era típico para o período.

Tabela 6.2 *Proporção de capital contribuído por grupos ocupacionais* [45]

	Empresas de bicicletas pré-crash	Empresas de bicicletas pós-crash	Mercado de ações mais abrangente
Fabricantes (de bicicletas)	21,3 (10,3)	20 (7)	5,9
Comerciantes e revendedores	9,5	8,2	11.3
Investidores institucionais	10	7,7	1,2
Financistas	5,7	6,7	2,1
Classes profissionais	26,1	17,2	12,1
Rentistas	16	27,7	43,4
Mulheres	4,3	5,9	13,2
Classes operárias	5,9	5,1	0,5
Agricultores	0,3	0,4	1,5
Militares	0,9	1,2	2,1
Procuradores/representantes	-	-	4,7
Diretores	25,7	18,7	26,4*

A base de acionistas de bicicleta após o crash parece bem diferente, sugerindo que alguns grupos conseguiram vencer a bolha e saíram antes do crash. Os diretores da empresa reduziram suas participações em 27%, explorando a ausência de leis de informações privilegiadas, enquanto os fabricantes de bicicletas reduziram suas participações em 32%. As classes profissionais e fabricantes também reduziram de maneira substancial suas participações. A maioria dessas ações foi vendida para rentistas, sugerindo que havia alguma verdade no estereótipo de ações de bicicletas sem valor sendo vendidas a cavalheiros com mais dinheiro do que bom senso. A venda de ações privilegiadas no auge do boom deu continuidade a um tema notável da mania das bicicletas: a exploração de investidores externos por aqueles com informações privilegiadas.

Causas

Embora a inovação tecnológica tenha fornecido a faísca imediata para a bolha nas ações das bicicletas, ela só foi possível porque todos os três lados do triângulo da bolha estavam presentes. Em 1896, as ações na Grã-Bretanha já eram suficientemente negociáveis para que uma bolha ocorresse, e a negociabilidade aumentou de duas maneiras importantes. Primeiro, um grande número de empresas de bicicletas abriu o capital, tornando muito mais fácil comprar e vender partes de sua propriedade. Antes do boom das bicicletas, as empresas com um perfil similar raramente eram incorporadas e, portanto, eram muito ilíquidas.[46] Em segundo lugar, as empresas de bicicletas foram quase todas lançadas com ações de pequena denominação, geralmente £1 cada, e às vezes até menos.[47] Em comparação, a denominação média das ações prevalecente na época era de cerca de £32, equivalente a cerca de £3.800 hoje.[48] Ao emitir ações em pequenas denominações, as empresas de bicicleta sinalizaram sua intenção de atrair o maior número possível de investidores.[49] Isso deu a muitas das empresas uma propriedade relativamente dispersa, o que aumentou ainda mais a liquidez.

De acordo com algumas medidas, as condições monetárias estavam mais frouxas do que nunca. A taxa mínima de desconto do Banco da Inglaterra foi reduzida para 2%, a menor já registrada, em fevereiro de 1894, e não foi elevada até agosto de 1896. Esse foi o período mais longo de uma taxa bancária de 2% em toda a história de duzentos anos do Banco. Os ativos tradicionais estavam produzindo retornos muito baixos para os investidores: em maio de 1896, o mês em que a mania das bicicletas atingiu o pico inicial, o rendimento dos consols britânicos (anuidades consolidadas) caiu para 2,25%, o menor desde que os consols foram emitidos pela primeira vez, em 1753.[50]

Tal como acontece com outras bolhas, os relatórios contemporâneos da mania das bicicletas muitas vezes comentavam a especulação em tom de desaprovação: "especulação desenfreada", "jogo de azar" e "leviano" foram todos adjetivos usados pela imprensa financeira para descrever o mercado de ações de bicicletas.[51] Embora houvesse, sem dúvida, um elemento moralizador nessa cobertura, os registros de transferência de ações sugerem que a especulação era comum: muitas ações foram vendidas logo após serem alocadas.[52] Uma estratégia de trading, conhecida pelos contemporâneos como investimento "stag", era subscrever ações com a intenção de vendê-las com lucro no primeiro dia de negociação.[53] Muitas vezes, essas vendas já teriam sido acordadas antes mesmo de as ações terem sido distribuídas. Essa prática foi incentivada pelos promotores, pois as vendas acordadas a um valor maior em relação ao preço da assinatura seriam divulgadas na imprensa financeira, anunciando aos potenciais investidores que estariam fazendo um bom negócio. Induzir os especuladores a "ir ao direto à fonte" era considerado uma das chaves para uma promoção bem-sucedida.[54]

Também foi possível especular na direção oposta, vendendo ações a descoberto na expectativa de futuras quedas de preço. Como a venda a descoberto não era estritamente regulamentada, isso era teoricamente simples: um trader poderia concordar em vender ações no futuro ao preço de hoje e esperar até pouco antes da data de liquidação para comprá-las. Se o preço tivesse caído até então, os ursos, como eram conhecidos os vendedores a descoberto, lucrariam com a diferença de preço.

Durante a mania das bicicletas, no entanto, diretores, promotores e manipuladores de mercado descobriram que poderiam explorar essa estratégia de ganho com a queda do preço comprando uma participação de controle em uma empresa que foi vendida a descoberto — uma estratégia conhecida como controle de mercado ou short-squeeze. Uma vez que os ursos haviam firmado um contrato para vender as ações, o manipulador de mercado poderia, então, definir seu preço. O uso dessa estratégia era raro, ocorrendo apenas três vezes durante a bolha, mas as perdas impostas aos vendedores a descoberto foram substanciais. Durante o corner da Bagot Tire, um investidor foi forçado a pagar 21 vezes o valor nominal das ações da Bagot e, posteriormente, enfrentou uma perda de £2.318; executar a estratégia com sucesso teria levado a um lucro de apenas £26. Tendo inicialmente se recusado a reembolsar seus corretores, ele foi levado ao Supremo Tribunal de Londres, onde o consenso do juiz e do júri foi o de que os vendedores a descoberto que perderam dinheiro com essa estratégia estavam recebendo o que mereciam.[55]

A tentativa de controlar a negociação das ações durante a mania das bicicletas contribuiu para a bolha de duas maneiras. Em primeiro lugar, o risco de controle criava uma assimetria na especulação: era muito mais fácil, principalmente para não especialistas, apostar na alta dos preços do que na queda destes. As colunas de aconselhamento financeiro da época normalmente alertavam contra a especulação em geral, mas eram particularmente cautelosas em "especular para a queda" (ou seja, vendas a descoberto), enquanto observavam como isso era raro entre o público em geral.[56] Em segundo lugar, embora as tentativas de controles da negociação geralmente fossem projetadas por insiders, seus beneficiários eram muitas vezes investidores individuais. Apenas 5,5% dos lucros da Bagot Tire foram para os diretores da empresa, membros da indústria ou aqueles que trabalham no setor financeiro. O restante foi para investidores comuns, incluindo vários membros das forças armadas, um hoteleiro e um estudante de teologia.[57] Como esses lucros representavam retornos rápidos e espetaculares, sem dúvida desempenharam um papel importante na atração de mais investidores especulativos durante o boom de 1897.

A presença de dinheiro fácil, negociabilidade e especulação suscita a questão de por que a bolha não se espalhou para o mercado de ações em geral. Havia algumas características das ações existentes, como sua alta denominação, que tornavam a especulação menos prática. Entretanto, a razão mais importante era que o mercado de ações — como o mercado de dívida pública — já estava em um nível muito alto. Ferrovias, bancos e indústrias, os três maiores emissores de ações, estavam todos pagando dividendos que, segundo os padrões históricos, eram pequenos: as cem maiores empresas em 1898 tinham um rendimento médio de dividendos de apenas 3,79%.[58] Havia, portanto, pouco espaço para gerar os ganhos de capital necessários para atrair investidores especulativos. De fato, o potencial limitado de altos retornos em outros lugares quase certamente desempenhou um papel na condução do investimento em ações de bicicletas.

Isso não quer dizer que as ações de bicicletas fossem a única saída para o investimento especulativo. O período viu uma série de booms em empresas de mineração exploratórias, cuja natureza volátil incentivou a especulação.[59] A maior delas foi em 1895, quando, em resposta ao entusiasmo com os níveis potenciais de ouro na escarpa de Witwatersrand, as ações da Rand Mines Company subiram 360% no espaço de alguns meses. Quase todos esses ganhos foram perdidos até o final do ano. Isso foi acompanhado por um boom de promoção que se concentrou amplamente na Austrália Ocidental, na qual 401 minas foram colocadas para negociação somente em 1895, com um capital nominal total de £40,8 milhões. A negociação dessas ações se espalhou para Paris e Berlim à medida que os emissores tentavam expandir ainda mais sua base de potenciais investidores.[60]

As cervejarias forneceram outra saída para os fundos, com uma onda de novas promoções trazidas ao mercado em 1896 e 1897. As restrições governamentais ao número de licenças para bares disponíveis, combinadas com a nova tecnologia de refrigeração e engarrafamento, deixaram as pequenas cervejarias em severa desvantagem competitiva. Consequentemente, muitos tentaram crescer com grandes capitalizações: entre 1890 e 1900, o patrimônio total das empresas cervejeiras públicas triplicou.[61] Essas empresas inicialmente pagavam altos dividendos, proporcionando bons retornos aos investidores. Muitos, no entanto, ficaram supercapitalizados devido à abundância de dinheiro e crédito em meados da década de 1890 e lutaram no médio prazo. Os acionistas eventualmente sofreram perdas comparáveis aos investidores em empresas de bicicletas; entre 1897 e 1908, as ações da cervejaria perderam 84% de seu valor.[62]

Consequências

O efeito do crash no mercado de ações de bicicletas na área de Birmingham é difícil de determinar. Estudos da área destacaram a perda de comércio após o fechamento de tantas fábricas, mas também notaram a eficácia com que suas máquinas poderiam ser adaptadas para fabricar diferentes produtos.[63] Talvez o exemplo mais destacado dessa flexibilidade seja a Birmingham Small Arms, que inicialmente produzia armas, passou para a produção de bicicletas durante os anos de crescimento e mais tarde fabricou uma série de motocicletas icônicas. Mas houve um período de recessão antes que a indústria pudesse se adaptar, e estimativas regionais mostram que o PIB per capita em West Midlands foi 7,5% menor em 1901 do que em 1891, fazendo daquela localidade a região com pior desempenho da Inglaterra nesse período.[64]

Em nível nacional, o crash não parece ter tido quaisquer efeitos macroeconômicos adversos. Ao contrário, os anos de 1895 a 1900 estão associados a um forte crescimento econômico. As estimativas do PIB mostram que a economia do Reino Unido está crescendo consistentemente em termos reais após o boom das bicicletas; a taxa de crescimento atingiu 5% em 1898 e 4% em 1899.[65] O desemprego caiu de 7,3% em 1895 para 4,3% em 1899.[66] Fora de West Midlands, o efeito do estouro da bolha foi mínimo.

Vários fatores aliviaram seus efeitos adversos. Em primeiro lugar, a indústria de bicicletas constituía uma parcela relativamente pequena da economia, e as ações de bicicletas constituíam uma parcela relativamente pequena do mercado de ações. Com isso, a queda do consumo associada às perdas dos investidores e a recessão do setor tiveram pouco impacto macroeconômico. Em segundo lugar, a indústria de bicicletas não era importante para o sistema econômico mais amplo. A recessão em uma pequena indústria pode se espalhar para a economia mais ampla se for uma parte importante de várias cadeias de produção. Mas para a indústria de bicicletas, não foi esse o caso: a tecnologia associada não foi adaptada à economia existente da mesma maneira que, por exemplo, a tecnologia da internet seria mais tarde.[67] Em terceiro lugar, relativamente poucas ações foram alavancadas; 145 das 182 ações listadas pelo *Financial Times* em abril de 1897 não tinham nenhuma chamada de capital a realizar, e aquelas que tinham eram tipicamente empresas menores.[68] Como resultado, os terceiros geralmente não estavam expostos a falências ou inadimplências resultantes de perdas em ações de bicicletas.

Por fim, e mais importante, as instituições financeiras em geral não investiram em ações de bicicletas e, portanto, não havia risco de crise financeira resultante da bolha. Notavelmente nenhuma das ações contabilizadas na Tabela 6.2 era detida por um banco. Os bancos fizeram questão de divulgar esse fato: em julho de 1897, em resposta a rumores de que estavam expostos a um colapso, vários bancos de Birmingham emitiram uma declaração assegurando ao público que não detinham ações de bicicletas e enfatizando sua relutância em aceitar tais ações como garantia.[69] Isso refletiu sua posição sobre as ações de mineração durante o boom do ano anterior, quando a recusa dos principais bancos em aceitar as ações como garantia precipitou o crash.[70]

Por que os bancos estavam tão relutantes em se envolver em indústrias especulativas? A primeira coisa a se notar é que as instituições nesse período raramente detinham um número significativo de ações: na década de 1890, os investidores institucionais representavam pouco mais de 1% do capital no mercado de ações britânico, sendo que a maior parte desse era detido por fundos de investimento, em vez de bancos.[71] Portanto, era raro que um banco estivesse diretamente exposto a um crash do mercado de ações. No entanto, eles poderiam ter sofrido perdas indiretamente, se tivessem aceitado ações como garantia ou emitido empréstimos a empresas públicas supercapitalizadas. Contudo, no caso do boom das bicicletas, os bancos se distanciaram publicamente da indústria.

Em razão de seu pequeno impacto econômico, a mania das bicicletas parece oferecer uma ilustração particularmente clara da utilidade das bolhas. O benefício mais óbvio foi tecnológico. Uma característica dos anos de boom eram as valorizações excessivas das patentes, que, embora potencialmente irracionais do ponto de vista de um investidor individual, encorajavam a inovação. Essas inovações tiveram uma aplicabilidade geral que não era óbvia na época. O boom das bicicletas, por exemplo, levou a melhorias adicionais na qualidade dos pneus, que mais tarde ajudaram o desenvolvimento das indústrias de automóveis e motocicletas. Em alguns casos, as aplicações potenciais foram ainda mais amplas: a produção de bicicletas levou a melhorias nas máquinas-ferramentas automatizadas e no uso de rolamentos de esferas na construção.[72]

A contração forçada da indústria de bicicletas também produziu alguns resultados positivos para os consumidores. Durante os anos do boom, era convencional que as bicicletas britânicas fossem relativamente caras, competindo principalmente pela qualidade. Quando a Rudge-Whitworth cortou os preços pela primeira vez, em julho de 1897, as empresas rivais sentiram-se no direito de contestar.[73] No entanto, elas logo foram obrigadas a seguir o exemplo, e as empresas que tentaram manter os preços altos muitas vezes faliram.[74] As empresas que se ramificaram em indústrias alternativas, como automóveis, tiveram maior probabilidade de sobreviver à recessão. Em contraste com a competição desnecessária e perdulária da mania ferroviária, a mania das bicicletas é talvez uma ilustração do princípio de destruição criativa de Schumpeter, no qual o fracasso de empresas ineficientes abre caminho para outras mais inovadoras.[75]

Finalmente, a superabundância de bicicletas acessíveis resultante da bolha teve alguns efeitos sociais e políticos positivos claros. Ao contrário de cavalos e automóveis, o uso de bicicletas trazia benefícios à saúde, não produzia resíduos nocivos e representava uma ameaça significativamente menor à segurança dos pedestres. Inúmeros comentaristas também notaram os efeitos positivos para os direitos das mulheres, uma vez que o ciclismo deu às mulheres um nível de mobilidade pessoal sem precedentes.[76] Além de permitir a facilidade de reuniões, corroeu a norma social que esperava que as mulheres da classe alta fossem sempre acompanhadas, e a dificuldade de andar nos espartilhos restritivos da época resultou em um movimento de "roupas racionais" e no desenvolvimento de vestidos mais práticos.[77] Mesmo antes da bolha, o ciclismo já estava se tornando popular, mas a bolha deu às empresas capital adicional para inovar e anunciar, aprimorando a tecnologia e ajudando a trazê-la à atenção nacional. A combinação de pequenos danos econômicos e externalidades positivas torna possível que, ao contrário de muitas outras bolhas famosas, a mania das bicicletas tenha trazido benefícios que superaram seus custos.

7) OS LOUCOS ANOS 1920 E O CRASH DE WALL STREET

> Decidi ir para o Leste e aprender o ofício de corretor de títulos. Todas as pessoas que eu conhecia estavam trabalhando com ações, de tal modo que julguei que tal mercado era capaz de sustentar mais um jovem solteiro. (Nick Carraway, em *O Grande Gatsby*)
>
> *F. Scott Fitzgerald*[1]

> O investimento excessivo e a especulação excessiva são muitas vezes importantes; mas teriam resultados muito menos sérios se não fossem conduzidos com dinheiro emprestado.
>
> *Irving Fisher*[2]

Enquanto a história geralmente consiste em tendências de longo prazo, ocasionalmente um meteorito proverbial nos atinge: um choque imprevisto que estimula uma enorme mudança em um período muito curto de tempo. Um dos exemplos mais claros é a Primeira Guerra Mundial, que precipitou a dissolução de vários impérios, o surgimento da primeira grande potência comunista e a desintegração das hierarquias de classe e gênero em todo o mundo. Enquanto na Grã-Bretanha a democratização dos mercados financeiros levou dois séculos, a Primeira Guerra Mundial a levou para os Estados Unidos em apenas alguns anos. Nos Estados Unidos, a década que se seguiu ao fim da guerra foi então caracterizada por dinheiro abundante, à medida que as poupanças recém-desbloqueadas das classes médias buscavam de forma contínua novas saídas de investimento. Quando uma faísca tecnológica acabou trazendo esse dinheiro para o mercado altamente alavancado de ações, o resultado foi uma bolha que abrangeu todo o mercado de ações e culminou em um dos crashes mais espetaculares da história.

Como muitos desenvolvimentos financeiros ao longo da história, a democratização dos mercados financeiros dos EUA surgiu como parte de um esforço para arrecadar dinheiro para pagar a guerra. Os Estados Unidos entraram na Primeira Guerra Mundial em abril de 1917, acreditando que seu resultado dependia de sua capacidade de mobilizar suas forças o mais rápido possível, criando necessidades urgentes de financiamento para o governo. As despesas aumentaram de US$1,9 bilhão em 1916 para US$12,7 bilhões em 1917, e deveriam aumentar ainda mais, para US$18,5 bilhões, em 1918, somas muito maiores do que poderiam ser financiadas apenas por meio de impostos.[3] A administração de Woodrow Wilson concluiu que a melhor maneira de financiar os esforços de guerra era vender grandes quantidades de títulos à população norte-americana. Para garantir que esses títulos fossem vendidos, o governo lançou uma campanha de marketing espetacular. Os títulos foram renomeados como "títulos da liberdade", em um apelo direto ao patriotismo dos cidadãos dos EUA. Antes da emissão inicial de US$2 bilhões em maio de 1917, uma série de pôsteres foram publicados, alguns enfatizando seus retornos potenciais, alguns apelando ao medo de uma vitória alemã e outros apelando a um sentimento mais generalizado de orgulho nacional. Comícios foram organizados com estrelas de cinema como Charlie Chaplin e Mary Pickford, e os escoteiros da América foram alistados para solicitar assinaturas de porta em porta.[4] A campanha de marketing poderia não ter sido tão bem-sucedida, no entanto, caso o governo não tivesse usado habilmente o sistema financeiro existente para tornar a compra dos títulos o mais fácil possível. O recém-criado Sistema de Reserva Federal dos Estados Unidos (Federal Reserve System ou FED) começou a aceitar títulos da liberdade como garantia, dando às instituições financeiras um forte incentivo para mantê-los. Essas instituições atuaram, então, como uma rede de distribuição, com os investidores aptos a comprar os títulos em sua agência local. Muitas instituições também permitiram que os investidores comprassem os títulos a crédito.[5]

A primeira unidade de títulos da liberdade foi seguida por mais quatro, todas com forte excesso de assinaturas. Como resultado, um grande número de norte-americanos investiu suas economias em títulos pela primeira vez. Só a quarta operação atraiu quase 23 milhões de acionistas, em uma época em que a população total dos EUA era de pouco mais de 100 milhões.[6] Isso incluía um número sem precedentes de investidores da classe média e trabalhadora. Dos que ganham menos de US$1.020 por ano, 36,7% compraram um título da liberdade em 1918 e 1919; contextualizando: a proporção de norte-americanos de renda real equivalente que detinham *algum* título em 2013 era de apenas 11,4%.[7] As emissões de títulos da liberdade introduziram o público norte-americano aos princípios de investimento e criaram uma rede de distribuição que facilitou muito o processo. À medida que a década de 1920 avançava, taxas recordes de crescimento econômico criaram ainda mais dinheiro para os poupadores investirem. A década foi então caracterizada por grandes e crescentes somas de capital em busca de oportunidades de investimento rentáveis.

Inicialmente, grande parte disso foi para títulos corporativos, com US$1,4 bilhão em títulos emitidos em 1920, em comparação com US$540 milhões em ações.[8] Quando o rendimento dos títulos do governo caiu a partir de 1921, os títulos corporativos tornaram-se cada vez mais atraentes para os investidores. No início, as grandes empresas estavam satisfeitas em atender a essa demanda porque era difícil para elas atender às suas necessidades de capital por meio do sistema bancário: as agências bancárias eram restritas e havia limites estritos na proporção de empréstimos que podiam ser concedidos a uma empresa.[9] Porém, as emissões de títulos foram superadas pela quantidade de capital que entrava no mercado, fazendo com que o preço dos títulos corporativos subisse a ponto de deixarem de ser um investimento tão atraente: o rendimento dos títulos de classificação AAA caiu de 6,38% em 1920 para 4,93% em 1922.[10] O mercado estava ficando saturado, e os poupadores começaram a procurar alternativas.

Uma dessas alternativas era a habitacional. Poucas casas foram construídas durante a guerra porque a indústria foi reorientada para munições, resultando em uma escassez temporária de novas casas. Após a guerra, a construção aumentou para preencher essa lacuna: como mostra a Figura 7.1, em 1925, começaram as obras de 937 mil novas casas, contra 247 mil em 1920. Isso foi acompanhado por um aumento nacional nos preços das casas de cerca de 40%.[11] A principal fonte de financiamento para essas novas casas era a dívida hipotecária, que foi rapidamente expandida por bancos de trading, companhias de seguros e associações de poupança. Ao contrário dos booms imobiliários posteriores, no entanto, a flexibilização do crédito foi relativamente pequena, e, pelos padrões atuais, os termos das hipotecas eram muito restritivos. Em vez disso, o boom foi impulsionado por uma combinação de acesso mais fácil ao crédito existente e o aumento da demanda.[12]

As hipotecas permitiam que os investidores especulassem sobre o mercado habitacional usando crédito, mas muitas hipotecas também foram securitizadas, aumentando, assim, sua negociabilidade. O nível de títulos imobiliários em circulação cresceu de US$500 milhões em 1919 para US$3,8 bilhões em 1925, momento em que os imóveis representavam 22,9% de todas as novas emissões de títulos corporativos. Esses títulos eram conceitualmente

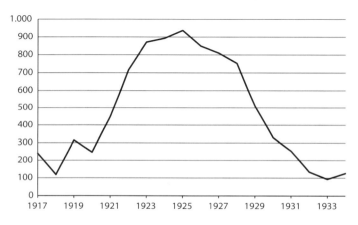

Figura 7.1 Número de novas casas não agrícolas nas quais a construção começou nos Estados Unidos, 1917–1934 (milhares)[13]

semelhantes aos títulos com garantia hipotecária que causariam estragos nos anos 2000, mas, diferentemente do que ocorreu recentemente, as instituições estavam muito relutantes em mantê-los, preferindo limitar sua exposição a hipotecas que elas próprios poderiam monitorar. Essa postura acabou se justificando, pois os títulos imobiliários tiveram um desempenho muito ruim, perdendo 75% de seu valor entre 1928 e 1933.[14] Quando o boom da construção terminou após 1925, os preços das casas inicialmente permaneceram relativamente estáveis, caindo apenas 8,1% em todo o país entre 1925 e 1929. No entanto, à medida que as condições econômicas pioraram, o mercado imobiliário entrou em colapso e, em 1933, os preços caíram 30,5% em relação ao valor de pico.[15]

O elemento especulativo do boom imobiliário pode ser visto mais claramente em nível local, especialmente na Flórida, onde os banqueiros tiveram mais sucesso em recrutar políticos para sua causa a fim de contornar as regulamentações.[16] Impulsionada pelas técnicas inovadoras de marketing do empresário Carl G. Fisher, a imagem da Flórida foi transformada em um paraíso turístico ao estilo mediterrâneo, impulsionando a demanda por suas terras.[17] Em Miami, o preço das licenças de construção aumentou 700% entre 1923 e 1925.[18] O mercado de terrenos da Flórida foi estruturado para facilitar ao máximo a especulação, em parte por meio da concessão de crédito de curto prazo. Os investidores podiam comprar terrenos com um depósito de 10%, com uma obrigação de pagar mais 25% em trinta dias — mas a essa altura o imóvel já teria sido vendido com lucro.[19] A escala da especulação pode ser vista pelo notável aumento no volume de negócios: o número de transações imobiliárias em Miami subiu de 5 mil em julho de 1924 para 25 mil em setembro de 1925.[20]

A Flórida também viu o crescimento de formas novas e inovadoras de fraude. O esquema mais famoso foi o de Charles Ponzi, que forneceu um modelo para investidores fraudadores que é seguido até hoje. Ponzi emitiu "certificados de dívida unitários" por US$310 cada, prometendo um dividendo de 200% em sessenta dias, supostamente os lucros de seu trabalho de desenvolvimento de terras perto de Jacksonville. Na prática, a maioria dos investidores concordou em reinvestir seus lucros com Ponzi, aliviando-o da necessidade de pagar esses dividendos. A pequena minoria de investidores que insistiu em dinheiro foi paga com o dinheiro de investidores subsequentes. Quando o esquema finalmente entrou em colapso, Ponzi foi condenado por fraude de valores mobiliários e cumpriu sete anos de prisão após uma tentativa fracassada de fugir para a Itália.[21] No entanto, a disposição de tantos investidores em acreditar na perspectiva de lucros tão extravagantes sugere uma atmosfera fértil para esquemas de promoção legais, mas enganosos.

Outra alternativa de investimento foram os títulos estrangeiros. Em agosto de 1924, convencido de que a recuperação da economia alemã era uma necessidade geopolítica, o governo dos Estados Unidos, junto com várias grandes potências europeias, negociou o Plano Dawes. A essência do Plano era que o J.P. Morgan venderia títulos de juros altos a investidores norte-americanos para financiar a reconstrução econômica da Alemanha e as reparações de guerra. Como a maioria dos políticos e banqueiros concordava que o interesse norte-americano nos títulos provavelmente não seria suficiente para levantar os US$110 milhões acordados, o Sistema de Reserva Federal encorajou a aceitação cortando a taxa de juros de 4,5% para 3%, a mais baixa do mundo. Esse corte de juros foi acompanhado por outra extensa campanha de marketing do governo incentivando os investidores a comprar títulos estrangeiros, e veio junto de uma decisão de 1922 que desregulamentou o processo de emissão de títulos nos Estados Unidos.[22] Isso acabou sendo um exagero: a oferta total dos títulos foi vendida em quinze minutos, e as reservas superaram em muitas vezes o valor previsto. Os governos locais alemães identificaram uma oportunidade e colocaram seus próprios títulos no mercado dos EUA, e as empresas alemãs logo fizeram o mesmo.[23] A demanda por títulos alemães rapidamente se transformou em demanda por títulos de outros países estrangeiros. A quantidade de empréstimos em dólares recém-emitidos dos Estados Unidos, quase todos na forma de títulos, aumentou de US$600 milhões por ano em 1921–1923 para US$1,3 bilhão em 1924–1925. Após outro corte na taxa de desconto no segundo semestre de 1927, esse valor aumentou para US$1,7 bilhão, superando as somas levantadas em Londres. Trinta e dois países emitiram títulos nos Estados Unidos durante a década de 1920, com cerca de metade do volume total emitido vindo da Europa e outro quarto emitido da América Latina.[24]

No começo de 1928, vários fatores foram combinados para direcionar o capital norte-americano para as ações domésticas. Os preços das casas e de suas construções atingiram o pico, e os títulos imobiliários já apresentavam um desempenho ruim.[25] A Alemanha entrou em recessão quando seu banco central aumentou as taxas de juros e suas emissões de títulos estrangeiros começaram a cair em 1927.[26] No mesmo ano, o National City, o maior banco de investimentos do país, passou a lidar com emissões de ações, antes se restringindo a títulos em um esforço para manter uma imagem de conservadorismo.[27] Toda a estrutura institucional e de marketing que havia sido desenvolvida para vender títulos foi, portanto, subitamente direcionada para o mercado de ações. Além disso, a história recente sugeria que as ações eram um investimento muito mais promissor do que títulos ou habitação. Entre agosto de 1921 e janeiro de 1928, o Dow Jones Industrial Average (DJIA), exposto na Figura 7.2, havia subido 218%.[28]

Embora esses aumentos de preços parecessem dramáticos, eles refletiam um aumento verdadeiro na lucratividade: um índice de pagamentos de dividendos pelas empresas Dow Jones acompanhou de perto o DJIA até janeiro de 1928.[29] A economia estava no meio de um boom notável: o PIB cresceu a uma média anual de 4,7% entre 1922 e 1929. Tanto a alta lucratividade quanto o crescimento econômico devem muito à inovação tecnológica, particularmente na eletricidade e na produção em massa, que contribuíram para aumentos significativos de produtividade.[30] Contudo, a inovação não se limitou a essas áreas; grandes avanços também ocorreram nas indústrias de produtos químicos,

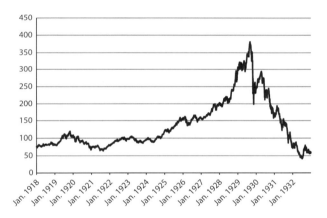

Figura 7.2 Dow Jones Industrial Average, 1918–1932[31]

de processamento de alimentos e de telégrafo. Os investidores estavam especialmente interessados em investir em empresas que gastavam muito em pesquisa e desenvolvimento, com empresas inovadoras negociando a prêmio.[32]

Em fevereiro de 1928, o Sistema de Reserva Federal, preocupado que grandes aumentos de preços atrairiam investidores especulativos, mobilizou-se para amortecer o mercado de ações. A taxa de desconto do Sistema de Reserva Federal de Nova York foi aumentada em 0,5%, e outros aumentos naquele verão trouxeram essa taxa para o nível relativamente alto de 5%.[33] O Sistema de Reserva Federal também pressionou os bancos a reduzirem a emissão de empréstimos a corretores, por meio dos quais o dinheiro era emprestado com o objetivo de comprar ações.[34] Entretanto, nenhuma dessas medidas foi eficaz. Os aumentos das taxas de desconto encorajaram inadvertidamente o retorno do capital aos Estados Unidos, porque as taxas de juros mais altas do que as disponíveis em casa tinham sido uma das características mais atraentes dos títulos estrangeiros. Grande parte desse capital foi, então, parar em ações domésticas, diretamente ou por meio do sistema bancário.[35] Quando os bancos domésticos foram pressionados pelo Sistema de Reserva Federal a reduzir os empréstimos a corretores, a lacuna foi preenchida por investidores privados, corporações e bancos estrangeiros. A quantidade desses empréstimos continuou a crescer, apesar do forte aumento das taxas de juros sobre eles, indicando uma demanda substancial para comprar com margem (ou seja, investir com dinheiro emprestado).[36] Durante 1928, o DJIA aumentou mais 50,9%.

Com os preços das ações em um nível tão alto, as ações se tornaram uma fonte de financiamento historicamente barata, e as corporações se mobilizaram em massa para emitir mais ações. Como mostra a Tabela 7.1, US$3,85 bilhões em ações foram emitidos em 1928, seguidos por mais US$4,81 bilhões em 1929, onde a alta anterior havia sido de US$1,4 bilhão em 1923. Os fundos de investimento emitiram mais capital do que qualquer outro setor em 1929 e, pelo fato de tais fundos terem comprado principalmente ações, seus preços subiram ainda mais.

Tabela 7.1 *Emissões de ações corporativas dos EUA, 1921–1934*[37]

Ano	Operações ($m)
1921	455
1922	1.146
1923	1.399
1924	740
1925	1.034
1926	829
1927	1.396

1928	3.850
1929	4.808
1930	1.493
1931	223
1932	12
1933	61
1934	36

O número de ações e seus preços estavam aumentando e trocavam de mãos com muito mais frequência. O volume médio diário de negociação na Bolsa de Valores de Nova York subiu de 1,7 milhão de ações em 1925 para 3,5 milhões em 1928 e 4,1 milhões nos primeiros nove meses e meio de 1929.[38] Embora o DJIA não tenha mudado muito durante os primeiros cinco meses de 1929, ele subiu mais 27,8% entre o final de maio e o final de setembro.

Os jornais estavam divididos sobre os preços das ações serem excessivos ou representativos de uma nova era financeira. Alexander Dana Noyes, editor financeiro do *New York Times*, era um cético notável, famoso por ter escrito uma história financeira dos Estados Unidos que remonta a 1865.[39] Entretanto, suas colunas eram muitas vezes diplomáticas demais para atacar explicitamente o mercado em alta e seus conselhos cautelosos eram frequentemente minados por editores que relutavam em contradizer as visões mais otimistas de banqueiros conhecidos.[40] O *Wall Street Journal* atuou essencialmente como um líder de torcida para o mercado de ações. Um artigo, em julho de 1929, argumentava que, embora o mercado "tenha tido grandes reações (...), ele sempre se recupera (...) porque o comércio geral se recusa a cair com ele".[41] Esse entusiasmo geralmente era genuíno, mas nem sempre: dois de seus jornalistas aceitaram pagamentos por recomendações de ações em meados da década de 1920, que o *Journal* foi forçado a encobrir oferecendo-lhes empregos menores no jornal. O *New York Daily News*, que na época era o jornal mais lido do país, tinha um problema de suborno mais sistêmico: seu colunista financeiro mais tarde mostrou ter recebido dinheiro de traders em troca de uma parte de seus lucros.[42]

Os meses de verão eram normalmente tranquilos nas bolsas, mas em 1929, tanto os corretores quanto os investidores abriram mão das férias para continuar negociando ações. O pico foi em 3 de setembro, quando o

DJIA atingiu o valor de 381,2; desde o início de 1927, ele havia aumentado 231%.[43] Os preços começaram, então, a cair gradualmente, o que alguns contemporâneos interpretaram como um nivelamento inevitável. Irving Fisher, economista de Yale, afirmou em 16 de outubro que as ações atingiram "o que parece ser um platô permanentemente alto".[44] Os preços eram extremamente voláteis, no entanto. Uma queda de 4,2% no DJIA em 3 de outubro foi seguida por um ganho de 6,3% em 7 de outubro, que era então o maior movimento da era pós-guerra. Essas condições voláteis continuaram até terça-feira, 22 de outubro, quando o DJIA ficou em 326,5, 14,3% abaixo de seu pico.

Na quarta-feira, 23 de outubro, uma forte venda de ações de automóveis apressou uma queda geral nos preços das ações na Bolsa de Valores de Nova York. O volume de ações negociadas atingiu 6,4 milhões, sendo a última hora de negociação particularmente frenética. A fita de teleimpressor, que telegrafou os preços das ações em todo o país, durou 104 minutos após o término das negociações, de modo que os operadores tiveram uma espera agonizante para descobrir quanto dinheiro haviam perdido. Quando a poeira baixou, o DJIA terminou o dia em queda de 6,3%, na época a maior queda diária desde antes de 1914. E esperava-se que o pior estivesse por vir porque essas perdas desencadearam chamadas de margem — recalls de empréstimos de corretores que forçaram os traders alavancados a imediatamente vender suas ações para evitar a inadimplência. Esperava-se que a venda fosse tão acirrada que o Departamento de Polícia de Nova York fechou uma entrada para Wall Street, com carroças e homens estacionados por todo o distrito financeiro.[45]

As negociações da manhã de quinta-feira foram tão frenéticas quanto o esperado, com 1,6 milhão de ações mudando de mãos na primeira meia hora, principalmente de contas de margem arruinadas. O impulso descendente levou muitos detentores a "vender a mercado" — em outras palavras, a aceitar qualquer preço por suas ações. À medida que as notícias do crash se espalhavam, multidões começaram a se reunir do lado de fora da Bolsa de Valores de Nova York para assistir ao pânico se desenrolar, e a presença da polícia foi dobrada. Porém, surpreendentemente, o mercado se recuperou. Às 13h30, após uma reunião com vários banqueiros importantes, o vice-presidente da Bolsa começou a visivelmente comprar grandes quantidades de ações blue-chip acima do preço de mercado. Isso evocou deliberadamente o pânico de 1907, que, acreditava-se amplamente, havia terminado devido à intervenção de um cartel de banqueiros liderado por J.P. Morgan. Essa manobra inicialmente parecia ter funcionado porque as ações recuperaram rapidamente a maior parte de suas perdas. O DJIA, que a certa altura caiu 10,8%, terminou o dia em queda de apenas 2,1%.[46] Embora esse dia mais tarde tenha se tornado conhecido como Quinta-feira Negra, o dano se limitou quase inteiramente a pequenas ações.

O restante da semana foi relativamente calmo, e muitos presumiram que na semana seguinte haveria um retorno à normalidade. O *New York Times* elogiou os "líderes bancários de Wall Street" por "deter o declínio", relatando que "o sentimento era geral de que o pior havia sido visto". O *New York Daily Investment News* foi muito mais direto, imprimindo uma manchete de quatro palavras na primeira página: "Acabou a crise do mercado de ações."[47] O presidente do Irving Trust, um dos maiores bancos de investimento do país, emitiu uma declaração alertando que "sempre que os valores fundamentais são perdidos de vista pela maioria irrefletida, é hora de coragem por parte daqueles investidores que têm um senso real do preço base que vale a pena".[48] Notavelmente, isso foi concebido como um argumento para a compra.

No entanto, quando as negociações foram reabertas na manhã de segunda-feira, imediatamente ficou claro que havia muito mais vendedores do que compradores. Enquanto a Black Thursday era caracterizada por bolsões de falta de liquidez onde as ações não podiam ser vendidas, na segunda-feira seus preços simplesmente caíam substancialmente, muitas vezes de US$1 a US$2 por vez. Essas vendas vieram principalmente de duas fontes: acionistas que receberam chamadas de margem no fim de semana e investidores estrangeiros, especialmente investidores britânicos, muitos dos quais recentemente haviam tido seus fundos congelados devido à falência de um importante financista britânico.[49] Os preços caíram ainda mais à tarde, pois ficou claro que nem o Sistema de Reserva Federal nem os bancos privados estavam preparados para intervir. O DJIA terminou o dia com queda de 12,8%, que foi de longe a maior queda de sua história.

Mais uma vez, o *New York Times* liderou na manhã seguinte com a história de que "a tempestade havia se dissipado", uma conclusão alcançada com base em "declarações dos principais banqueiros".[50] Essa linha foi repetida pelo *New York Daily News*, dando-lhe o registro indesejado de ter aconselhado os investidores a comprar ações em todos os dias do crash.[51] Contudo, quando o comércio reabriu, os preços continuaram a cair. O tamanho das ordens de venda aumentou consideravelmente no dia anterior, sugerindo que investidores institucionais e grandes acionistas estavam deixando o mercado. Mais tarde, isso foi agravado pela retirada de bancos, corporações e indivíduos locais do mercado de empréstimos, o que significa que muitos compradores em potencial não podiam emprestar dinheiro para comprar ações. O Sistema de Reserva Federal de Nova York decidiu agir, comprando US$100 milhões em títulos do governo para fornecer liquidez ao mercado a fim de evitar uma crise de crédito imediata.[52] No entanto, o DJIA encerrou o dia em queda de mais 11,7%. A perda agregada era quase inacreditável: havia caído 23,6% em dois dias sem motivo óbvio. Para colocar essa queda em perspectiva, o ataque japonês a Pearl Harbor resultou na queda do DJIA em apenas 6,3% em dois dias.

O restante da semana teve uma recuperação considerável, mas isso foi imediatamente revertido quando as negociações foram retomadas na semana seguinte, uma vez que as ações continuaram a apresentar níveis de volatilidade sem precedentes. O DJIA finalmente chegou ao fundo do poço em 13 de novembro, com um valor de 198, tendo perdido 48% de seu valor em dois meses. O Ano-novo viu uma recuperação, e o DJIA atingiu 292 em abril de 1930, fazendo parecer que a crise finalmente havia acabado. No entanto, o mercado de ações caiu ainda mais durante o resto de 1930, quando a economia entrou em uma profunda depressão. O DJIA não atingiu seu mínimo até julho de 1932, quando caiu para 41, uma incrível perda de 89,2% em relação ao pico de 1929.

Que papel a mídia jornalística desempenhou durante a bolha? De um modo geral, os jornais não estavam interessados em avaliar o mercado de forma independente, relatando, em vez disso, acriticamente as palavras egoístas de banqueiros, comerciantes e políticos. John Brooks descreve de maneira jocosa, em seus relatos de época, o surgimento da "entrevista transatlântica a bordo", na qual um grande banqueiro ou líder empresarial "enigmático" oferecia "relutantemente" comentários a jornalistas sobre assuntos financeiros enquanto viajava para a Europa em um navio de cruzeiro de luxo.[53] Em 1929, os comentários de homens poderosos tornaram-se tão uniformemente positivos que foram apelidados de "o coro da prosperidade".[54] Em vez de fatos, os jornais continuaram a usar as opiniões excessivamente otimistas do coro durante todo o crash: a manchete do *New York Times* na manhã seguinte à Quinta-feira Negra foi: "Pior colapso de ações causado por bancos; Líderes buscam encontrar melhores condições."[55]

Enquanto bolhas anteriores também viram o surgimento de famosos "personagens", a extensão de como a imprensa se concentrou no papel de indivíduos de alto perfil na bolha dos anos 1920 é incomum. Pode-se argumentar que isso tornou as histórias financeiras mais relacionáveis para o público em geral, reforçou a ideia de que os movimentos do mercado aconteceram por boas razões e fez parecer que alguém estava no comando. Desnecessário dizer que a maioria desses artigos envelheceu muito mal. Os jornalistas frequentemente se baseavam em comentários dos diretores do National City Bank, mas os termos de uma proposta de fusão com o Corn Exchange Bank deram a esses diretores um enorme interesse em manter os preços das ações elevados.[56] Outras figuras de destaque acabaram na prisão por crime financeiro, principalmente Richard Whitney, que havia sido vice-presidente da Bolsa de Valores de Nova York durante o crash.

Além de criar histórias mais atraentes, o estilo editorial bajulador serviu a três propósitos. Em primeiro lugar, permitiu que os jornais desenvolvessem relacionamentos próximos com os homens mais poderosos do país e, assim, acessassem uma fonte confiável de histórias futuras. Em segundo lugar, garantiu que os jornais não pudessem ser responsabilizados por provocar o pânico. Se um grande jornal tivesse previsto corretamente o crash, teria sido fortemente criticado por causá-lo. Em terceiro lugar, relatar apenas o que outras pessoas estavam falando garantia que eles pudessem fugir da responsabilidade quando os eventos não transcorressem como esperado. Após o crash, os jornais muitas vezes zombavam das teorias exatas que vinham citando havia vários anos como opinião de especialistas. Essa estratégia ajudou, assim, a mídia noticiosa a andar na corda bamba, mantendo alguma credibilidade sem contradizer os interesses e acessos especiais de que dependiam.

Embora a bolha da década de 1920 tenha sido principalmente um fenômeno norte-americano, também teve um elemento internacional. Os mercados de ações globais estavam altamente conectados durante a década de 1920, o que significa que vários países experimentaram um boom no mercado de ações ao mesmo tempo que os Estados Unidos.[57] As ações francesas subiram 231% entre 1922 e 1929, depois caíram 56% entre 1929 e 1932.[58] As ações suecas subiram mais de 150% entre 1924 e 1929, mas perderam todos esses ganhos em 1932.[59]

O mercado de ações alemão mais que dobrou em 1926, mas o banco central interveio para estourar a bolha em desenvolvimento.[60] Embora o Reino Unido tenha sofrido um crash no mercado de ações em 1929, os preços das ações se recuperaram de forma relativamente rápida, atingindo seu nível de antes do crash em 1935.[61] Nenhum desses países chegou perto de experimentar a queda de preços de 89% observada nos Estados Unidos.

Causas

A década anterior ao crash viu um aumento contínuo na negociabilidade, uma vez que uma série de reformas e inovações tornou muito mais fácil comprar e vender títulos. A primeira delas foi a rede financeira criada para distribuir os títulos da liberdade, que permitiam a sua compra em agências bancárias locais, lojas de departamentos e por meio de descontos em folha de pagamento.[62] Após a guerra, os bancos privados passaram a replicar essa rede na tentativa de explorar o mercado para pequenos investidores. O número total de corretoras subiu de 706 em 1925 para 1.658 em 1929, permitindo que os investidores comprassem títulos sem chegar perto de Wall Street. A National City Company tornou-se efetivamente uma cadeia de lojas financeiras, vendendo títulos corporativos, títulos estrangeiros e ações ordinárias em todo o país. Isso foi acompanhado por campanhas de marketing que visavam educar o público nos fundamentos do investimento, e isso beneficiou os investidores diretamente, tornando mais difícil para os fraudadores tirar vantagem deles nos mercados financeiros, mas também beneficiou empresas genuínas, porque era mais fácil vender ações e títulos para investidores mais confiantes.[63]

Nos mercados secundários, os custos de transação foram notavelmente baixos na segunda metade da década de 1920: o custo total médio de transação em 1929 foi de cerca de 0,5%, menor do que qualquer nível registrado antes da década de 1980.[64] Os traders também se beneficiaram da expansão da tecnologia de comunicação: o uso do telefone aumentou 70% ao longo da década. Em 1929, a Bolsa de Valores de Nova York havia instalado 323 linhas telefônicas conectadas às corretoras.[65] Como nas bolhas anteriores, o aumento da negociabilidade foi, até certo ponto, autoperpetuante: maior negociabilidade aumentou o volume de negócios, o que, por sua vez, tornou as ações ainda mais líquidas.

Para explicar a bolha do mercado de ações, a forma mais significativa de crescimento do crédito foi em empréstimos a corretoras. Os fundos de investimento mal existiam nos Estados Unidos antes de 1920, mas quando chegaram, eram entidades muito mais arriscadas do que no Reino Unido. Muitos foram alavancados de forma massiva: os administradores de fundos foram autorizados a comprar ações com margem por um depósito de apenas 10%, o que significa que até 90% de seus investimentos poderiam ser comprados com dinheiro emprestado. O número desses fundos cresceu de 40 em 1921 para mais de 750 em 1929, quando emitiram mais capital novo do que qualquer outro setor. A negociação na margem era igualmente comum entre os operadores individuais, que tomavam emprestado de corretores, que por sua vez tomavam emprestado dos bancos.[66] A negociação com margem transformou a negociação de ações de uma profissão séria e tecnocrática em uma atividade que poderia atrair jogadores compulsivos, que tinham poucas outras saídas, porque quase todas as formas de jogo eram ilegais nos Estados Unidos. A extensão de como isso exacerbou o boom do mercado de ações é evidenciada pelo fato de que a quantidade de empréstimos a corretores acompanha quase exatamente o DJIA para o período de 1926 a 1931.[67]

O Sistema de Reserva Federal é frequentemente culpado por permitir que o boom se desenvolvesse por meio de uma política monetária excessivamente frouxa durante a década de 1920. Esse argumento, no entanto, não se encaixa na evidência. Dadas as condições econômicas predominantes, as taxas de desconto no período de 1922 a 1929 não foram particularmente baixas.[68] Na última parte da década, o Sistema de Reserva Federal ficou extremamente preocupado com a especulação no mercado de ações, aumentando as taxas de juros três vezes em 1928. Ele pressionou com sucesso os bancos a reduzir os empréstimos a corretores a partir do final de 1927, e o subsequente aumento desses empréstimos veio de indivíduos, corporações e bancos estrangeiros, sobre os quais o Sistema de Reserva Federal tinha pouco controle. As atas de suas reuniões sugerem que o Sistema de Reserva Federal estava excessivamente preocupado em restringir os empréstimos de margem quando outras áreas de finanças eram sistemicamente mais importantes.[69]

Embora os papéis da negociabilidade e do crédito sejam amplamente reconhecidos, a memória popular da bolha baseia-se em grande parte na especulação. Na famosa história do crash de J. K. Galbraith, ele argumenta que sua principal característica foi que "todos os aspectos da propriedade (de ações) se tornaram irrelevantes, exceto a perspectiva de um aumento antecipado de preço".[70] Isso foi amplamente observado na época: o *New York Times* observou em agosto de 1929 que "o atual *modus operandi* no mercado parece ser a compra de emissões de primeira linha com o objetivo de repassá-las a outra pessoa a um preço mais alto".[71] Vários grupos de investidores foram criados explicitamente para esse fim, muitos dos quais envolviam empresários e financistas de destaque. Esses grupos logo se juntaram a traders de margem, muitos dos quais desistiram de seus empregos para se tornarem day traders.[72]

A faísca para a bolha veio da mudança tecnológica. A sociedade norte-americana, assim como sua economia, foi transformada pela eletrificação nos anos anteriores ao crash: a produção de eletricidade *per capita* cresceu 9,2% entre 1902 e 1929.[73] Além de proporcionar benefícios consideráveis aos consumidores, a eletricidade mais barata foi útil em muitas outras indústrias e complementou outra grande mudança econômica: o aumento da produção em massa. A década de 1920 — notoriamente pioneira por Henry Ford na indústria automobilística — viu a produção em massa se estender a quase todas as áreas de fabricação, aumentando drasticamente a quantidade de bens produzidos e reduzindo os custos para os consumidores.[74] Em combinação com a eletricidade, tornou mais barato produzir todos os tipos de bens de consumo, de telefones a máquinas de lavar e geladeiras — muitos dos quais agora podiam ser comprados a crédito.

A nova tecnologia provocou a bolha de duas maneiras. Em primeiro lugar, proporcionou às empresas lucros extraordinários em meados da década de 1920, muitos dos quais foram pagos aos acionistas. Os dividendos do DJIA cresceram 120% entre 1922 e 1927.[75] Isso fez com que o DJIA crescesse na mesma proporção, proporcionando aos acionistas grandes ganhos de capital. Foram esses ganhos de capital que inicialmente atraíram investidores especulativos. Em segundo lugar, a nova tecnologia forneceu aos investidores uma poderosa racionalização para o fato de que os preços das ações excederam em muito o nível sugerido pelas métricas tradicionais. A década de 1920 viu o crescimento do modernismo, uma filosofia que afirmava que a nova tecnologia havia tornado obsoletos a maioria dos modelos anteriores para explicar o mundo.[76] No final da década, essa cosmovisão era frequentemente aplicada ao investimento. Em março de 1928, o *New York Times* relatou que a "opinião amplamente difundida dos participantes do mercado" era a de que "todos os critérios anteriores devem ser desconsiderados e que novas medidas, para que o mercado seja julgado corretamente, devem ser adotadas".[77]

Em estudos anteriores de 1929, era mais comum perguntar "o que causou o crash?" do que "o que causou a bolha?". Vários possíveis gatilhos do crash foram propostos, incluindo a falência de Clarence Hatry em Londres, a aprovação da tarifa Smoot-Hawley e o Sistema de Reserva Federal de Nova York aumentando a taxa de desconto em 9 de agosto de 1929. No entanto, nada disso pode explicar plausivelmente o momento ou a escala do crash.[78] Isso levou alguns a concluir que o crash foi causado por uma mudança repentina e inexplicável no sentimento dos investidores ou foi simplesmente um "mistério".[79] Na verdade, o crash não foi uma resposta a um incidente específico nem um mistério: foi simplesmente uma consequência da estrutura subjacente do mercado. A quantidade de empréstimos de corretores pendentes no outono de 1929 significava que qualquer queda suficiente nos preços levaria a um número significativo de chamadas de margem. Isso, por sua vez, forçaria os traders a liquidar, causando ainda mais a queda dos preços. Essencialmente, o combustível para a bolha poderia ter sido removido a qualquer momento. Essa vulnerabilidade era amplamente conhecida, uma vez que a quantidade de empréstimos a corretores era informação pública, e, como resultado, o mercado tornou-se muito mais volátil. Em tais circunstâncias, qualquer negociação fora dos padrões do mercado particularmente grande poderia ter desencadeado um crash, o que provavelmente aconteceu em 22 de outubro de 1929.

Consequências

O crash da Bolsa de Wall Street foi seguido por um colapso nos gastos do consumidor. Não se pode ter certeza de que esses dois eventos estivessem ligados: a importância econômica relativa do mercado de ações sugere que ele não deveria ter levado os norte-americanos a reduzir seus gastos tanto quanto reduziram. Porém, não seria incomum ter os gastos do consumidor nos EUA reagindo exageradamente a uma quebra de ações — os gastos do consumidor são historicamente muito responsivos aos movimentos dos preços das ações — e, embora as reduções de gastos subsequentes possam ser atribuídas à deflação, não há outra explicação óbvia para a redução de 1929.[80] Embora seja difícil saber com certeza por que os consumidores teriam reagido ao crash dessa maneira, pode ser que o tom apocalíptico da cobertura da mídia durante o crash tenha levado as famílias a antecipar um impacto econômico desproporcional, e, como resposta, elas cortaram gastos.

Essa redução nos gastos foi acompanhada pelo fim do boom de crédito. Após o crash, a contração repentina nos empréstimos a corretoras foi seguida por uma contração semelhante em hipotecas e empréstimos de longo prazo ao consumidor.[81] Essas quedas simultâneas nos gastos e empréstimos levaram a uma deficiência na demanda agregada, inaugurando a deflação e empurrando a economia norte-americana para a recessão. Na primeira metade de 1930, a produção industrial aumentou porque as corporações esperavam que a recessão fosse relativamente branda. No entanto, os gastos do consumidor permaneceram persistentemente baixos e rapidamente ficou claro que a recessão seria significativa: no final de 1930, o PIB havia caído 11,9% no ano. O final de 1930 também viu a primeira crise financeira do período, quando bancos com US$552 milhões em depósitos faliram em novembro e dezembro. Isso agravou o problema de deflação da economia: o índice de preços ao consumidor caiu 2,5% em 1930, 8,9% em 1931 e 10,3% em 1932.[82] Isso, por sua vez, desencorajou a atividade econômica enquanto aumentava o valor real dos passivos bancários, resultando em ondas de novas falências bancárias.

A chave para escapar dessa espiral econômica teria sido parar a deflação e proteger os canais de crédito. A maneira mais fácil de fazer isso seria inundar os mercados com liquidez e fazer com que o Sistema de Reserva Federal agisse como um emprestador de última instância para bancos falidos. No entanto, o governo temia que fazer qualquer um dos dois prejudicaria seu compromisso de manter o valor do dólar fixado em ouro.[83] Como resultado, os bancos continuaram a falir e a economia continuou a se autodestruir. Quando os Estados Unidos finalmente deixaram o padrão-ouro, em 1933, o PIB nominal caiu 45%, o desemprego atingiu 23% e o número de bancos em operação caiu quase pela metade desde 1929.[84]

A Grande Depressão foi uma verdadeira catástrofe global, exacerbada pela importância dos Estados Unidos para a economia entre guerras. Sua gravidade variava, no entanto, e estava intimamente ligada à rapidez com que um país deixou o padrão-ouro.[85] A economia japonesa encolheu 24% entre 1929 e 1931, a economia do Reino Unido encolheu 10% entre 1929 e 1932, e a economia francesa encolheu 33% entre 1929 e 1934. A economia alemã, que cresceu dependente do crédito norte-americano, foi especialmente prejudicada: seu PIB caiu 37% em três anos, enquanto o desemprego industrial atingiu 44%.[86] Em termos humanos, isso significou aumento do número de sem-teto, da mortalidade infantil e das taxas de suicídio.[87] Os efeitos políticos secundários foram ainda piores, sendo a Grande Depressão um fator importante no colapso de várias democracias europeias e, consequentemente, na Segunda Guerra Mundial.[88]

A bolha da década de 1920 é frequentemente considerada uma das mais destrutivas. A extensão das negociações com margem tornou as redes financeiras muito mais vulneráveis a um crash do que nas bolhas anteriores, e essas redes poderiam ter entrado em colapso se o Sistema de Reserva Federal de Nova York não fornecesse liquidez de emergência em outubro de 1929. Entretanto, na prática, o número de importantes instituições que entraram em colapso devido a perdas no mercado de ações ou inadimplência de empréstimos de corretores foi insignificante. Se o crash causou a recessão subsequente, só poderia tê-lo feito por meio de seu efeito sobre os gastos do consumidor, uma dinâmica que nem todos os economistas consideram convincente.[89] Supondo que o crash tenha causado a recessão, ainda não pode explicar sua extraordinária gravidade. A Grande Depressão foi, em vez disso, o resultado da vulnerabilidade das redes bancárias, da rigidez do padrão-ouro entre guerras e do fracasso de governos e autoridades monetárias ao lidar adequadamente com a deflação resultante.[90]

Se as consequências da bolha tivessem sido gerenciadas de maneira eficaz, talvez não fossem lembradas como um desastre. O boom tornou incrivelmente fácil para empresas altamente inovadoras levantarem capital.[91] Uma das empresas que experimentou a bolha mais substancial foi a Radio Corporation of America, que foi central não apenas para a tecnologia de rádio, mas também para o desenvolvimento posterior da televisão em preto e branco e colorida.[92] Outra empresa apanhada no boom foi a Burroughs Adding Machine, que se tornou uma das maiores produtoras mundiais de computadores centrais. A Columbia Graphophone Company, que tinha um valor de mercado de mais de cinquenta vezes seu valor contábil em 1929, sobreviveu ao crash ao se fundir com a Gramophone Company e se tornar uma gravadora.[93] Mais tarde, foi responsável por lançar a carreira de Chuck Berry, Pink Floyd e Cliff Richard. Sem o superinvestimento da década de 1920, essas conquistas de longo prazo poderiam ter sido impossíveis.

No entanto, também se pode argumentar que quaisquer efeitos positivos sobre o investimento em novas tecnologias foram compensados pelo subinvestimento nos anos subsequentes. No rescaldo do crash, era quase impossível levantar fundos por meio de emissões de ações. Como mostra a Tabela 7.1, durante todo o ano de 1932 foram emitidos apenas US$12 milhões em ações, uma queda de 99,8% em relação à quantidade emitida em 1929. Inovações estavam em andamento. Em qualquer recessão, há um custo não observado de empresas com grande potencial de fechar cedo devido à falta de investimento, e, dada a gravidade da Grande Depressão, esse custo imensurável pode ter sido substancial.

A experiência dos loucos anos 1920 oferece duas lições importantes sobre bolhas. Em primeiro lugar, a ótica do crash é importante. O significado econômico de uma bolha não deriva diretamente de seus efeitos diretos sobre os incentivos de acionistas e empresas: também é importante como ela é vista pela sociedade. Quando os mercados de ações se tornam culturalmente significativos, uma quebra espetacular pode afetar o comportamento do consumidor e, portanto, ter efeitos econômicos inesperados.[94] Em segundo lugar, gerenciar a bolha é muito menos importante do que gerenciar suas consequências. Em 1928 e 1929, o Sistema de Reserva Federal ficou obcecado em reduzir a especulação no mercado de ações, mas nenhuma das medidas introduzidas para fazê-lo foi eficaz. Como se viu, a especulação no mercado de ações era pouco mais do que um espetáculo à parte: o que realmente importava para a economia era a estabilidade das instituições financeiras, algo em que as autoridades falharam de forma abrangente. Esse fracasso explica por que a bolha da década de 1920 continua sendo um dos episódios mais infames da história financeira.

8) SOPRANDO BOLHAS COM OBJETIVOS POLÍTICOS: O JAPÃO NOS ANOS 1980

Han ne hachi gake ni wari biki.

(Quando o mercado cair pela metade, pegue 80% desse valor e adicione um desconto de 20%; só então você deve comprar.)
Provérbio cunhado por traders de arroz japoneses[1]

A bolha da década de 1920, na visão do governo de F. D. Roosevelt, minou fatalmente o argumento de deixar os mercados de ações dos EUA em grande parte desregulados. O Securities Act de 1933, introduzido quase imediatamente após Roosevelt assumir a presidência, exigia que todas as empresas emissoras de valores mobiliários divulgassem mais informações a potenciais investidores, incluindo demonstrações financeiras auditadas independentemente. Isso foi seguido pelo Securities Exchange Act de 1934, que estabeleceu a Securities and Exchange Commission para supervisionar os mercados de valores mobiliários. De um modo geral, essa lei tentou evitar bolhas futuras visando especulação e crédito, com relativamente poucas novas restrições à negociabilidade. A negociação de informações privilegiadas e várias formas de manipulação de mercado foram proibidas, com a Lei argumentando que a manipulação era responsável por "flutuações repentinas e irracionais dos preços dos títulos e (…) especulação excessiva em tais bolsas e mercados". Em resposta à extensa negociação de margem de 1929, limites estritos foram colocados em quanto dinheiro poderia ser emprestado para fins de compra de ações.[2]

Após a Segunda Guerra Mundial, o governo dos EUA enfrentou um novo desafio: reconstruir uma economia japonesa que passou a maior parte da guerra destruindo. Em circunstâncias normais, tal tarefa seria considerada, na melhor das hipóteses, de baixa prioridade. Porém, o Japão emergiu da guerra em uma posição surpreendentemente vantajosa: sob o controle da principal potência capitalista do mundo, mas situado ao lado das grandes potências comunistas. Como a política externa norte-americana do pós-guerra devia fazer o que fosse preciso para ilustrar a superioridade do capitalismo, a prosperidade japonesa tornou-se um interesse estratégico fundamental. Os Estados Unidos fizeram, deste modo, um sério esforço para estimular seu desenvolvimento econômico.

As forças de ocupação, carentes de conhecimento cultural e de habilidades linguísticas, geralmente tentavam replicar as políticas econômicas que haviam sido implementadas nos Estados Unidos. O governo de Harry Truman promulgou uma série de reformas inspiradas no New Deal, que encorajaram o crescimento dos sindicatos e tentaram desmantelar os conglomerados oligárquicos (ou *zaibatsu*) que dominavam a indústria japonesa. Também investiu pesadamente em educação, reformulando o currículo para refletir melhor os interesses norte-americanos.[3] A regulamentação do mercado financeiro japonês baseou-se fortemente nas leis que foram aprovadas em resposta ao crash de Wall Street. A Lei de Valores Mobiliários e Câmbio (no Japão) de 1948 tornou as ações muito menos negociáveis do que antes da guerra. Todas as negociações de ações deveriam ocorrer exclusivamente em bolsas de valores, de modo que a negociação de futuros foi proibida. Embora essas restrições tenham sido gradualmente afrouxadas nos anos seguintes, a negociação de ações permaneceu relativamente controlada.[4]

A política econômica posteriormente evoluiu para refletir as mudanças nas prioridades norte-americanas e na autoridade japonesa renovada. Movimentos foram feitos para reduzir o poder do sindicato, e os esforços para desmantelar o *zaibatsu* ficaram cada vez mais acanhados. Os planejadores econômicos, em vez disso, direcionaram sua energia para incentivar a mecanização, primeiro nos setores agrícola e de carvão, depois na manufatura. Este último recebeu um grande impulso pela Guerra da Coreia, que criou um boom na demanda por produtos japoneses, e a recuperação econômica rapidamente acelerou. Em 1955, a produção atingiu seu nível pré-guerra, e a década de 1960 viu níveis milagrosos de crescimento, com o PIB crescendo 144% ao longo da década.[5] Em 1980, o Japão era uma economia totalmente desenvolvida, com níveis de renda comparáveis aos do Reino Unido.[6]

O crescimento espetacular da década de 1960 foi alcançado por meio da estratégia econômica de desenvolver habilidades de fabricação especializadas e exportar os bens de consumo resultantes. O sucesso dessa estratégia deveu-se, em parte, à eficiência das empresas japonesas, que foram pioneiras no método just-in-time de produção para aproveitar as habilidades de engenharia líderes mundiais da força de trabalho japonesa. Contudo, também era importante que esses bens pudessem ser vendidos no exterior a um preço competitivo. Isso foi garantido pela fixação do iene a uma taxa de câmbio que era, em meados da década de 1960, artificialmente baixa, tornando os produtos japoneses baratos para os consumidores estrangeiros. Isso exigia a cooperação dos países para os quais esses bens eram vendidos, que muitas vezes arriscavam minar suas próprias indústrias de manufaturação. Entretanto, essa cooperação tipicamente ocorria, por três razões. Em primeiro lugar, os consumidores se beneficiaram de produtos baratos e de alta qualidade. Em segundo lugar, as importações japonesas constituíam inicialmente apenas uma pequena parte do mercado, já que a economia mundial não se integrou rapidamente logo após a guerra. Os fabricantes domésticos, talvez com uma pitada de complacência, raramente se sentiam ameaçados pelos produtos japoneses. Em terceiro lugar, por razões geopolíticas, o sucesso econômico do Japão foi considerado como sendo do interesse do bloco ocidental.

A partir do início da década de 1970, no entanto, os Estados Unidos começaram a se opor a esse arranjo. O presidente Nixon, preocupado com o alto desemprego e a inflação, suspendeu a conversibilidade do dólar em ouro em 1971, esperando permitir que o dólar se desvalorizasse. Isso declarou o fim do Sistema Bretton Woods, e, em 1973, a maioria das principais moedas mudou para uma flutuação gerenciada. Não mais fixado em um baixo valor, o iene começou a se valorizar. Na taxa fixa, que se manteve ao longo das décadas de 1950 e 1960, US$1 custava ¥360, mas em 1973, US$1 custava apenas ¥272,7. A partir de 1980, no entanto, a valorização do iene desacelerou, em grande parte por causa das políticas fiscais conservadoras do Japão. Um grande superávit em conta-corrente se desenvolveu, sugerindo que o baixo valor do iene estava mais uma vez proporcionando uma vantagem distinta para as exportações japonesas.[8]

Frustradas com as taxas de câmbio que tornam seus produtos pouco competitivos, as empresas norte-americanas intensificaram a pressão sobre o governo dos EUA para encontrar uma solução. O presidente

Reagan estava inicialmente relutante em desvalorizar o dólar, temendo que isso afetasse negativamente o setor financeiro. No entanto, acabou se convencendo de que a desvalorização era uma alternativa necessária às medidas protecionistas. A perspectiva indesejada de protecionismo foi, por sua vez, usada para alcançar a cooperação internacional necessária para que uma política de desvalorização do dólar funcionasse. O resultado foi o Plaza Accord, um acordo internacional, assinado em 1985, no qual o Japão acordou medidas para aumentar o valor do iene em relação ao dólar.

O Plaza Accord fez com que o Japão se comprometesse a implementar três grandes reformas econômicas. Em primeiro lugar, eles concordaram em buscar "medidas vigorosas de desregulamentação" para encorajar o crescimento do setor privado. Em segundo lugar, eles concordaram em afrouxar a política monetária e liberalizar os mercados financeiros, ambos com o objetivo de garantir que o iene "refletisse plenamente a força da economia japonesa". Em terceiro lugar, eles foram obrigados a reduzir o déficit do governo, reduzindo, assim, o tamanho econômico do estado. Como isso poderia causar uma contração econômica, a redução na demanda seria compensada por "medidas para ampliar os mercados de crédito ao consumidor e hipotecário".[9] O modelo de crescimento conduzido pela exportação do Japão, no qual o Estado desempenhou um papel econômico significativo, deveria ser desmantelado. A nova estratégia econômica era incentivar os bancos a emprestar enormes quantias de dinheiro, principalmente para a compra de moradias, para que a economia continuasse a crescer, apesar da valorização do iene e da redução dos gastos do governo.

De certa forma, o acordo simplesmente deu ao Japão uma desculpa para acelerar as reformas que já haviam começado, ou para buscar reformas que o governo queria implementar de qualquer maneira. A liberalização financeira foi uma continuação das políticas que vinham sendo seguidas desde o início da década de 1970. O choque do petróleo de 1973 forçou o governo japonês a incorrer em grandes déficits, levando o Banco do Japão a temer que não pudesse mais financiar a quantidade total de títulos do governo em circulação. A resposta do governo foi estabelecer mercados secundários de títulos do governo, renunciando, assim, ao controle sobre as taxas de juros pela primeira vez no pós-guerra. A Lei Cambial de 1980 removeu a maioria dos controles de capital, permitindo que os residentes japoneses investissem internacionalmente sem autorização do governo. O potencial para os investidores se beneficiarem das taxas de juros estrangeiras criou oportunidades de arbitragem, o que deslocou ainda mais o controle das taxas de juros do governo para o mercado. As restrições sobre o tamanho e prazo dos depósitos que poderiam ganhar taxas de juros determinadas pelo mercado foram gradualmente removidas.[10]

A diferença após o Plaza Accord, no entanto, foi que a desregulamentação financeira passou a ser acompanhada por uma política monetária extremamente frouxa. A taxa de desconto do Banco do Japão foi reduzida de 5%, quando o Plaza Accord foi assinado, para 3,5% em maio de 1986 e 2,5% em fevereiro de 1987, apesar do crescimento do PIB ter sido superior a 3% em todos os anos desde 1981. Combinado com a liberdade sem precedentes dos bancos para decidir quanto emprestar, isso aumentou drasticamente a quantidade de alavancagem no sistema financeiro. A dívida das famílias japonesas aumentou de 52% do PIB em 1985 para 70% do PIB em 1990, à medida que a política do governo corroeu as normas culturais contra o empréstimo de dinheiro.[11] Por sua vez, isso causou uma expansão monetária substancial, que foi agravada pelo fato de que o Plaza Accord implicitamente encorajou a movimentação de fundos para o Japão para aproveitar a esperada valorização do iene. O M3, uma medida ampla da oferta monetária, cresceu um total de 141% entre 1980 e 1990; para comparação, entre 1990 e 2010, o M3 cresceu apenas 40%.[12]

Em que foi investido todo esse dinheiro? Como resultado das baixas taxas de juros, os ativos seguros não eram atraentes: em 1987, os títulos do tesouro japonês estavam rendendo apenas 2,4%, na época o menor valor da história do pós-guerra.[13] Em vez disso, os investidores se voltaram para terras e ações.

Para muitos japoneses, a propriedade da terra ainda estava intimamente ligada ao status social, talvez como resultado do passado feudal relativamente recente do país. Isso era algo muito válido para a geração mais velha, que geralmente tinha mais dinheiro para investir.[14] Como o Japão era um dos países mais densamente povoados do mundo, a terra também tinha valor de escassez. Os proprietários de terras muitas vezes eram muito relutantes em vender com prejuízo, de modo que o preço nominal da terra raramente caía, perpetuando a crença de que era um ativo extremamente seguro. No entanto, essa aparente segurança não excluía a possibilidade de retornos anormais: houve aumentos substanciais nos preços da terra em 1961, 1974 e 1980, cada um associado a um afrouxamento da política monetária. Porém, apenas o boom de 1974 foi seguido por uma queda nos preços nominais, e mesmo essa correção foi relativamente modesta.[15] Os booms dos preços da terra eram familiares ao público japonês, e os booms anteriores nunca terminaram de maneira particularmente negativa.

O catalisador para o último boom, que começou depois de 1985, foi o deslocamento da economia japonesa para o setor de serviços. Com os empregos passando das fábricas para os escritórios, a demanda por escritórios urbanos aumentou de maneira repentina, especialmente em Tóquio.[16] Isso foi rapidamente agravado pelos esforços do governo para estimular o desenvolvimento urbano como forma de aumentar a demanda. Mantendo seu compromisso de reduzir o papel econômico do Estado, o governo decidiu não direcionar o próprio desenvolvimento urbano. Em vez disso, uma série de incentivos fiscais, subsídios e iniciativas de financiamento foram concedidos a empresas imobiliárias privadas, enquanto o Ministério da Construção desregulamentou fortemente o processo de planejamento urbano.[17] Isso, combinado com a liberalização dos empréstimos hipotecários e taxas de juros ultrabaixas, aumentou enormemente o investimento imobiliário.

O efeito subsequente sobre os preços dos terrenos urbanos pode ser visto na Figura 8.1. Entre 1985 e 1987, o preço de um terreno nas seis principais cidades japonesas aumentou 44%. Isso chamou a atenção das corporações japonesas, que descobriram que os ganhos de capital em imóveis estavam diminuindo os lucros de suas operações principais. Essas corporações responderam transferindo fundos das operações principais para os terrenos, criando um influxo adicional de dinheiro no setor.

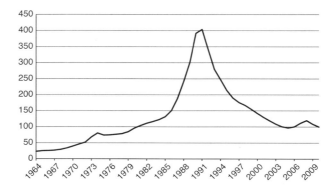

Figura 8.1 Índice de preços de imóveis no Japão para seis grandes cidades, 1964–2010[18]

Grande parte desse dinheiro foi emprestado para aproveitar as baixas taxas de juros prevalecentes.[19] Como resultado, os preços continuaram a subir, e o preço da terra logo ficou completamente desproporcional à renda que poderia gerar. Em 1991, os terrenos em Tóquio custavam quarenta vezes mais do que os terrenos comparáveis em Londres, enquanto os aluguéis eram apenas o dobro. Nesse estágio, os preços dos terrenos urbanos haviam subido 207% em seis anos, e o valor total dos terrenos no Japão era de cerca de US$20 trilhões — cinco vezes o valor de todas as terras nos Estados Unidos e duas vezes mais do que os mercados de ações do mundo inteiro.

Os mercados de ações, enquanto isso, haviam sido radicalmente transformados desde a ocupação norte-americana. Os esforços para impedir que as corporações controlassem o mercado de ações, como haviam feito na era pré-guerra, foram gradualmente revertidos após a revisão das leis antitruste em 1949 e 1953. As ações anteriormente pertencentes ao *zaibatsu* que haviam sido vendidas ao público foram compradas por bancos afiliados ao zaibatsu, e conglomerados de corporações começaram a deter quantidades substanciais de ações uns dos outros. Dificuldades financeiras em companhias de valores mobiliários em meados da década de 1960 levaram ao estabelecimento da Japan Joint Securities Corporation e da Japan Securities Holding Association, conglomerados de empresas destinados a apoiar os preços das ações. Na prática, essas associações tendiam a comprar de investidores individuais e vender para conglomerados de corporações ou instituições financeiras que estavam intimamente ligadas aos negócios japoneses. Como resultado, embora as corporações detivessem apenas 39% das ações em 1950, em 1980 esse percentual havia subido para 67%. Só as instituições financeiras responderam por 37%.[21]

As corporações dominaram o mercado de ações porque, enquanto as ações detinham apenas valor de investimento para indivíduos, para as corporações, elas também ajudavam a sustentar redes de cooperação e conluio. Ao deter o patrimônio uma da outra, as corporações criaram um interesse mútuo na continuação de um relacionamento benéfico, uma vez que qualquer ruptura levaria a um grande número de ações de ambas as empresas sendo despejadas no mercado. Esse arranjo tinha o benefício adicional de proteger contra aquisições hostis. Além disso, como as ações de propriedade cruzada raramente eram negociadas, os preços das ações tornaram-se mais fáceis de controlar. Em particular, as quatro grandes empresas de valores mobiliários — Nomura, Daiwa, Nikko e Yamaichi — muitas vezes conseguiam manipular preços para atender aos interesses de suas relações comerciais. Em 1986, as Quatro Grandes controlavam mais da metade de todas as negociações de ações e cerca de 100% do mercado de subscrição.[22]

A partir de 1980, uma série de medidas desregulamentadoras criou um incentivo para que as empresas tratassem as ações como um investimento mais especulativo. Uma mudança na lei tributária em 1983 permitiu que as empresas separassem as ações de longo prazo dos investimentos de curto prazo, com o último colocado em um fundo de investimento separado chamado *tokkin*. Depois de 1983, os retornos do fundo *tokkin* foram tributados a uma taxa mais baixa, criando a situação incomum em que a especulação poderia ser uma estratégia de investimento mais barata do que comprar e manter. Como resultado, o número de ações em fundos *tokkin* explodiu de menos de 2 trilhões de ienes em 1983 para 30 trilhões de ienes em 1987. Ao mesmo tempo, o Bank of International Settlements anunciou que permitiria que os bancos japoneses contabilizassem 45% de seus ganhos de capital não realizados em ações para cumprir os requisitos de capital.[23] Isso foi absurdamente equivocado, encorajando os bancos não apenas a substituir ativos seguros por ações arriscadas, mas a usar seu considerável poder de mercado e sua capacidade de empréstimo para estimular um boom no mercado de ações. O incentivo para criar um boom foi agravado pelo fato de que uma parte substancial do mercado de ações consistia em ações dos próprios bancos.[24]

Os preços das ações dispararam. O índice TOPIX da Bolsa de Valores de Tóquio, mostrado na Figura 8.2, aumentou 23% em 1983, 24% em 1984 e mais 15% em 1985. O boom foi, então, sobrecarregado pelo fluxo de dinheiro para o Japão após o Plaza Accord, e 1986 viu o TOPIX aumentar em 49%.

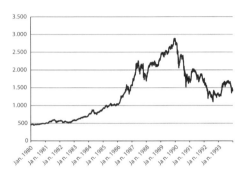

Figura 8.2 Índice diário TOPIX de ações japonesas, 1980–1993[25]

Quando, enfim, atingiu o pico, em dezembro de 1989, havia aumentado um total de 386% em pouco menos de sete anos. Nessa fase, as ações japonesas valiam um total de US$4 trilhões, representando quase metade da capitalização de mercado de ações do mundo inteiro.[26]

A desregulamentação de 1983 também afrouxou os requisitos de listagem, tornando muito mais fácil para as empresas arrecadar dinheiro emitindo ações. À medida que os preços das ações dispararam, as ações tornaram-se uma fonte de financiamento incrivelmente barata, resultando em uma onda de novas promoções: o número de ofertas públicas iniciais (IPOs) subiu de 34 em 1984 para 127 em 1989 e 141 em 1990. Esses IPOs eram tipicamente acompanhados por grandes retornos no primeiro dia, que atingiram a média de 32% no período de 1981 a 1991, tornando-os um excelente investimento especulativo. Isso foi ainda mais pronunciado no auge do boom: as novas emissões em 1988 aumentaram, em média, 74% na primeira semana de negociação.[27]

Durante 1989, o Banco do Japão ficou cada vez mais preocupado com o fato de o boom do mercado de ações ter ido longe demais. Sua resposta foi aumentar gradativamente a taxa de desconto de 2,5% em abril de 1989 para 4,25% em dezembro do mesmo ano. Isso sinalizou o fim da festa, e assim que a Bolsa de Valores de Tóquio abriu no início de 1990, os preços das ações começaram a cair. A queda foi lenta no início, mais uma deflação do que um estouro da bolha. O TOPIX caiu 5% em janeiro, 6% em fevereiro e 13% em março. Os preços permaneceram estáveis até meados do verão, mas agosto e setembro foram desastrosos, registrando uma queda acumulada de 30%. No início de outubro de 1990, a taxa de desconto atingiu 6% e o TOPIX perdeu 46% de seu valor máximo.[28] O mercado se recuperou um pouco nos meses seguintes, mas a partir de abril de 1991, os preços voltaram a cair vertiginosamente. O fim da bolha pode ser datado de agosto de 1992, quando o TOPIX, tendo perdido 62% de seu valor máximo, finalmente começou a se recuperar. Porém, essa recuperação foi temporária, e nos anos seguintes, o mercado caiu ainda mais à medida que as consequências das bolhas do mercado imobiliário e de ações começaram a morder.

A queda nos preços das ações forçou os bancos a contrair seus empréstimos, pois reduziu o valor das garantias que haviam emprestado e eliminou os lucros que estavam usando para cumprir os requisitos de capital. Essa contração foi agravada pelo aumento da taxa de desconto e pelo Ministério das Finanças finalmente introduzindo regulamentação sobre empréstimos a empresas imobiliárias em abril de 1990. Isso retirou o combustível da bolha imobiliária, causando o colapso do número de vendas de novas casas em 1991. Despojados do potencial de ganhos de capital, os investidores ficaram apenas com a renda de aluguel, que acabou sendo muito menor do que o previsto. Embora os proprietários de terras estivessem inicialmente relutantes em vender com prejuízo, uma série de falências em empresas imobiliárias forçou sua mão, e os preços dos terrenos começaram a cair.[29] Em 1995, os terrenos urbanos haviam perdido quase metade de seu valor de pico, sem nenhum sinal de desaceleração do declínio. Quando os preços finalmente se estabilizaram, em 2005, eles caíram 76%. Nesse ponto, os valores de terrenos em termos reais eram quase exatamente o que eram em 1980.

Causas

As bolhas japonesas de terras e ações foram criações puramente políticas. O governo japonês não apenas forneceu a faísca, mas cultivou sistematicamente todos os três lados do triângulo da bolha com o objetivo explícito de gerar um boom. Esse processo foi mais claro no campo do dinheiro e do crédito, onde a expansão foi parte central da política econômica do Japão e, após o Plaza Accord, um compromisso internacional. Ao baixar as taxas de juros, incentivar a concessão de crédito e criar a expectativa de valorização do iene, o governo gerou enormes quantidades de combustível para investimentos especulativos. A maioria das pesquisas anteriores identificou essa expansão monetária como o catalisador imediato para as bolhas.[30] Uma consequência adicional da desregulamentação no Japão foi o aumento da negociabilidade dos ativos. No período pós-guerra, a compra e a venda de ações eram rigidamente controladas. A compra de ativos estrangeiros e a compra de ativos domésticos por estrangeiros foram restritas até 1980, e a Lei de Valores Mobiliários de 1968 impôs limites estritos ao nível de risco que poderia ser assumido pelas companhias de valores mobiliários. Durante a década de 1980, esses regulamentos foram gradualmente removidos. Talvez a desregulamentação mais significativa tenha ocorrido em 1983, quando os fundos de investimento foram autorizados a comprar e vender títulos sem ordens diretas de seus clientes, precipitando o crescimento maciço dos fundos *tokkin*.[31]

No entanto, concentrar-se puramente em mudanças na lei subestima a extensão da desregulamentação porque o governo simplesmente parou de aplicar muitas leis. Trilhões de ienes foram mantidos em fundos ilegais de *eigyo tokkin* que as autoridades fingiram não notar; um comentarista relata que Nomura chegou a administrar um fundo *eigyo tokkin* para o Ministério das Finanças.[32] Em uma reversão da situação do pós-guerra, as corporações agora podiam presumir que os ativos poderiam ser comprados, vendidos e reembalados de qualquer maneira particular, a menos que o governo em exercício proibisse explicitamente, independentemente da letra da lei.

Um aumento adicional na negociabilidade resultou do aumento da negociação de futuros de índices de ações. Os futuros, que são essencialmente acordos negociáveis e padronizados para comprar ou vender um ativo em uma data definida no futuro, foram originalmente criados para permitir que os compradores reduzissem sua exposição às flutuações de preços. Na ausência de outros riscos para compensar, no entanto, a negociação de futuros de índices de ações equivale a apostar no valor de curto e médio prazo do mercado de ações, por isso também atrai especuladores. A negociação de futuros foi introduzida pela primeira vez pela Bolsa de Valores de Osaka em 1987, onde foi um sucesso imediato entre os traders: entre novembro de 1987 e agosto de 1988, o volume de negociação de futuros Nikkei em Osaka foi cinco vezes o volume combinado das negociações à vista e com margem do índice Nikkei. Tóquio implementou a negociação de futuros imediatamente depois, e isso logo respondeu por 20% das negociações no índice TOPIX. Isso ocorreu no contexto de uma expansão maciça do volume de negociações em geral, com o número total de ações negociadas diariamente subindo de uma média de 91 milhões em 1982 para 328 milhões em 1988. Em 1989, o mercado de ações japonês tinha uma das maiores taxas de rotatividade no mundo.[33]

A presença de futuros de índices de ações tornou a especulação muito mais fácil, e dados de pesquisas contemporâneas mostram que os investidores muitas vezes compram ações tendo em mente os aumentos esperados de curto prazo.[34] Em 1989, 39% dos investidores institucionais aconselhavam os investidores a comprar ações, apesar de esperarem que os preços caíssem no longo prazo, porque esperavam se beneficiar dos aumentos de preços no curto prazo. Após o crash de 1990, apenas 9% dos investidores institucionais recomendavam essa estratégia, e o efeito da especulação no mercado havia se revertido: 55% desaconselhavam a compra de ações, apesar de esperarem um aumento de longo prazo nos preços.[35]

A especulação de terras, rotulada como "land-rolling" pela mídia, era igualmente comum. Surgiu uma nova profissão, chamada *Ji-age-ya*, que consistia em comprar vários lotes de terra, reacumulá--los em um lote e vender com uma margem de lucro alta.[36] Isso ocorreu principalmente nas principais cidades japonesas, e muitas vezes exigiu o despejo forçado de inquilinos. Curiosamente, essa atividade era o oposto daquelas das empresas australianas do boom imobiliário, que abordamos no Capítulo 5, que haviam desmembrado grandes lotes de terra para que inquilinos e proprietários pudessem se mudar. À medida que a bolha continuava, as instituições também começaram a investir pesado em terras no exterior: o investimento japonês em propriedades norte-americanas aumentou de US$1,9 bilhão em 1985 para US$16,5 bilhões em 1988. Isso se somava aos extensos empréstimos japoneses em projetos imobiliários norte-americanos — especialmente na Califórnia —, que, não coincidentemente, experimentou seu próprio boom imobiliário nesse momento.[37]

A especulação da terra foi impulsionada principalmente por instituições, e não por indivíduos. Entre 1984 e 1990, 38% das compras de terrenos foram feitas por empresas imobiliárias especializadas, a maioria das quais sendo operações relativamente pequenas. Ao contrário da maioria das corporações ou famílias, eles não usavam a terra principalmente para viver, para escritórios ou renda de aluguel. Seu modelo de negócios envolvia vendê-la com lucro logo após sua compra. Embora eles possam ter se envolvido em algum nível de trabalho de construção, a grande maioria do valor da propriedade urbana consistia em terrenos, e não em edifícios, de modo que o valor potencial agregado por esse trabalho era relativamente pequeno. Na prática, os lucros derivavam quase inteiramente do valor continuamente crescente da terra. Essas empresas também foram altamente alavancadas, tendo sido financiadas por empréstimos de aproximadamente ¥44 trilhões. Três quartos disso foram investidos em propriedades; o restante foi investido em títulos.[38] Muitos desses empréstimos foram concedidos por bancos paralelos conhecidos como "não bancos" ou *jûsen*, que eram quase totalmente desregulados antes de 1990.[39]

A faísca então veio de políticos japoneses. O Japão procurou explicitamente encorajar a propriedade de casas desde a Segunda Guerra Mundial, mas estava relutante em diminuir a riqueza dos proprietários de casas existentes. As novas construções foram, portanto, acompanhadas de extensões de crédito hipotecário, trazendo novos compradores ao mercado e garantindo, assim, que a procura continuasse a superar a oferta.[40] Como resultado, os preços das casas quase nunca caíram. Quando ficou claro que o modelo de crescimento baseado na exportação não poderia continuar, na década de 1980 o governo tentou usar a regeneração urbana para estimular a economia japonesa, o que aumentou o preço da terra para uso comercial. O *Plano de Reforma da Região de Tóquio* da Agência Imobiliária Nacional de 1985 visava transformar a cidade em um "espaço avançado para negócios financeiros internacionais".[41] Um dos meios propostos para fazer isso era vender terras públicas para desenvolvedores privados. Porém, a privatização de terras em curso deu ao governo interesse em aumentar os preços da terra, uma vez que permitiu que eles recebessem mais dinheiro por suas vendas. Uma indicação inicial da bolha imobiliária e de seu potencial de geração de receita foi a venda de um terreno governamental de 0,7 hectare por ¥57,5 bilhões em agosto de 1985, cerca de três vezes seu valor de mercado percebido na época.[42]

Essas políticas contribuíram para o boom do mercado de ações, pois o aumento do valor da terra permitiu que os bancos criassem dinheiro para investir no mercado de ações. Contudo, o boom dos preços das ações também foi um elemento separado da estratégia econômica do governo: eles queriam garantir que as empresas tivessem baixos custos de empréstimos enquanto surfavam na mudança do crescimento liderado pelas exportações. Um alto funcionário do Banco do Japão admitiu na década de 1990 que os booms de terras e ações foram deliberadamente projetados para fornecer uma "rede de segurança" para os negócios japoneses.[43] À medida que o boom prosseguia, os esforços para apoiar o mercado tornaram-se mais explícitos. Em outubro de 1987 e novamente em outubro de 1990, o Ministério das Finanças ordenou que as quatro grandes empresas de valores mobiliários comprassem ações para apoiar o mercado.[44]

Uma característica única dessas bolhas foi a maneira pela qual a estrutura financeira japonesa criou uma relação autoperpetuante entre dinheiro e especulação. Os bancos usavam terrenos como garantia para empréstimos, portanto, quanto maior o valor da terra, mais podiam emprestar. Como os lucros não realizados das ações podiam ser usados para atender às necessidades de capital, os aumentos nos preços das ações também resultaram em novas extensões de crédito. A maior parte desse dinheiro emprestado foi, então, investida em terrenos ou ações, elevando ainda mais os preços e liberando os bancos para emprestar ainda mais dinheiro, que por sua vez foi investido em terrenos e ações.[45] Essa relação circular explica de alguma forma a escala incrível da bolha imobiliária: a terra urbana cresceu 320% em dez anos, antes de perder todos esses ganhos.

Outra característica incomum foi o grau em que as bolhas foram impulsionadas por empresas e bancos, e não pelo público em geral. Entre 1985 e 1989, a proporção de terras privadas pertencentes a empresas aumentou de 24,9% para 28,7%, enquanto a proporção de pessoas físicas caiu de 75,1% para 71,3%. Da mesma forma, a proporção de ações detidas por empresas aumentou de 67% em 1982 para 72,8% em 1987, a maior parte impulsionada por instituições financeiras e companhias de valores mobiliários. O volume de negócios contabilizados pelas corporações subiu de 19% para 39%, ressaltando até que ponto os negócios foram responsáveis por maiores níveis de especulação.[46] Anteriormente, as empresas buscavam quase exclusivamente estratégias de compra e retenção no mercado de ações.

Os comentaristas da época frequentemente sugeriam que a cultura japonesa de pensamento consensual criava razões sociais para não expressar sentimentos pessimistas sobre terras ou ações.[47] Isso foi agravado pela extensão da participação cruzada, o que tornou difícil para uma corporação sair da bolha sem ofender importantes parceiros de negócios. Quem não tinha interesse na bolha pode ter tido outros motivos para não a criticar. Os bancos japoneses emprestaram somas substanciais de dinheiro aos sindicatos do crime organizado do Japão, geralmente sem supervisão. Em um exemplo, o Banco Industrial do Japão emprestou US$2 bilhões ao dono de uma cadeia de restaurantes popular entre os gangsteres. Esse dinheiro foi então usado para investir em ações com base no conselho de espíritos durante sessões mediúnicas.[48] Seja qual for o uso do dinheiro, estourar a bolha tornaria muito mais difícil que os gangsteres arrecadassem fundos, e eles presumivelmente ficariam descontentes com aqueles considerados responsáveis. Isso pode explicar em parte por que os investidores, políticos e especialistas japoneses estavam tão relutantes em prever publicamente um crash. Quaisquer que fossem seus pensamentos particulares, 73% dos investidores institucionais japoneses pesquisados em dezembro de 1989 afirmaram não acreditar que os preços das ações estivessem muito altos.[49] O pequeno número de céticos muitas vezes chegava a extremos aparentemente absurdos para manter um perfil discreto. Em setembro de 1990, quando a televisão japonesa finalmente decidiu transmitir um painel de especialistas financeiros pessimistas em relação ao mercado, os especialistas insistiram em ter seus rostos borrados.[50]

Consequências

Embora o fim das duas bolhas tenha sido sinalizado pelo crash da bolsa durante o primeiro semestre de 1990, a economia não entrou em recessão imediatamente.[51] O crescimento do PIB foi de 4,9% em 1990, 3,4% em 1991 e 0,8% em 1992. Quando o crescimento ficou negativo em 1993, o governo japonês afrouxou a política monetária e aumentou os gastos do governo. Em 1995, a taxa de desconto era de 0,5%, enquanto o déficit era de 4,4% do PIB. Quando o PIB cresceu 2,7% em 1995 e mais 3,1% em 1996, parecia que a crise havia terminado.[52] O governo, acreditando que a tempestade havia passado, implementou medidas de austeridade em um esforço para evitar um grande déficit persistente.

O sistema financeiro, no entanto, estava desmoronando. Seus problemas se tornaram aparentes pela primeira vez no sistema bancário paralelo, onde 38% dos empréstimos de ¥12,1 trilhões estavam inadimplentes em 1991. Uma série de reestruturações de dívidas lideradas pelo governo, assumindo que os preços dos imóveis não continuariam caindo, piorou a situação, e, em 1995, a proporção de empréstimos não pagos atingiu 75%.[53] Reconhecendo o nível de insolvência no setor, o Parlamento japonês concordou com um resgate financiado por uma combinação de instituições financeiras e contribuintes, provocando indignação pública. Em novembro de 1997, a crise se espalhou para a Sanyo Securities, uma empresa de valores mobiliários de médio porte, que foi considerada sistemicamente sem importância e teve sua falência permitida. No entanto, como parte de seus acordos de falência, deixou de pagar seus empréstimos interbancários. Embora o valor fosse relativamente pequeno, essa foi a primeira inadimplência na história do pós-guerra do mercado interbancário, levando a uma forte contração deste. O Banco do Japão foi forçado a intervir para fornecer liquidez ao mercado.[54]

Isso foi seguido pela falência do Hokkaido Takushoku Bank, em 14 de novembro de 1997, depois que uma tentativa de resolver suas dívidas incobráveis por meio de uma fusão fracassou. Em 24 de novembro, a Yamaichi Securities, uma das quatro maiores empresas de valores mobiliários com ativos de clientes de ¥22 trilhões, anunciou que se dissolveria. Dois dias depois, o Tokyo City Bank declarou falência. Temendo um colapso financeiro total, o Banco do Japão reiterou sua intenção de garantir todos os depósitos e fornecer liquidez suficiente para os depositantes retirarem seus fundos. Em fevereiro de 1998, o governo aprovou um resgate de ¥30 trilhões, financiado pelos contribuintes do setor bancário, revertendo de forma massiva seus esforços anteriores para reduzir o déficit. No entanto, a crise continuou a se aprofundar, e a maior falência bancária da crise ocorreu em outubro de 1998, quando o governo foi forçado a nacionalizar o Long-Term Credit Bank of Japan. Mais seis grandes bancos foram colocados sob controle do governo até o final de 1999.[55]

A resposta do governo conseguiu evitar uma grande depressão, mas a um custo significativo: ¥60 trilhões em dinheiro público foram gastos em medidas financeiras de emergência, cerca de 11% do PIB do Japão.[56] O péssimo estado das finanças dos bancos nacionalizados fez com que a maior parte desse dinheiro fosse para cobrir dívidas incobráveis. Além disso, o apoio contínuo a bancos falidos e, por extensão, a empresas não lucrativas teve um efeito esclerosante na economia, impossibilitando a concorrência de empresas mais eficientes. O resultado foi um período prolongado de desempenho econômico abaixo do esperado, já que a "década perdida" de 1990 se tornou os "vinte anos perdidos". O PIB japonês em 2017 foi apenas 2,6% maior do que em 1997, uma taxa de crescimento anualizada de 0,13%.[57] O contraste com o crescimento milagroso do período pós-guerra foi gritante.

O fraco desempenho da economia japonesa durante a década de 1990 foi especialmente fraco no contexto de outras economias desenvolvidas: o PIB dos EUA cresceu 3,4% ao ano durante a década.[58] No entanto, isso pode ter resultado em uma tendência a superestimar a extensão dos problemas do Japão. Embora a economia estivesse estagnada, a pior taxa de crescimento anual foi de -1,1%, em 1998. Consequentemente, o desemprego nunca subiu acima de 6%.[59] Além disso, a maioria dos comentários contemporâneos baseava-se em dados econômicos que não levavam em conta o crescimento populacional extremamente baixo do Japão. Durante o período de 1993 a 2003, os piores dez anos da crise, o PIB real *per capita* cresceu um total de 9%. Para comparação, nos dez anos seguintes ao crash global de 2007, o valor equivalente para o Reino Unido foi de 3,6%, e muitos países europeus tiveram um desempenho muito pior.[60] A "década perdida" do Japão foi uma séria desaceleração, mas não na mesma escala que o colapso econômico que se seguiu à crise financeira global de 2008.

Outra consequência do estouro da bolha foi a exposição de um grande número de escândalos e fraudes. Em outubro de 1990, o presidente do Sumitomo Bank, uma das maiores instituições financeiras do Japão, renunciou depois que se soube que o Sumitomo havia persuadido seus clientes a emprestar ¥23 bilhões para fins de manipulação de mercado.[61] Isso também ocorreu no verão de 1991, por Nomura, na época a maior corretora de ações do mundo, admitindo ter usado sua divisão de pesquisa para bombear ações que havia colocado recentemente com clientes favorecidos (alguns dos quais eram gangsteres proeminentes).[62] Ao mesmo tempo, foi revelado que quase todas as empresas japonesas de títulos mobiliários estavam compensando seus clientes mais bem relacionados por suas perdas em ações. Essa compensação parecia ser uma violação direta da lei de valores mobiliários, mas o Ministério das Finanças optou por interpretar a lei de uma forma que permitia ignorar a prática.[63]

Um tema recorrente nesses escândalos foi a relação excessivamente próxima entre o governo e o setor privado, sublinhando as raízes políticas da bolha. O escândalo com as consequências de maior alcance foi o escândalo da Recruit de 1988, pelo qual ações de uma empresa de recursos humanos foram oferecidas a políticos antes de sua emissão em troca de favores, implicando todo o gabinete e forçando o primeiro-ministro a renunciar.[64] Empresas imobiliárias também estavam regularmente envolvidas: em 1992, um ex-ministro do gabinete foi preso por ter aceitado ¥480 milhões em propinas de um promotor imobiliário de Hokkaido.[65] Em 1993, Shin Kanemaru, ex-vice-primeiro-ministro, influente e antigo estadista, foi indiciado por evasão fiscal, tendo aceitado bilhões de ienes em subornos.[66] Combinada com a estagnação econômica, essa corrupção minou a autoridade das classes dominantes japonesas. Em julho de 1993, o Partido Liberal Democrata de Kanemaru perdeu sua maioria na Câmara Baixa pela primeira vez desde 1955.[67]

Mais uma vez, no entanto, a venalidade das instituições japonesas pode ter sido exagerada. Era comum no final da década de 1990 os comentaristas encorajarem o Japão a avançar para um modelo econômico anglo-americano, no qual supostamente havia uma distância saudável entre empresas e governo.[68] Contudo, à medida que a crise japonesa se desenrolava, políticos e bancos eram frequentemente responsabilizados, e às vezes havia uma resposta legislativa imediata. Políticos foram presos, empresas de valores mobiliários implementaram reformas internas e os executivos de empresas dominadas por escândalos sofreram voluntariamente cortes substanciais nos salários.[69] Isso não quer dizer que a resposta foi satisfatória. Porém, pode-se argumentar que isso se compara de maneira favorável ao grau de responsabilidade na crise financeira global de 2008.

As bolhas japonesas tiveram poucos efeitos positivos. Enquanto algumas das empresas altamente inovadoras que se formaram durante as bolhas da década de 1920 acabaram tendo sucesso, as empresas registradas durante a bolha japonesa tiveram um desempenho ruim no longo prazo.[70] Das 52 empresas japonesas listadas na *Fortune 500* de 2017, nenhuma foi originalmente constituída durante o período de 1980 a 1992 — um fracasso notável, considerando o número de empresas que abriram capital durante a bolha.[71] A falta de qualquer lado positivo destaca uma diferença fundamental entre bolhas tecnológicas e políticas. As bolhas de tecnologia geralmente envolvem grandes somas de dinheiro que fluem para setores extremamente inovadores da economia, que de outra forma poderiam ter problemas para atrair capital suficiente para decolar. Como resultado, elas podem ser benéficas para a sociedade.[72] Durante uma bolha política, esses benefícios estão ausentes, pois o dinheiro normalmente flui para setores da economia com muito menos externalidades positivas. O episódio que veio depois da bolha japonesa deixou esse contraste bem claro.

9) A BOLHA PONTOCOM

> Claramente, uma inflação baixa sustentada implica menos incerteza sobre o futuro, e prêmios de risco mais baixos implicam em preços mais altos de ações e outros ativos rentáveis (...) Porém, como vamos saber quando a exuberância irracional aumentou indevidamente os valores dos ativos, que se tornam sujeitos a contrações inesperadas e prolongadas, como aconteceu no Japão na última década?
>
> *Alan Greenspan, 1996*[1]

O desmantelamento da regulamentação financeira do pós-guerra que levou à bolha japonesa deu início a uma era de abundante negociabilidade, dinheiro e crédito. Os títulos tornaram-se muito mais negociáveis como resultado da remoção das restrições à propriedade estrangeira de empresas de um aumento concomitante no uso de derivativos, especialmente nos Estados Unidos.[2] As décadas de 1970 e 1980 viram um declínio global no uso de controles de capital e taxas de câmbio fixas, tornando mais fácil do que nunca o dinheiro atravessar fronteiras. As restrições bancárias foram gradualmente removidas, dando aos bancos, muitos dos quais agora operavam em âmbito internacional, um controle sem precedentes sobre o nível de crédito. A economia global efetivamente se tornou uma gigantesca caixa de fósforos à espera de uma faísca, e, como resultado, o período pós-1980 viu grandes bolhas financeiras se tornarem notavelmente comuns.

A primeira faísca após a bolha japonesa veio da tecnologia do computador — literalmente uma faísca, de certo modo, já que a computação é o uso de correntes elétricas para realizar funções lógicas. No período pós-guerra, isso se mostrou útil para uma série de aplicações industriais e militares e, no final da década de 1980, já havia tido um impacto econômico considerável. Seu verdadeiro potencial, no entanto, acabou sendo ainda maior, e pode até ser a tecnologia com mais consequências já inventada. A chave para liberar esse potencial, e o catalisador para a bolha, foi a criação de uma rede global de troca de informações: a agora onipresente internet.

Embora governos e universidades desenvolvessem redes de computadores desde a década de 1960, a internet como a conhecemos hoje se originou em 1989. Tim Berners-Lee, cientista do Conselho Europeu para Pesquisa Nuclear, sugeriu que a organização acharia mais fácil manter o acompanhamento de seus projetos se tivesse um sistema que estruturasse as informações de forma de fácil acesso. Berners-Lee concebeu um sistema descentralizado de documentos, no qual qualquer membro poderia fazer upload de dados. Esses documentos foram, então, conectados uns aos outros por hiperlinks. Essa "world wide web", como Berners-Lee a chamou, era simplesmente uma maneira de conectar usuários e estruturar informações para aumentar a produtividade. Porém, isso criou um ciclo de feedback que aumentou exponencialmente a taxa de mudança tecnológica: a tecnologia de computação foi usada para criar redes melhores, e essas redes permitiram que os programadores inovassem mais rapidamente, produzindo sistemas de rede ainda maiores e mais eficientes. Quanto mais as pessoas usavam, mais útil a tecnologia se tornava.

A world wide web foi aberta ao público em janeiro de 1991, mas a princípio ela cresceu relativamente devagar.[3] Para aqueles sem formação em computação, era bastante inacessível. Essa divisão foi superada pela tecnologia do navegador, que forneceu um meio de navegar na web. O Mosaic, lançado em janeiro de 1993 por um estudante de ciência da computação de 21 anos de idade chamado Marc Andreesen, representou um avanço significativo. Era fácil de usar e instalar, poderia ser executado em todos os principais sistemas operacionais e introduziu recursos como um botão "voltar" e "avançar", que tornou muito mais fácil usar a internet.[4] Como resultado, a rede se expandiu rapidamente: o número de pessoas online globalmente aumentou de 14 milhões em 1993 para 281 milhões em 1999 e 663 milhões em 2002.[5]

Na esperança de manter o controle sobre a próxima iteração de sua invenção, Andreesen então se mudou para o Vale do Silício para fundar a Mosaic Communications Corporation (mais tarde, por razões legais, renomeada para Netscape). O financiamento inicial de US$3 milhões foi fornecido por Jim Clark, um veterano cientista da computação, e uma equipe de programadores foi recrutada, sendo que grande parte era formada por aqueles que trabalharam no navegador Mosaic original.[6] O diretor de comunicação da empresa rapidamente percebeu o potencial de notícias de uma equipe de jovens empreendedores trabalhando em tecnologia de mudança mundial, que poderia ser aproveitada em publicidade gratuita. A Netscape recebeu cobertura positiva da imprensa, entre outros, da *Fortune Magazine* e do *New York Times*.[7] O Netscape Navigator foi lançado em outubro de 1994 e rapidamente se tornou o navegador mais popular do mundo.

Em junho de 1995, Andreesen e Clark tomaram a decisão incomum de fazer uma oferta pública inicial (IPO) antes de obter lucro. Além de seu desejo de realizar uma parte de seus lucros, Clark reconheceu que um IPO poderia ser usado como um "evento de marketing": o próprio processo geraria publicidade significativa para a empresa. Também havia preocupações de que a Microsoft lançasse em breve seu próprio navegador, o que dificultaria a venda de ações no futuro. No entanto, alguns membros do conselho temiam que os mercados fossem desencorajados pelo fraco desempenho da empresa de acordo com as métricas tradicionais: empresas sem um histórico razoavelmente longo de lucros para orientar os investidores tiveram que lutar no passado para atrair financiamento dos mercados públicos.[8]

Apesar dessas preocupações, o IPO da Netscape foi um sucesso retumbante. Quando suas ações abriram capital, em 19 de agosto de 1995, a demanda superou a oferta por uma margem tão grande que as negociações não puderam ser abertas por duas horas.[9] Tendo sido oferecida a US$28 cada, a ação atingiu um pico de US$75 no primeiro dia e fechou em US$58, um retorno de 107% no primeiro dia.[10] Seu preço continuou a subir após o lançamento bem-sucedido de sua versão beta no final daquele ano — em dezembro, atingiu US$170 por ação, para uma capitalização de mercado total de US$6,5 bilhões.[11]

O IPO da Netscape foi descrito como o "big bang" da era pontocom, fornecendo um modelo para IPOs subsequentes na internet. A estratégia de abrir o capital cedo e usar o IPO para fins de marketing foi amplamente copiada: a idade média de uma empresa ofertada publicamente no período 1999 a 2000 foi de cinco anos, em comparação com nove anos para o período 1990 a 1994, oito anos para 1995 a 1998 e onze anos para 2001 a 2016. Como as empresas mais jovens não podiam usar um histórico de lucros para obter a confiança dos investidores, elas desenvolveram uma série de novos dispositivos de compromisso e formas de comunicar seu potencial e confiabilidade. Por exemplo, muitos foram apoiados por empresas de capital de risco com uma reputação forte: 60% dos IPOs emitidos de 1999 a 2000, em comparação com 38% de 1990 a 1998, foram apoiados por capital de risco.[12] A grande maioria também se comprometeu com acordos de lock-up, nos quais os insiders concordavam em não vender ações por algum tempo, geralmente 180 dias, após o IPO.[13]

O método mais notável de atrair investidores, no entanto, foi o underpricing: oferecer ações ao público por um preço muito inferior ao valor de mercado esperado. Embora o underpricing já fosse comum, ele foi levado a um novo nível na era das pontocom. Os IPOs emitidos nos Estados Unidos entre 1990 e 1994 tiveram um retorno médio de 11% no primeiro dia, enquanto o retorno médio no primeiro dia em 1999 foi de 71%, e em 2000, foi de 56%. Os emissores estavam vendendo suas empresas por, em média, menos de dois terços de seu preço de mercado. Essa prática era conhecida como "deixar dinheiro na mesa", e US$130 bilhões foram deixados na mesa somente em 1999 e 2000.[14] No entanto, o custo do underpricing para os proprietários da empresa era geralmente muito menor do que esse número sugere, uma vez que eles normalmente retinham grandes participações majoritárias na empresa após a oferta. Portanto, era tentador usar o underpricing para gerar cobertura positiva da mídia no primeiro dia de negociação, criando um impulso que lhes permitia vender com lucro mais tarde.[15] Essa prática foi, ainda, incentivada pelo uso de programas de ações direcionados, que permitiram a emissão de ações para familiares e amigos ao preço do IPO.[16] Qualquer que fosse o motivo do underpricing, um de seus efeitos era atrair investidores especulativos, que podiam subscrever ações com a intenção de vendê-las rapidamente no mercado com lucro.

Essas inovações financeiras permitiram que as empresas de tecnologia se tornassem públicas em números muito maiores do que antes. Como mostra a Figura 9.1, o período de 1984 a 1991 viu a emissão de relativamente poucos IPOs de tecnologia, sem que um único ano tivesse mais de cem. Eles então aumentaram ano após ano no início de 1990, chegando a 274 emissões em 1996.

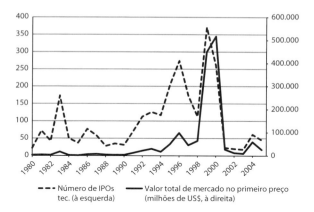

Figura 9.1 IPOs de tecnologia dos EUA, 1980–2005[17]

Após uma breve pausa, a emissão de IPOs de tecnologia acelerou, atingindo o pico em 1999, quando 371 foram emitidos. Seu valor agregado de mercado, com base em seu primeiro preço negociado, foi ainda mais impressionante. De uma alta anterior de US$98 bilhões em 1996, os IPOs de tecnologia emitidos em 1999 e 2000 foram avaliados em um total de US$450 bilhões e US$517 bilhões, respectivamente. No entanto, esse mercado entrou em colapso imediatamente — as IPOs de novas tecnologias emitidas em 2001 foram avaliadas em um total de US$27 bilhões, e as emitidas em 2003 foram avaliadas em apenas US$9 bilhões.

O boom do IPO foi acompanhado por um boom no preço das ações existentes, mostrado na Figura 9.2. O índice S&P 500, que cobre as maiores empresas sediadas nos Estados Unidos, subiu 115% entre janeiro de 1990 e dezembro de 1996, gerando preocupação de que o mercado de ações estivesse superaquecendo. Esses lucros pareciam ser um tanto desproporcionais com o dinheiro ganho por suas empresas constituintes. A relação preço-lucro ajustada ciclicamente (CAPE), idealizada por Robert Shiller, ficou em 28, o que significa que as empresas do S&P 500 foram, após o ajuste para o ciclo de negócios, avaliadas em uma média de 28 vezes seus ganhos anuais. Isso estava bem acima da média de longo prazo de 15, levando

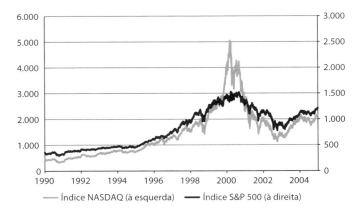

Figura 9.2 Índices S&P 500 e NASDAQ, 1990–2004[18]

Shiller a avisar o Sistema de Reserva Federal de que uma correção era iminente.[19] Alan Greenspan, presidente do Sistema de Reserva Federal, fez o que se tornaria um discurso icônico três dias depois, no qual questionou o ponto em que o aumento dos preços dos ativos poderia ser considerado resultado de "exuberância irracional", em vez de mudanças em seu valor intrínseco. Isso foi acompanhado de um aviso de que os preços inflacionados dos ativos poderiam eventualmente resultar em problemas semelhantes aos observados no Japão.

De fato, o mercado de ações não estava nem perto de seu pico, e os temores de uma correção logo foram esquecidos. O S&P 500 subiu mais 30% em 1997, 26% em 1998 e 20% em 1999. Quando atingiu seu pico, em março de 2000, seu valor era 110% maior do que quando Greenspan fez seu discurso, e seu total de valorização do capital desde 1990 tinha sido de 353%. O índice CAPE de Shiller nesta fase atingiu 45, o maior valor já registrado. Antes da era pontocom, seu valor mais alto já havia sido 33, na véspera do crash de 1929.[20]

O boom das ações de tecnologia foi ainda mais dramático. O NASDAQ Composite Index, fortemente voltado para empresas de tecnologia da informação, subiu 1.055% entre março de 1990 e março de 2000. Em seu pico em março de 2000, o índice mais do que triplicou em valor no espaço de dezoito meses. A Microsoft e a Cisco tornaram-se brevemente as duas empresas públicas mais valiosas do mundo. A maior empresa de internet era a America Online (AOL), que havia adquirido a Netscape em março de 1999. Tendo sido avaliada em US$61,8 milhões quando foi lançada em 1992, a AOL alcançou uma capitalização de mercado de US$190 bilhões em março de 2000, tornando-se a décima empresa pública mais valiosa do mundo.[21] Em fevereiro de 2000, uma fusão de US$164 bilhões foi acordada com a Time Warner, na época a segunda maior fusão da história corporativa.

Grande parte do dinheiro que impulsionou esses desenvolvimentos veio de um aumento maciço nas taxas de participação no mercado de ações. Excluindo as ações mantidas por meio de planos de previdência definidos, o número de pessoas físicas proprietárias de ações passou de 42,1 milhões em 1989 para 75,8 milhões em 1998. Esse aumento foi acompanhado por um crescimento substancial na indústria de gestão de investimentos: dos 33,7 milhões de investidores adicionais, 6,8 milhões exclusivamente detinham ações diretamente, e os 26,9 milhões restantes detinham pelo menos algumas de suas ações por meio de uma conta de aposentadoria ou fundo mútuo.[22] O valor dos ativos mantidos por fundos mútuos de ações subiu de US$870 *per capita* em 1989 para mais de US$14 mil *per capita* em 1999. Ao mesmo tempo, uma mudança de planos de pensão de benefício definido para planos de contribuição definida deu às famílias maior controle sobre a escolha de investir em títulos ou em ações. Uma vez que os indivíduos mostraram uma preferência maior por ações sobre títulos do que os gestores de fundos de pensão, isso teve o efeito de canalizar recursos para o mercado de ações.[23]

Muitos investidores também foram atraídos para o mercado de ações pelo surgimento do ramo financeiro especializado na televisão. Três canais dedicados a notícias financeiras surgiram durante a década de 1990: CNBC, CNNfn e Bloomberg Television, todos oferecendo cobertura 24 horas dos mercados de ações intercalados com comerciais de produtos de investimento. Isso teve o efeito de ações de marketing para um público cada vez mais amplo.[24] Enquanto as notícias financeiras anteriores eram geralmente um assunto muito sóbrio, esses canais emergentes reconheceram que mais espectadores poderiam ser atraídos tornando o assunto o mais emocionante possível. Como resultado, eles começaram a exagerar o significado de qualquer desenvolvimento, ainda que com notícias menores relatadas em tons cada vez mais ofegantes. Se não havia nenhuma notícia menor para relatar, eles reportavam recomendações de analistas, tratando-as como se fossem notícias em si mesmas.[25] Na prática, isso quase sempre significava soprar a favor das ações, porque no final da década essas recomendações eram quase uniformemente positivas. Em 1989, 9% das recomendações dos analistas eram para "vender" uma determinada ação; já em 1999, esse número era 1%.[26]

Muitos dos artigos e livros publicados nessa época tinham um tom marcante de otimismo delirante. Jim Cramer, do *The Street*, publicou um artigo em fevereiro de 2000 criticando os "gestores de valor trogloditas" por insistirem que a relação preço/lucro ainda era útil na nova economia, acusando-os de "transformar algo psicológico em algo científico, o que é ERRADO!".[27] Kevin Hassett e James Glassman publicaram um livro intitulado *Dow 36.000*, argumentando que o índice Dow Jones, então em torno de 10 mil, subiria rapidamente para 36 mil (ele atingiu o pico em cerca de 12 mil antes de cair para menos de 8 mil em 2002). É impressionante como o fracasso dessas previsões teve pouco efeito em suas carreiras: Cramer conseguiu seu próprio programa de TV de sucesso na CNBC, e Hassett mais tarde se tornou o chefe do conselho de assessores econômicos do presidente Trump.

Outros elementos da mídia de notícias criticaram a bolha, aconselhando os investidores a evitar ações de tecnologia. Alguns desses conselhos vieram cedo demais: a *Fortune*, por exemplo, publicou um artigo relatando a disposição de policiais e baristas em oferecer recomendações de ações já em abril de 1996.[28] Contudo, outro conselho veio na hora certa e usou argumentos que envelheceram bem desde então. Martin Wolf, do *Financial Times*, argumentou em dezembro de 1998 que os preços das ações dos EUA eram "insustentáveis" e enfatizou a necessidade de ancorar as avaliações em uma estimativa realista do prêmio de risco das ações.[29] Perto do pico do boom, *The Economist* publicou um artigo contestando a validade de vários argumentos comuns que tentavam justificar o nível dos preços das ações, concluindo que os preços das ações assumiam "uma taxa implausível de crescimento dos lucros".[30]

A maioria das narrativas da era pontocom data o estouro da bolha na primavera [no hemisfério norte] de 2000; Rory Cellan-Jones, por exemplo, chama 14 de março de "o dia em que a bolha estourou".[31] O mês seguinte viu uma série de quedas dramáticas no preço: entre 10 e 14 de abril, o NASDAQ caiu 25%, um recorde para uma única semana de negociação, enquanto o S&P 500 caiu 10%.[32] Mesmo os céticos em relação às ações de tecnologia foram pegos pela velocidade da queda. Stanley Druckenmiller, do Soros Fund, renunciou em abril, depois que seu portfólio sofreu uma perda de 22% em quatro meses, dizendo que "pensávamos que era a oitava entrada e era a nona".[33] Entretanto, embora a bolha tenha atingido o pico, não estourou completamente, e as ações tiveram uma recuperação considerável durante os meses do verão [no hemisfério norte] de 2000. De um mínimo de 3.321 em 14 de abril, o NASDAQ subiu 27%, para 4.234, em 1º de setembro, apenas 15% abaixo do pico de março. Entre uma baixa em maio e um segundo pico em julho, as ações da internet subiram 42%.[34]

A partir daí, no entanto, a bolha gradualmente se esvaziou. O NASDAQ caiu continuamente de setembro de 2000 até o final do ano, sofrendo perdas particularmente pesadas em novembro, quando caiu 23%. No final de 2000, havia perdido mais da metade de seu valor no espaço de oito meses. O S&P 500 inicialmente se manteve relativamente bem, terminando 2000 apenas 15% abaixo de seu pico. No entanto, ambos os índices continuaram a cair ao longo de 2001, e durante a maior parte de 2002, as perspectivas econômicas foram se deteriorando devido a uma série de escândalos contábeis e desenvolvimentos geopolíticos adversos decorrentes dos ataques de 11 de setembro. Quando o mercado finalmente atingiu o fundo do poço, em outubro de 2002, o NASDAQ havia perdido 77% de seu valor em dois anos e meio, enquanto o S&P 500 havia caído um total de 48%.

Para as ações da internet, o quadro é ainda mais notável: o setor teve retornos de 1.000% nos dois anos anteriores a fevereiro de 2000 e perdeu todos esses ganhos no final daquele ano.[35] Algumas das falhas foram espetaculares. A Webvan, um serviço de entrega de compras online, viu sua capitalização de mercado cair de US$3,1 bilhões para zero em dezoito meses. A VerticalNet, que fornecia portais business-to-business, perdeu US$7,8 bilhões em valor durante março e abril de 2000.[36] A fusão entre a AOL e a Time Warner foi tão mal que o CEO da Time Warner, tendo acompanhado uma perda de US$99 bilhões, a chamou de "o maior erro da história corporativa".[37] No entanto, ocorreram alguns sucessos de longo prazo. A mais notável delas foi a Amazon, que caiu de US$106 no pico da bolha para US$6 em setembro de 2001, mas depois se recuperou, chegando a mais de US$2 mil por ação em setembro de 2018. Em março de 2019, tinha uma capitalização de mercado de US$796,1 bilhões, tornando-se a quarta maior empresa dos Estados Unidos.[38]

Embora muitas vezes se pense que a bolha pontocom ocorreu no Vale do Silício, na verdade ela foi um fenômeno internacional. Os principais índices de ações de tecnologia para a Europa, Japão e o resto da Ásia, padronizados para janeiro de 1995, são mostrados na Figura 9.3. Todos os três índices experimentaram altos e baixos substanciais simultaneamente com a bolha da NASDAQ. Entre outubro de 1998 e março de 2000, o índice europeu subiu 370%, o japonês, 299%, e o asiático, 330%. Em outubro de 2002, o índice europeu havia perdido 88% de seu valor máximo, enquanto os índices japonês e asiático haviam caído 75% e 67%, respectivamente. A queda foi particularmente grave na Alemanha, onde o NEMAX 50, o índice de ações do "novo mercado", foi descontinuado em 2004, tendo caído 96%.[40]

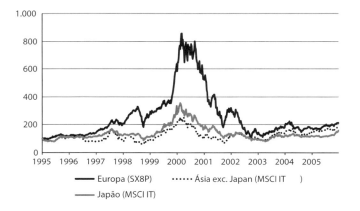

Figura 9.3 Índices globais de preços de ações de tecnologia, 1995–2006[39]

Causas

Durante a década de 1990, as condições incendiárias criadas pela desregulamentação financeira global foram agravadas por novos aumentos em todos os três lados do triângulo da bolha. A negociabilidade aumentou por quatro razões. Em primeiro lugar, como consequência direta do aumento dos IPOs, as empresas que anteriormente seriam de propriedade privada agora podem ser compradas e vendidas no mercado de ações. Em segundo lugar, os custos de transação caíram substancialmente ao longo da década de 1990, em parte como resultado da nova tecnologia tornando menos onerosa a execução de negócios. A comissão média cobrada pelos corretores da Bolsa de Valores de Nova York caiu de 0,9% em meados da década de 1970 para 0,1% em 2000, enquanto o spread bid-ask — a diferença entre o preço de compra e o preço de venda de uma ação — caiu de 0,6% em 1990 para 0,2% em 2000. Levando em conta essas duas tendências, o custo médio de transação da Bolsa de Valores de Nova York entre 1990 e 2000 caiu de cerca de 0,5% para cerca de 0,2%.[41]

Em terceiro lugar, a tecnologia da internet facilitou muito a negociação de ações. Três por cento das transações de ações em 1993 foram facilitadas por redes de comunicações eletrônicas (ECNs); em 2000, 30% dos negócios usavam ECNs. As estimativas da Securities Exchange Commission sugerem que, em 1999, havia 9,7 milhões de contas de negociação online ativas somente nos Estados Unidos. Finalmente, as negociações fora do expediente, embora permitidas havia algum tempo, tornaram-se muito mais difundidas, em parte como resultado da nova tecnologia. Durante 1999, a maioria dos corretores estendeu os serviços de negociação fora do expediente para pequenos investidores de varejo, que anteriormente haviam sido excluídos com o argumento de que a falta de liquidez fora do expediente os tornava vulneráveis à manipulação do mercado.[42] Como resultado, os investidores poderiam agora comprar e vender ações no conforto de suas casas, a qualquer hora do dia e a um custo significativamente menor do que antes.

O dinheiro era relativamente abundante durante a década de 1990, fornecendo liquidez suficiente para que a bolha se desenvolvesse. A decisão de Alan Greenspan de intervir após o crash da bolsa de 1987 levou muitos a acreditar que o Sistema de Reserva responderia a uma queda de preços cortando as taxas de juros, limitando, assim, as perdas potenciais dos investidores. Isso ficou conhecido como o "Greenspan put" e atuou como um incentivo para assumir maiores riscos. Em 1998, exatamente quando a bolha estava se desenvolvendo, o Sistema de Reserva Federal cortou as taxas de juros em antecipação a uma desaceleração econômica, incentivando ainda mais os investidores a buscar rendimento. A década de 1990 também foi uma era de crédito crescente, com a dívida das famílias norte-americanas como proporção do PIB subindo de 60% em 1990 para 70% em 2000.[43] Como na década de 1920, o número de investidores que tomavam empréstimos para comprar ações aumentou de forma particularmente acentuada. Entre janeiro de 1997 e março de 2000, os empréstimos de margem aumentaram 144%.[44]

Esses aumentos nos empréstimos de margem e na negociabilidade favoreceram o aumento do investimento especulativo. À medida que mais day traders entraram no mercado, o volume de negócios aumentou substancialmente: a proporção entre o total de ações vendidas e o total de ações listadas no mercado NASDAQ aumentou de 86% em 1990 para 221% em 1999.[45] Isso, por sua vez, tornou as ações ainda mais negociáveis. Os investidores institucionais não esconderam o fato de que muitos de seus negócios eram para fins especulativos, confiantes em sua capacidade de sair do mercado antes de qualquer queda. Uma pesquisa com investidores na era das pontocom descobriu que 54% afirmaram ter detido anteriormente uma ação que pensavam estar supervalorizada em antecipação a novos aumentos de preços.[46]

Isso não se limitou de forma alguma às instituições, com muitos dos milhões de indivíduos que investiram pela primeira vez na década de 1990 também perseguindo estratégias de negociação especulativas. Os dados de negociação sugerem que os aumentos de preços de 1998 a março de 2000 foram impulsionados pelo aumento da demanda de indivíduos e instituições. Os investidores institucionais, no entanto, estavam amplamente corretos em sua crença de que seriam mais propensos do que os indivíduos a sair da bolha: a demanda das instituições caiu acentuadamente entre março e junho de 2000, mesmo com a demanda de indivíduos continuando a aumentar. No entanto, nem todo tipo de instituição planejou bem sua saída, com consultores de investimento independentes apresentando desempenho excepcionalmente ruim.[47] Os fundos mútuos com gestores mais jovens tiveram um desempenho pior do que a média, pois geralmente investiam muito mais em ações de tecnologia e eram mais propensos a exibir um comportamento de busca de tendências.[48] Como era de se esperar, os insiders também tendiam a cronometrar suas saídas bem, em comparação com o investidor médio. Segundo uma estimativa, no mês anterior ao pico da NASDAQ, os insiders venderam 23 vezes mais ações do que compraram.[49] Como costuma acontecer, as estratégias de investimento especulativo foram muito mais rentáveis para investidores experientes e com informações privilegiadas.

A faísca para a bolha foi fornecida pela percepção de que os efeitos de rede aumentariam enormemente a utilidade da tecnologia de computador. A década de 1990 viu um crescimento espetacular em empresas existentes, como Hewlett-Packard e Microsoft, proporcionando aos primeiros investidores enormes ganhos de capital. O sucesso inicial de recém-chegados como Netscape e AOL demonstrou ainda mais os lucros potenciais que poderiam ser obtidos com o investimento em empresas pontocom. Em parte devido à integração bem-sucedida dos sistemas de tecnologia da informação, houve um boom econômico mais amplo durante a década de 1990, e os lucros foram altos mesmo em empresas não tecnológicas. Os ganhos de capital resultantes atraíram investidores especulativos, cuja demanda elevou os preços cada vez mais.

Os preços poderiam não ter atingido um nível tão alto se esses ganhos não fossem acompanhados por narrativas convincentes da "nova era" sobre o poder transformador da internet. Para justificar os níveis de preços das pontocom, essas narrativas consistiam em dois argumentos: primeiro, que a internet era uma tecnologia incrivelmente significativa e que mudava o mundo; segundo, que isso tornava irrelevantes as métricas tradicionais de avaliação de ações. O segundo argumento era claramente muito mais fraco, mas o primeiro era um tópico de conversa muito mais interessante e, portanto, formava a base da maioria das discussões não especializadas. Como resultado, a opinião de alguém sobre as avaliações pontocom provavelmente estaria intimamente ligada à opinião de alguém sobre o potencial da internet. Como as pessoas usavam a internet com cada vez mais frequência, seu potencial revolucionário era amplamente aparente, e a própria internet era um meio poderoso de espalhar a narrativa da nova era.[50] Em alguns casos, essas teorias englobavam mudanças sociológicas e políticas mais amplas, além de mudanças tecnológicas. Em um aceno para a obra *The End of History*, de Francis Fukuyama, talvez a narrativa da nova era mais influente da época, um artigo de 1997 na *Foreign Affairs* argumentou que "mudanças na tecnologia, ideologia, emprego e finanças" precipitaram "o fim do ciclo de negócios".[51]

Embora as ideias da nova era pareçam tolas em retrospectiva, a partir de 2000, os previsores pessimistas vinham gritando por tanto tempo, que seus avisos eram fáceis de ignorar. Embora muito tenha sido escrito sobre o otimismo ingênuo do final da década de 1990, curiosamente pouco foi escrito sobre o ceticismo igualmente equivocado em relação às empresas de tecnologia de alguns anos antes. A Netscape, por exemplo, foi um investimento excepcional: quem a comprou por US$58 em seu primeiro dia de negociação recebeu um retorno médio anual de 35% até sua aquisição em 1999.[52] Porém, o *New York Times* descreveu presunçosamente o entusiasmo pela Netscape como "juvenil", atribuindo seus retornos de primeiro dia à "crença de que essas ações só aumentam".[53] O *Financial Times*, muitas vezes elogiado por sua sofisticação no auge do mercado, desprezava completamente a Netscape, acusando seus investidores de terem "abandonado a realidade".[54] Havia também muitos escritores que previam um crash em meados dos anos 1990, que nunca chegou. James Grant, um estrategista de investimento público, foi amplamente elogiado por seu pessimismo "presciente" na virada do século.[55] Porém, Grant já havia alertado para um colapso iminente já em 1996, com grande parte de seu argumento baseado em uma rejeição das perspectivas de crescimento nas indústrias de computadores e semicondutores.[56] Os níveis de preços das ações nessa fase foram plenamente justificados por desenvolvimentos futuros e, do ponto de vista de 2019, 1996 parece ter sido um excelente momento para comprar ações de tecnologia.[57] Embora a faísca da bolha tenha sido tecnológica, fatores políticos quase certamente contribuíram para sua escalada. Na narrativa da bolha de Roger Lowenstein, a influência corporativa sobre Washington nas décadas de 1980 e 1990 levou à remoção de regulamentos que protegiam investidores e ao corte de fundos para processar fraudes de colarinho branco. Simultaneamente, uma cultura emergente de vincular o pagamento dos executivos ao preço das ações de uma empresa criou um incentivo para as empresas exagerarem os ganhos, muitas vezes por meio do uso de contabilidade criativa.[58] Antes de 1998, nunca houve mais de 60 reajustes de lucros em um único ano nos Estados Unidos; em 1998, eram 96; em 1999, 204; e em 2000, 163. Como resultado, os investidores foram levados a acreditar, no período de 1998 a 2000, que os lucros estavam aumentando, mas quando as revisões futuras foram levadas em conta, eles estavam estáveis ou caindo.[59] Essa prática culminou no colapso da Enron em 2001, quando se descobriu que a empresa de energia de US$60 bilhões havia usado contabilidade criativa para ocultar de forma fraudulenta perdas substanciais.

No entanto, o poder explicativo do argumento de Lowenstein é limitado por seu foco exclusivo nos Estados Unidos. O crash da bolsa foi muito mais grave na Alemanha, onde as principais tendências identificadas por Lowenstein não ocorreram. Os aumentos salariais dos executivos foram muito menores do que nos Estados Unidos, e não houve onda de reajustes de lucros nas empresas alemãs.[60] Além disso, embora os governos alemães geralmente seguissem políticas de desregulamentação, a propriedade de empresas dispersas e as opções de ações gerenciais eram extremamente raras. Como resultado, os gerentes alemães tinham poucos incentivos para aumentar artificialmente o preço das ações de sua empresa.[61] O fato de a bolha ter ocorrido simultaneamente em vários países com ambientes políticos diferentes, e em cada caso ter sido particularmente pronunciada nas ações de tecnologia da informação, sugere fortemente que sua centelha foi tecnológica.

Consequências

A bolha pontocom nos Estados Unidos foi notável por seu impacto macroeconômico limitado. A recessão de 2001 durou apenas oito meses e foi muito branda, em comparação com recessões anteriores, com os números do PIB apresentando um crescimento positivo para o ano como um todo.[62] Havia duas razões para isso. Em primeiro lugar, os gastos do consumidor não caíram. O estouro de uma bolha geralmente resulta em demanda deficiente porque aqueles que perderam dinheiro cortam gastos em resposta. Em 2001, esse efeito riqueza foi muito fraco. Isso pode ter ocorrido porque os acionistas tendem a ser ricos, principalmente quando comparados aos proprietários de casas. Como os ricos geralmente são menos propensos a cortar gastos em resposta a perdas em investimentos, isso resulta em uma redução menor na demanda. Alternativamente, o efeito riqueza poderia ter sido compensado pelo efeito das taxas de juros mais baixas: enquanto alguns consumidores cortavam gastos, outros tomavam empréstimos e gastavam mais.[63]

Em segundo lugar, o setor bancário estava relativamente bem isolado do colapso do mercado de ações. Os bancos detinham muito poucas ações de tecnologia: em uma amostra de investidores, a carteira de bancos nunca consistia em mais de 4% de ações de tecnologia, um peso menor do que qualquer outra categoria de investidor institucional.[64] Além disso, as margens de lucro pré-crash no setor bancário eram particularmente altas, enquanto as taxas de inadimplência eram baixas, proporcionando um amortecedor contra a desaceleração econômica.[65] Os bancos puderam, assim, continuar a fornecer crédito após o crash, e a economia evitou as falências bancárias, a crise de crédito e a deflação que caracterizaram a década de 1930.

Os efeitos econômicos também foram bastante limitados em outros lugares. O Reino Unido experimentou um crescimento contínuo até a crise financeira global de 2007 a 2008. A economia francesa estagnou em 2002 e 2003, mas não experimentou uma recessão, enquanto a economia japonesa experimentou uma contração moderada no contexto de seus problemas econômicos em andamento. A única recessão moderada foi na Alemanha, onde o crescimento do PIB foi negativo em 2002 e 2003.[66] A principal razão para isso parece ter sido a exposição relativamente alta dos bancos alemães a perdas no mercado de ações. Embora não tenha havido falências bancárias de alto perfil, tanto os lucros quanto as taxas de capital/empréstimos diminuíram. Em resposta, os bancos reduziram os empréstimos, o que afetou a atividade econômica.[67]

Dados os níveis modestos de danos econômicos associados ao estouro da bolha pontocom, ela pode ser um exemplo de bolha em que os benefícios superam os custos. Houve áreas onde teve um impacto econômico positivo. Enormes somas de capital foram canalizadas para o setor mais inovador da economia, o que poderia não ter ocorrido se os mercados funcionassem de forma eficiente. Parte desse capital foi usado de forma muito eficaz: nomes conhecidos, como Amazon e eBay, começaram como empresas pontocom, e empresas estabelecidas, como Apple e Microsoft, se beneficiaram do aumento do investimento. As empresas que faliram muitas vezes deixaram para trás a tecnologia que se mostrou útil no futuro, e as falhas indicaram onde as armadilhas aguardavam a próxima geração de empresas de internet. A infraestrutura construída pelas empresas de telecomunicações, embora não seja particularmente eficiente ou ótima, ainda constituiu um investimento com benefícios públicos consideráveis.[68] A bolha também estava intimamente associada ao surgimento da indústria de capital de risco, que desde então forneceu fundos para empresas com o tipo de perfil de alto risco que dificulta a obtenção de financiamento em outros lugares.

Por outro lado, não é necessariamente claro que as consequências no longo prazo da tecnologia da internet serão positivas. No momento em que escrevo, tornou-se moda para a mídia expressar preocupações sobre seus efeitos sociais e políticos secundários, como desinformação, estruturas de mercado oligopolistas e automação. Em longo prazo, essas preocupações poderiam até parecer triviais. Marc Andreesen, agora um dos principais capitalistas de risco, argumenta que o discurso contemporâneo subestima severamente o impacto da tecnologia do computador. O software está permeando todos os aspectos da vida cotidiana, e está, nas palavras de Andreesen, "devorando o mundo".[69] Outros chegaram ao ponto de argumentar que as únicas inovações comparáveis são a linguagem e o dinheiro.[70] Podemos não ser mais capazes de entender seu impacto do que as sociedades poderiam entender como a linguagem ou o dinheiro mudariam o mundo nas décadas após sua criação.

Outra consequência da bolha pontocom foi o surgimento de bolhas financeiras como uma séria área acadêmica de investigação. As finanças acadêmicas antes de 2000 eram dominadas pela crença de que os mercados eram geralmente eficientes, de modo que muitos consideravam um tanto ridícula a ideia de que os preços dos ativos poderiam divergir substancialmente da lucratividade subjacente. Nas raras ocasiões em que um prestigioso jornal de economia ou finanças publicava um artigo sobre o assunto, muitas vezes era para argumentar que a suposta bolha era ilusória e que os preços durante ela eram principalmente "racionais".[71]

Após o crash das pontocom, a tradição acadêmica de atribuir bolhas aos fundamentos do mercado continuou. O *Journal of Financial Economics*, um dos principais jornais de finanças, publicou um artigo argumentando que não havia bolha DotCom e que as dramáticas mudanças de preço na verdade resultaram de mudanças no retorno esperado associado às ações de tecnologia.[72] A base desse artigo foi que as ações da internet justificavam seus valores de pico porque seus cenários de melhor caso eram espetacularmente lucrativos: nas palavras dos autores, "uma empresa com alguma probabilidade de falir e alguma probabilidade de se tornar a próxima Microsoft é muito valiosa".[73] No entanto, mesmo que isso fosse verdade, não levaria em conta que os preços das ações da internet cairiam 90% alguns meses depois, quando muitas empresas ainda tinham um potencial considerável. Outro artigo, publicado no principal jornal de economia, o *American Economic Review*, apresentou um modelo argumentando que o boom e o crash resultaram de mudanças no risco associado às ações de tecnologia durante uma revolução tecnológica. No entanto, mesmo que se aceitasse esse modelo de maneira acrítica, ele apenas previa que as ações de novas tecnologias cairiam 50%; na realidade, as ações da internet caíram quase 90%.[74]

Insatisfeitos com as explicações sobre mercados eficientes, os acadêmicos propuseram uma série de explicações alternativas. Alguns se concentraram na dificuldade de vender ações de tecnologia a descoberto: muitas vezes, emprestar ações para vender a descoberto era caro, tornando difícil apostar contra a bolha.[75] No entanto, embora os custos de empréstimos tenham sido altos para algumas ações individuais, eles foram relativamente baixos para o mercado geral da NASDAQ, portanto, é improvável que isso explique a bolha geral.[76] Outra possibilidade era a de que os insiders foram temporariamente impedidos de vender suas ações devido a acordos de lock-up, e que o crash ocorreu quando esses acordos expiraram. Entretanto, pesquisas posteriores mostraram que, surpreendentemente, a expiração dos contratos de lock-up em uma empresa de tecnologia não estava altamente associada a uma queda no preço de suas ações.[77]

Uma ramificação de explicações mais convincente atribuiu o colapso à ascensão das instituições de investimento, que muitas vezes criavam conflitos de interesse e estruturas de incentivo falhas. Os fundos mútuos, por exemplo, geralmente visam atrair o maior número possível de novos investidores. A maneira mais fácil de fazer isso é demonstrar retornos excessivos de curto prazo, que podem ser alcançados mais facilmente assumindo mais riscos. Durante a bolha pontocom, isso significou investir uma proporção maior de fundos no setor de tecnologia volátil. Por outro lado, as instituições que foram contra o rebanho, evitando ações de tecnologia, arriscaram retiradas em massa se a bolha continuasse a crescer. O Tiger Group de fundos de hedge começou a apostar contra empresas de tecnologia em 1998, tendo como resultado um desempenho inferior ao de seus rivais nos dois anos seguintes. No primeiro trimestre de 2000, seus investidores perderam a paciência e retiraram seus fundos, forçando seu fechamento apenas algumas semanas antes de sua estratégia ter valido a pena.[78]

Talvez a explicação mais influente a emergir da bolha pontocom foi a de Robert Shiller, cujo best-seller *Irrational Exuberance* foi publicado assim que a bolha começou a estourar. Embora esse livro seja mais famoso por enfatizar o papel dos fatores psicológicos na condução dos preços das ações, essa era apenas uma parte de uma hipótese que também fazia referência aos problemas de incentivo mencionados antes, inflação constante, cortes de impostos e fatores culturais.[79] A longa lista de fatores precipitantes tornava difícil determinar a importância relativa de cada um, mas em parte isso refletia a dificuldade de explicar uma bolha que não podia ser claramente atribuída a uma única causa. O impacto do livro, sem dúvida, teve um papel importante para que Shiller mais tarde recebesse o Prêmio Nobel de Economia.

Esperava-se que o crash das pontocom fosse um alerta, mas seu modesto impacto econômico gerou uma atmosfera de complacência em relação ao próximo crash. Documentos de bancos centrais e think-tanks nos anos posteriores a 2000 elogiaram o papel dos derivativos financeiros e da securitização em permitir que os bancos gerenciem melhor o risco, argumentando que essas inovações os tornaram menos vulneráveis a quedas futuras. O Sistema de Reserva Federal de Nova York concluiu que os bancos tiveram um bom desempenho durante o crash das pontocom porque "usaram derivativos de crédito efetivamente para reduzir o risco de crédito", enquanto o RWI, um think-tank econômico alemão, recomendou que os bancos fossem capazes de aumentar os empréstimos sem aumentar o risco "transferindo empréstimos para titularização".[80] Enquanto isso, o estouro da bolha fez os investidores desconfiarem das ações, e muitos investiram capital no mercado imobiliário.[81]

Depois de 2000, os proponentes de modelos cíclicos de bolhas tornaram-se céticos de que outra bolha se desenvolveria em breve, porque os modelos de Kindleberger e Minsky sugeriram que a memória de uma bolha recente impediria uma repetição imediata. John Cassidy, na época correspondente financeiro da *New Yorker*, concluiu seu estudo de 2003 sobre a bolha pontocom afirmando que a próxima bolha especulativa "provavelmente não acontecerá por um bom tempo" porque os Estados Unidos "ficaram sérios" no rescaldo do crash.[82] Porém, o dinheiro continuava abundante, o crédito se tornava cada vez mais solto e o crescimento do mercado de derivativos aumentava substancialmente a negociabilidade dos ativos financeiros. A especulação havia diminuído temporariamente, mas com muito dinheiro circulando pela economia global e os retornos historicamente baixos dos ativos tradicionais, não demoraria muito para que o fervor do final da década de 1990 voltasse. Tudo o que era necessário era uma faísca.

10) "CHEGA DE BOOM E CRASH": A BOLHA DO SUBPRIME

> Ao contrário de tantas outras bolhas (...) esta não envolveu apenas mais um commodity, mas um alicerce da comunidade e da vida social e uma pedra angular da economia: o lar familiar.
> *The Financial Crisis Inquiry Commission*[1]

> Se as hipotecas de fato se tornaram tulipas holandesas, Washington forneceu um canteiro de flores absolutamente fértil.
> *Nolan McCarthy, Keith Poole e Howard Rosenthal*[2]

O título deste capítulo faz alusão ao bordão contínuo de Gordon Brown como chanceler do Tesouro do Reino Unido de 1997 a 2007 — "chega de boom e crash" foi uma frase que ele repetiu muitas vezes.[3] A bolha pontocom levou Brown, entre muitos outros, a concluir que as bolhas não têm grandes consequências econômicas ou sociais negativas e que os bancos centrais podem nos salvar dos excessos da exuberância irracional. Bolhas imobiliárias devastadoras e colapsos bancários só aconteceram em terras distantes ou no passado distante. Porém, a bolha de Brown estava completamente estourada com a crise financeira global de 2008.

Havia Cassandras profetizando que o desastre era iminente. Um punhado de economistas, como Robert Shiller e Raghuram Rajan, da Universidade de Yale, durante seu mandato como economista-chefe do Fundo Monetário Internacional, alertou sobre a bolha imobiliária nos Estados Unidos. Morgan Kelly, professor de economia da

University College Dublin, provocado pelas declarações insanas de economistas profissionais, simplesmente olhou para os dados e fez o prognóstico de que a Irlanda não apenas teria uma queda substancial nos preços dos imóveis, mas que seu sistema bancário implodiria no processo.[4] Contudo, essas eram apenas vozes clamando no deserto. Bertie Ahern, na época primeiro-ministro irlandês, rejeitou as críticas de pessoas como Kelly com a frase: "Não sei como as pessoas que praticam [o menosprezo pela economia] não cometem suicídio."[5]

A bolha imobiliária sobre a qual essas Cassandras alertaram era diferente de todos os booms imobiliários que vieram antes dela, o que pode explicar por que havia tão poucas Cassandras e por que elas foram ignoradas. Os booms imobiliários anteriores não haviam testemunhado o nível de engenharia financeira que transformou as casas em objetos de especulação do mercado financeiro para serem comprados e vendidos por investidores de todo o mundo. As ações de empresas há muito eram negociáveis, mas a alquimia financeira agora significava que as casas das pessoas eram, de certa forma, igualmente negociáveis. Além disso, os booms imobiliários anteriores e os efeitos de suas quebras haviam sido limitados principalmente a um país ou a uma região dentro de um país. O boom imobiliário dos anos 2000, no entanto, foi de natureza global. Pelo menos quatro países tiveram uma grande bolha imobiliária simultânea — Irlanda, Espanha, Reino Unido e Estados Unidos —, e o financiamento das bolhas nessas economias se estendeu muito além de suas próprias fronteiras. Seu estouro causou problemas substanciais para vários dos grandes sistemas bancários europeus.

As casas nos Estados Unidos eram tipicamente vistas como um investimento relativamente sólido, sua simplicidade de "tijolos e argamassa" contrastando com a natureza efêmera e abstrata de ações e títulos. De 1890 a 1999, como pode ser visto na Figura 10.1, os preços médios das casas nos Estados Unidos subiram apenas cerca de 25% em termos reais. Então, de janeiro de 2000 ao verão de 2006, os números nacionais de preços de imóveis, os números Compound-10 e Compound-20, respectivamente, mostram um aumento de 84,6%, 126,3% e 106,5%.

Figura 10.1 Índice de preços reais de imóveis para os Estados Unidos, 1890–2012[6]

A queda desse pico para o vale no início de 2012 foi entre 27,4% e 35,3%. No entanto, como mostra a Tabela 10.1, os índices compostos e nacionais mascararam uma enorme variação regional dentro do país.[7] Quatro áreas metropolitanas experimentaram aumentos de mais de 150% e quatro áreas experimentaram quedas superiores a 50%. Miami, Las Vegas, Phoenix e Washington D.C. se destacam por causa da reversão substancial nos preços de suas casas.

A Tabela 10.1 também revela a extensão da bolha na camada inferior do mercado imobiliário para cada área metropolitana. Os preços das casas de nível inferior em cinco áreas subiram aproximadamente 200% ou mais. Enquanto apenas quatro áreas experimentaram uma queda de 50% ou mais no mercado imobiliário geral, dez áreas experimentaram quedas de nível inferior maiores que 50%. Na maioria das áreas, a bolha imobiliária global atingiu o pico no verão de 2006, um ano inteiro antes que os problemas se manifestassem nos mercados interbancários e dois anos inteiros antes do colapso do sistema bancário. Nas áreas que vivenciaram os booms

Tabela 10.1 *Variações reais dos preços das casas nas principais áreas metropolitanas dos EUA*[8]

Região metropolitana	Apreciação do mercado geral de janeiro de 2000 ao pico (%)	Depreciação do mercado geral do pico até a base (%)	Apreciação de casas populares de janeiro de 2000 ao pico (%)	Depreciação de casas populares do pico até a base (%)
Miami	178,8	50,8	241,1	66,3
Los Angeles	173,9	41,8	239,8	56,5
San Diego	150,3	42,3	196,8	52,6
Washington, DC	150,2	50,8	196,6	46,4
Tampa	138,1	46,9	197,7	65,4
Las Vegas	134,8	61,7	143,9	70,2
Phoenix	127,4	55,9	139,3	70,7
São Francisco	118,4	46,1	176,1	60,7
Nova York	115,8	27,1	159,7	37,9
Seattle	92,3	32,9	102,4	44,2
Boston	82,5	20	119,2	32,4
Portland	81,7	29	99,9	36,2
Minneapolis	70,9	38,1	87,7	56,4
Chicago	68,6	39,1	83,6	56,5
Denver	40,3	14,1	37,5	21
Atlanta	35,3	39	38,1	65,9
Charlotte	29	16	n/a	n/a
Detroit	27,1	49,3	n/a	n/a
Dallas	25,7	10,7	n/a	n/a
Cleveland	23,2	23,5	n/a	n/a
Compound-10	126,3	35,3	n/a	n/a
Compound-20	106,5	35,1	n/a	n/a
Nacional	84,6	27,4	n/a	n/a

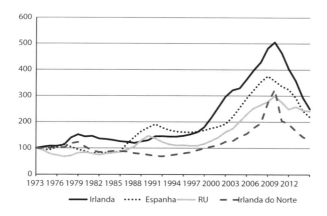

Figura 10.2 Índices de preços reais da habitação para a Irlanda, Irlanda do Norte, Espanha e do Reino Unido, 1973–2012[9]

mais substanciais, os mercados de nível inferior geralmente atingiram o pico muito mais tarde do que o mercado geral.

O boom imobiliário dos EUA foi replicado em outros lugares (Figura 10.2). De 1998 a 2007, os preços reais da habitação na Irlanda, Espanha e no Reino Unido aumentaram 133%, 103% e 134%. No entanto, em 2012, os preços caíram 51%, 39% e 20%, respectivamente. Os booms imobiliários nessas três economias atingiram o pico um ano depois do que nos Estados Unidos.

Em cada país, o boom nos preços das casas foi acompanhado por um boom na construção de casas, cuja extensão é mostrada na Tabela 10.2. Nos Estados Unidos, cerca de 15 milhões de novas casas foram concluídas entre 2000 e 2008, somando 1,47 nova casa para cada novo habitante. Dado o tamanho médio das famílias de 2,57 na época, havia muito mais casas novas do que o necessário. Algumas estimativas sugerem

Tabela 10.2 *Conclusões de novas habitações (milhares), 1990–2012*[10]

	Irlanda	Irlanda do Norte	Espanha	Grã-Bretanha	Estados Unidos
1990	22	8	268	181	1.330
2000	40	11	416	165	1.574
2001	42	14	505	160	1,570
2002	58	14	520	168	1.648
2003	69	15	506	176	1.679
2004	77	16	565	188	1.842
2005	81	13	591	193	1.931
2006	105	14	658	195	1.979
2007	74	12	647	212	1.503
2008	48	10	632	178	1.120
2009	22	8	425	149	794
2010	10	7	277	129	652
2011	7	6	179	135	585
2012	4	6	133	136	649

que cerca de 3,5 milhões de casas foram construídas onde não eram necessárias durante o boom.[11] De fato, ao contrário dos booms de construção anteriores, este aumentou o número de casas justamente quando o número de novas residências estava caindo acentuadamente.[12] A queda nas conclusões após 2008 é notável, caindo para cerca de um terço do nível durante os anos de expansão. A construção de moradias nos Estados Unidos caiu 79%, para o menor nível em cinquenta anos.[13]

Na Espanha, pouco mais de 5 milhões de novas casas foram concluídas entre 2001 e 2008.[14] Para colocar isso em perspectiva, entre 2002 e 2006, a Espanha construiu mais casas por ano do que a Alemanha e a França juntas, apesar de ter menos de um terço da população combinada desses dois países.[15] Quando o boom da construção atingiu o pico em 2006, o número de inícios de construção na

Espanha foi maior do que o número total combinado da Alemanha, França e Reino Unido. No entanto, após o estouro da bolha, o número de casas em construção caiu de maneira drástica.

Na Irlanda, os anos de 2005 e 2006 viram quase tantas casas concluídas como em toda a década de 1990. De 2000 a 2008, a Irlanda construiu mais de 0,6 milhão de novas casas. No entanto, como pode ser visto na Tabela 10.2, após a bolha, a conclusão de novas casas quase entrou em colapso. Entre 2000 e 2008, tanto na Irlanda quanto na Espanha, pouco mais de um novo lar para cada novo habitante no país foi construído, um recorde impressionante para dois países com tamanho médio de 2,7 e 2,6, respectivamente. Em ambos os países, parece ter sido um caso de "construa e eles virão".

No Reino Unido, pouco mais de 1,6 milhão de novas casas foram concluídas entre 2000 e 2008. Isso significava uma nova casa para cada 1,78 novo habitante, uma proporção alta, considerando o tamanho médio das famílias do Reino Unido de 2,4 pessoas. Embora os números agregados do Reino Unido sugeriam uma bolha imobiliária relativamente pequena, uma parte do Reino Unido — Irlanda do Norte — teve uma bolha imobiliária mais significativa do que Espanha, Irlanda ou Estados Unidos.[16] Os preços das casas na Irlanda do Norte aumentaram 206% entre 1998 e 2007 (veja a Figura 10.1), e a Irlanda do Norte adicionou pouco mais de 119 mil novas casas entre 2000 e 2008, totalizando uma casa para cada 0,81 novo habitante!

Um fator significativo da bolha imobiliária foi uma dramática expansão do crédito. Durante a década de 2000, os bancos e companhias hipotecárias norte-americanas relaxaram seus padrões de empréstimos para mutuários com histórico ruim de classificação de crédito — os chamados mutuários subprime. Como resultado, houve um crescimento sem precedentes no crédito hipotecário para mutuários de alto risco dos segmentos mais pobres da sociedade.[17] Os índices loan-to-value (LTV)* aproximando-se de 100% tornaram-se comuns, permitindo que aquelas pessoas que tinham baixa renda comprassem casas. Muitos receberam hipotecas apenas com juros ou hipotecas de taxa ajustável com taxas "promocionais" muito baixas para os primeiros anos, o que inicialmente fez os pagamentos da hipoteca parecerem muito mais gerenciáveis do que realmente eram.

---

* O loan-to-value (LTV) é um índice que mede o valor do empréstimo sobre o valor total da garantia. Quanto menor o índice, mais segura é a operação. Por exemplo, se uma pessoa toma um empréstimo de R$60 mil, dando um imóvel de R$600 mil em garantia, o LTV será de 10%. Um LTV próximo de 100% indica uma operação bastante arriscada. (N. da RT.)

Altos LTVs, altas taxas de endividamento em relação à renda, hipotecas apenas com juros e hipotecas com baixas taxas iniciais "promocionais" também se tornaram comuns no Reino Unido, Irlanda e Espanha. No Reino Unido, por exemplo, instituições como a Northern Rock emprestaram a partes subprime do mercado com índices LTV próximos ou superiores a 100%. As infames hipotecas Together da Northern Rock, que permitiam que os indivíduos tomassem emprestado até 125% do valor de suas casas, destinavam-se a pessoas de baixa renda que precisavam pegar empréstimos até para mobiliar sua casa, imagine comprá-la. Os credores na Irlanda introduziram hipotecas de 100% em 2004 e, em 2008, constituíam 12% de todas as novas hipotecas concedidas.[18]

A expansão do crédito hipotecário nos Estados Unidos, na Espanha e no Reino Unido foi potenciada pelo crescimento da titularização de hipotecas.[19] Isso envolvia um banco "distribuindo" as hipotecas que havia originado ao vender seus fluxos de caixa associados. Esses fluxos de caixa foram, então, fatiados, cortados em cubos e agrupados em títulos garantidos por hipotecas (MBS): ativos financeiros que dão direito ao titular aos pagamentos de um conjunto de hipotecas subjacentes. Apesar do fato de que essas hipotecas subjacentes eram muitas vezes de qualidade muito baixa, muitos MBSs receberam uma cobiçada classificação de crédito AAA das agências desse ramo durante os anos de boom, indicando aos potenciais investidores que eles eram essencialmente livres de risco. As parcelas mais arriscadas que não puderam ser reagrupadas como MBSs foram reagrupadas como Obrigações de Dívida Colateralizada (CDO); estas também, magicamente, receberam classificações de crédito AAA. Quando as firmas de titularização ficaram sem hipotecas reais para securitizar, elas criaram CDOs sintéticos, que eram essencialmente uma série de apostas em outros produtos hipotecários.

A titularização de hipotecas durante a bolha imobiliária teve pelo menos três efeitos. Primeiro: o modelo de originar para distribuir significava que os originadores eram menos propensos a examinar cuidadosamente os mutuários porque não precisavam conviver com as consequências de sua decisão de empréstimo. Se a hipoteca ficasse inadimplente, não era problema deles — as perdas recairiam sobre quem ficasse com o MBS ou o CDO. Isso resultou em muitas hipotecas de baixa qualidade e subprime.[20] Segundo: a titularização, ao permitir que os bancos reduzissem seus padrões de crédito e, assim, emitissem mais hipotecas, ampliou e criou uma pirâmide na economia. Além disso, os MBS e os CDOs eram eles mesmos financiados por dívida e frequentemente usados como garantia para a criação de outros CDOs financiados com dívida. Terceiro: a titularização permitiu que os investidores participassem do boom imobiliário sem precisar comprar e vender casas ou emprestar aos proprietários.

Uma consequência do crédito hipotecário de fácil acesso foi que muitos dos membros mais pobres da sociedade foram varridos pela bolha do subprime. Michael Lewis, em seu relato sobre o boom e o colapso imobiliário, descreve um apanhador de morangos mexicano na Califórnia com uma renda de US$14 mil e que não falava inglês, a quem foram emprestados todos os US$724 mil de que precisava para comprar uma casa. Ele também fala de uma babá que comprou seis casas na cidade de Nova York, tendo pegado emprestado cada centavo para fazer isso, e uma stripper em Las Vegas que tinha hipotecas de cinco propriedades.[21] Esse fenômeno não se limitou aos Estados Unidos: Claire Dempsey, uma mulher norte-irlandesa solteira em seus 20 e poucos anos de idade, recebeu um empréstimo do seu banco em 2006 para comprar uma casa geminada de £185 mil, com uma hipoteca com juros de apenas oito vezes seu salário.[22] Após o crash, ela não conseguiu manter a hipoteca e vendeu a propriedade por £65 mil.

A classe média também foi apanhada na bolha. Muitas dessas pessoas compraram segundas casas como casas de férias em climas mais ensolarados: cerca de 750 mil cidadãos do Reino Unido compraram casas de férias na Espanha.[23] Outros decidiram comprar casas na esperança de que isso lhes proporcionasse uma pensão na aposentadoria — as casas eram percebidas como bons investimentos, como ilustrado pela analogia "tão seguro quanto casas". [24] De fato, a Comissão de Investigação do Setor Bancário na Irlanda afirmou em seu relatório que a compra de uma segunda casa por irlandeses durante o boom foi percebida como "algo óbvio".[26] Muitas pessoas em todas as quatro economias entraram no mercado imobiliário na base de compra para locação. No Reino Unido, o número de hipotecas de compra para locação aumentou de 0,12 milhão para 1,16 milhão entre 2000 e 2008. A classe média efetivamente se tornou a nova classe de proprietários.

David Callaghan era um investidor típico de classe média durante o boom.[27] Quando os preços estavam no auge, no outono de 2007, ele gastou £650 mil em uma casa de luxo nos arredores de Newry, uma cidade no lado norte da fronteira irlandesa. Ele conseguiu uma hipoteca de £485 mil para fazê-lo. Ele também pegou emprestado um pouco mais de dinheiro para investir em uma propriedade de um quarto só para alugar em Belfast. Callaghan, como muitos mutuários na Irlanda, Espanha, no Reino Unido e nos Estados Unidos, logo achou impossível cobrir seus enormes pagamentos de hipoteca. Ele foi forçado a vender sua casa de luxo por apenas £240 mil e seu investimento de compra para locação a 50% abaixo do preço de compra. Como resultado, ficou inadimplente com suas hipotecas.

A inadimplência das hipotecas começou a aumentar nos Estados Unidos em 2006 e se acelerou em 2007.[28] A partir de março de 2007, os credores hipotecários começaram a anunciar perdas e altas inadimplências em hipotecas subprime. Vários credores faliram. Como resultado, o mercado de titularização de hipotecas em todo o mundo quase parou no verão de 2007. Então, em agosto de 2007, a taxa de juros no mercado interbancário (a chamada LIBOR) aumentou e os bancos efetivamente pararam de emprestar uns aos outros — eles não sabiam quem eram os detentores dos MBSs que logo seriam tóxicos. O entupimento da máquina de titularização e o congelamento do mercado interbancário tiveram um grande impacto no Northern Rock, então o principal banco hipotecário britânico. Em 13 de setembro de 2007, ele recebeu assistência de liquidez do Banco da Inglaterra. No entanto, quando as notícias sobre isso vazaram, seus depositantes montaram uma corrida ao banco que só terminou quando o chanceler Alistair Darling garantiu seus depósitos. Essa foi a primeira corrida bancária da Grã-Bretanha em mais de 150 anos. Em 17 de fevereiro de 2008, o Northern Rock foi nacionalizado. Cerca de um mês depois, o banco norte-americano Bear Stearns foi resgatado pelo Sistema de Reserva Federal e assumido pelo J.P. Morgan por apenas uma fração do valor de mercado da semana anterior.

Nos meses seguintes, a inadimplência das hipotecas continuou a subir, os MBSs continuaram inadimplentes e os bancos relataram perdas cada vez maiores. Em 7 de setembro de 2008, o Tesouro dos EUA colocou a Fannie Mae e a Freddie Mac, duas entidades patrocinadas pelo governo (GSEs) que haviam sido estabelecidas para aumentar o financiamento hipotecário disponível para casas a preços acessíveis em tutela, injetando fundos de capital substanciais nelas por causa de suas perigosas condições financeiras.[29] Então, em 15 de setembro, o Lehman Brothers entrou com pedido de falência. O governo se recusou a resgatá-lo, acreditando que não era uma ameaça sistêmica e que ele precisava ser autorizado a falir a fim de reduzir o problema de risco moral associado ao resgate de bancos. No entanto, parece que Hank Paulson e o governo Bush estavam mais motivados pela perspectiva de uma reação bipartidária contra outro resgate, que eles temiam que fosse apelidado de "socialismo" por aqueles de direita e "salvação de seus amigos de Wall Street" pelos de esquerda. Deixar que ele falhasse permitiu que eles resgatassem o sistema. No final das contas, Lehman foi sacrificado para que Wall Street pudesse viver.[30] No dia seguinte, a AIG, uma seguradora multinacional norte-americana, recebeu um empréstimo de resgate de US$85 bilhões do Sistema de Reserva Federal.

A AIG Financial Products usava a classificação de crédito AAA da AIG desde 1998 para ganhar dinheiro como negociante de derivativos. A sua principal atividade nesse âmbito foi a emissão de credit default swaps (CDS), que garantem os MBS e CDOs detidos por bancos e investidores. Em troca de um fluxo de pagamentos, concordou em reembolsar os investidores em caso de inadimplência.[31] Esse negócio cresceu de um valor nacional segurado de US$20 bilhões em 2002 para US$533 bilhões em 2007.[32] A inadimplência de muitos MBSs e CDOs significava que a AIG estava tendo que pagar quantias substanciais em seus credit default swaps — quantias para as quais havia feito poucas provisões. A falência da AIG teria consequências importantes para a solvência de muitas instituições financeiras que haviam comprado credit default swaps dela.

Após o colapso do Lehman Brothers e da AIG, o Tesouro dos EUA e o Sistema de Reserva Federal apresentaram um plano para evitar a implosão do sistema bancário: o Troubled Assets Relief Plan (TARP). O TARP autorizou gastos de US$700 bilhões para ajudar o Tesouro a comprar ou segurar ativos "tóxicos" (ou seja, hipotecas, MBSs e CDOs) de bancos. Depois de ser inicialmente rejeitado pelo Congresso em 29 de setembro, ele foi assinado em lei em 3 de outubro. Em questão de semanas, o programa TARP, que foi mal pensado e elaborado às pressas, seria alterado para fornecer capital, garantias e apoio direto aos bancos. Em 15 de outubro, o Tesouro dos EUA anunciou o Programa de Compra de Capital TARP, que lhe permitiu receber até US$250 bilhões do TARP e injetá-lo como capital em bancos com problemas. No anúncio, o Tesouro informou que 9 grandes instituições financeiras já haviam concordado em receber aportes de capital.[33] Outras 42 instituições participaram do programa.

Após a nacionalização do Northern Rock no início de 2008, o Tesouro do Reino Unido elaborou um pacote de resgate para lidar com outro grande banco hipotecário, o Bradford and Bingley, em 27 de setembro de 2008. Então, em 8 de outubro de 2008, o governo do Reino Unido anunciou três medidas para aliviar a crise financeira em curso. Em primeiro lugar, alargou o Regime Especial de Liquidez, pelo qual o Banco de Inglaterra, indenizado pelo Tesouro, trocou letras do Tesouro por ativos ilíquidos de um banco por até três anos. Em segundo lugar, o governo estabeleceu um fundo que poderia ser usado para injetar capital nos bancos. Terceiro, garantiu empréstimos interbancários para permitir que os bancos refinanciem suas dívidas vincendas. Como resultado da crise, £132,85 bilhões em dinheiro foram injetados diretamente nos bancos do Reino Unido entre 2007 e 2011 e, no auge, os passivos contingentes do Tesouro eram pouco mais de £1 trilhão, o que representava 82,4% do PIB.[34]

No final de setembro e início de outubro de 2008, os principais bancos da Bélgica, França, Alemanha, Itália, Holanda, Suécia e Suíça receberam injeções de capital e garantias de empréstimos de seus governos. Muitos bancos europeus precisaram de resgate porque haviam investido em MBSs e CDOs subprime com classificação AAA criados nos Estados Unidos.[35] Alguns também tiveram problemas por causa dos problemas no mercado interbancário global. Nessa fase, o Sistema de Reserva Federal desempenhou um papel crucial no fornecimento de liquidez em dólares para os bancos europeus por meio de sua linha de swap, por meio da qual forneceu dólares ao BCE e ao Banco da Inglaterra para ajudar os bancos que haviam captado muito financiamento em dólares.[36]

O governo irlandês anunciou em 30 de setembro de 2008 que estava dando o passo muito incomum de garantir praticamente todos os passivos existentes e futuros de seus seis bancos domésticos até setembro de 2010.[37] O passivo bruto cobriria mais de €375 bilhões — o dobro do PIB da Irlanda.[38] Posteriormente, em 14 de dezembro de 2008, o governo anunciou um programa de recapitalização de €10 bilhões para os bancos irlandeses. Em 15 de janeiro de 2009, o agora notório Anglo Irish Bank, que financiou bastante desenvolvimento imobiliário e especulação na Irlanda, foi nacionalizado. Isso foi seguido pelo estabelecimento da Agência Nacional de Gestão de Ativos (NAMA) em 2009, um esquema projetado para comprar cerca de €90 bilhões de empréstimos imobiliários ruins de bancos.

À medida que a NAMA progrediu em 2009 e em 2010, ficou claro que a escala das perdas com empréstimos era muito maior e, portanto, a recapitalização dos bancos irlandeses seria mais cara do que o esperado. No entanto, os mercados internacionais estavam mais preocupados com a capacidade do Estado irlandês de cobrir sua garantia de responsabilidade e atender aos custos cada vez maiores de consertar seu sistema bancário. Isso desencadeou grandes saídas de dinheiro estrangeiro de bancos irlandeses.[39] Ao mesmo tempo, o rendimento da dívida soberana da Irlanda disparou. Não só os bancos irlandeses precisavam de socorro, mas a Irlanda também. No final de novembro de 2010, a União Europeia e o Fundo Monetário Internacional (FMI) forneceram um pacote de resgate de €85 bilhões (o que equivale a cerca de 53% do PIB da Irlanda) para ajudar a recapitalizar o sistema bancário irlandês.

Entre 10 e 13 de outubro de 2008, o governo espanhol, a fim de aliviar as pressões de refinanciamento das caixas de poupança do país (*cajas*), definiu um esquema de compra de ativos e um esquema de garantia de dívida para novas emissões de dívida. Então, em junho de 2009, estabeleceu um veículo de propósito específico, o Fundo para a Reestruturação Ordenada do Setor Bancário, que poderia emprestar até €100 bilhões para lidar com a insolvência de muitas *cajas*.[40] Isso foi feito principalmente por meio da fusão de *cajas* e da prestação de garantias patrimoniais para quem havia comprado insolventes. Ao final do processo de reestruturação, as 45 *cajas* da Espanha haviam se tornado 17. No entanto, o processo de reestruturação simplesmente criou grandes entidades sistêmicas onde antes não existiam. Além disso, a garantia da dívida ligava inextricavelmente a solvência do governo espanhol à do sistema bancário. Em plena crise da Zona Euro, onde a Irlanda, Grécia e Portugal já tinham recebido resgates do FMI e da UE, isso significava que, em junho de 2012, a Espanha estava na situação que a Irlanda se encontrava dezoito meses antes. Os mercados internacionais questionaram a credibilidade da garantia do governo ao sistema bancário e, como resultado, a Espanha recebeu uma linha de crédito de €100 bilhões da União Europeia para resolver seus problemas bancários.

Causas

Quando examinamos as cinzas do boom imobiliário australiano de 1888, vimos que os mercados financeiros desempenharam um papel importante para que casas e terras se tornassem objetos de especulação comercializáveis. O mesmo aconteceu nos anos 2000, exceto que a escala e o escopo global eram muito maiores. A principal razão para o aumento da negociabilidade das casas foi a maior disponibilidade de financiamento hipotecário para setores muito mais amplos da população do que nunca. Além disso, a titularização de hipotecas criou instrumentos altamente negociáveis que permitiram que investidores de todo o mundo especulassem bilhões de dólares em casas nos Estados Unidos, Espanha e Reino Unido.

Esse aumento na negociabilidade de casas pode ser visto pelo fato de que as vendas de casas existentes mais que dobraram durante a bolha. O estouro da bolha, no entanto, teve um grande efeito sobre o número de vendas de casas. As vendas de casas na Inglaterra e no País de Gales em 2008, 2009 e 2010 foram 50% menores do que em média entre 2001 e 2007.[41] Na Irlanda do Norte, após 51 mil vendas em 2006 e 38 mil em 2007, o número médio de vendas por ano entre 2008 e 2012 (inclusive) foi de apenas 14 mil.[42] Nos Estados Unidos, as vendas de casas existentes atingiram uma média de 4,3 milhões por ano entre 2008 e 2012 (inclusive), tendo sido cerca de 7,1 em 2005 e 6,5 milhões em 2006.[43]

Uma bolha não é possível sem o combustível do dinheiro e do crédito. No caso da bolha imobiliária, o combustível metafórico estava disponível em caminhões-tanque. Economias como China, Japão e Alemanha, com suas políticas de crescimento orientadas para a exportação, reciclaram os ganhos de suas exportações enviando grandes quantidades de capital para países como Irlanda, Espanha, Estados Unidos e Reino Unido.[44] No caso dos Estados Unidos, estimou-se que pouco mais de 60% do aumento dos fundos hipotecários podem ser atribuídos diretamente a esse dinheiro vindo do exterior.[45]

A Zona do Euro tinha grandes somas de capital fluindo de nações centrais, como Alemanha, França e Holanda, para os infames PIIGS (Portugal, Irlanda, Itália, Grécia e Espanha). A maior parte do capital direcionado para a Irlanda e Espanha foi canalizada por meio de seus sistemas bancários e usada para financiar os booms imobiliários nesses países. De fato, a adoção do euro resultou em uma integração mais profunda do mercado de financiamento por atacado baseado no euro, tornando muito mais fácil para os bancos irlandeses e espanhóis obter financiamento de outros países. Esse dinheiro foi, então, emprestado a promotores imobiliários domésticos e compradores de casas.[46]

Uma visão popular da crise de 2008 era a de que a enxurrada de capital do exterior reduziu a taxa de juros real nas economias desenvolvidas. No entanto, alguns economistas descartaram o papel dos desequilíbrios globais na redução das taxas de juros e sugeriram que a política monetária frouxa e as baixas taxas de juros do banco central eram mais um problema.[47] As taxas de juros da Zona do Euro foram ajustadas para atender às economias centrais e, como resultado, eram muito baixas para economias como Irlanda e Espanha. O Sistema de Reserva Federal manteve as taxas de juros baixas após o estouro da pontocom e a recessão de 2001, a fim de estimular a economia, incentivando a construção e venda de casas com baixas taxas de hipoteca.[48] Em certo sentido, isso funcionou muito bem, porque as baixas taxas de juros levaram os consumidores norte-americanos a comprar casas de modo sem precedentes.

Taxas de juros baixas, no entanto, não teriam sido um problema tão grande se não fossem acompanhadas por uma extensão tão dramática do crédito hipotecário. O índice do crédito para habitação em relação ao PIB no conjunto da União Europeia foi de 36,4 em 2007; os valores equivalentes para a Irlanda, Espanha, o Reino Unido e os Estados Unidos foram 71,4, 59,8, 74,8 e 63,4, respectivamente.[49] O índice da dívida hipotecária em relação ao PIB nesses quatro países era maior do que em qualquer outro país do mundo, e todos eles tinham uma proporção relativamente alta de famílias de baixa renda com hipotecas.[50]

Nos Estados Unidos, a dívida hipotecária subiu de US$5,3 trilhões em 2001 para US$10,5 trilhões em 2007, e a dívida hipotecária por família subiu de US$91 mil em 2001 para US$149,500 em 2007.[51] Para colocar isso em contexto, a dívida hipotecária nos Estados Unidos aumentou quase tanto em seis anos quanto no período de 1776 a 2000! Da mesma forma, na Irlanda, a dívida hipotecária total passou de €34 bilhões em 2001 para €123 bilhões em 2007, o que significa que a dívida hipotecária por família aumentou de cerca de €27 mil para €87 mil.[52]

Como foi possível um aumento tão grande na dívida hipotecária? Conforme discutido antes, os bancos e os credores hipotecários reduziram substancialmente seus padrões de empréstimos. A maneira mais simples de fazer isso era relaxar a restrição de adiantamento em hipotecas — o índice LTV. Isso permitiu que famílias de baixa renda com restrições de crédito entrassem no mercado imobiliário pela primeira vez.[53] No caso dos Estados Unidos, o setor subprime cresceu de 7,6% das originações de hipotecas em 2001 para 23,5% em 2006.[54] O índice LTV médio das hipotecas subprime originadas nos Estados Unidos subiu de 90% em 2005 para 100% no primeiro semestre de 2007.[55] Ao comparar países que vivenciaram uma bolha imobiliária com aqueles que não, o relaxamento dos padrões de crédito e titularização é o fator comum: ocorreu nos Estados Unidos, no Reino Unido, na Irlanda e na Espanha, mas não na mesma proporção em outras grandes economias.[56]

As casas tornaram-se objetos de especulação comercializáveis, e o sistema bancário estava fornecendo quantidades aparentemente ilimitadas de alavancagem para potenciais especuladores. Porém até que ponto existia a especulação e quão difundida ela era? Durante o boom imobiliário, mais e mais pessoas começaram a ver as casas como investimentos, não tanto pela renda de aluguel que produziriam, mas por sua potencial valorização do capital. De fato, os economistas Karl Case e Robert Shiller sugerem que ver a habitação como um investimento é uma característica definidora de uma bolha imobiliária.[57] O relatório oficial sobre a crise bancária irlandesa fala de especuladores "acumulando projetos residenciais e outros projetos imobiliários" e sugere que o aumento dos preços induziu compras especulativas.[58] Da mesma forma, muitas novas construções na Espanha foram adquiridas por investidores.[59]

Os especuladores também desempenharam um papel no boom imobiliário dos EUA e foram responsabilizados pela imprensa popular pela bolha.[60] Em todas as áreas metropolitanas, a propriedade de imóveis por parte dos investidores estava estreitamente correlacionada com a valorização excessiva dos preços das casas. Além disso, há fortes evidências de que a aceleração da titularização de hipotecas de marca própria nos Estados Unidos trouxe muitos flippers ao mercado, cuja especulação teve um grande efeito nos preços das casas e no volume de transações antes do crash de 2007.[61] Em entrevista à

Comissão de Inquérito à Crise Financeira dos Estados Unidos, Angelo Mozilo, ex-presidente de longa data de uma corporação financeira que faliu durante a crise, falou de uma mentalidade de corrida do ouro que transformou pessoas comuns em especuladores. Em seu depoimento, ele afirmou que "os preços de habitação estavam subindo tão rapidamente — a uma taxa que eu nunca tinha visto em meus 55 anos no negócio — que as pessoas comuns, cidadãos médios, foram apanhadas na mania de comprar uma casa, ganhar $50 mil (...) e conversar em um coquetel sobre isso".[62]

Uma das razões pelas quais as pessoas se tornaram especuladores durante o boom norte-americano foi que elas estavam otimistas sobre o crescimento futuro dos preços das casas.[63] Uma pesquisa de 2003 com pessoas em quatro áreas metropolitanas dos EUA que compraram casas descobriu que elas tendiam a comprar para aumentos futuros de preços, em vez do prazer de morar na casa.[64] Mais de 90% dos entrevistados esperavam que os preços das casas pelo menos triplicassem na década seguinte. Essas expectativas de longo prazo desempenharam um papel importante no aumento da demanda por habitação nos EUA.[65] Aqueles que não desejavam comprar propriedades físicas ainda podiam especular no mercado imobiliário por meio de MBSs e CDOs. Como informou o relatório da Comissão de Inquérito à Crise Financeira dos EUA, "uma hipoteca de uma casa no sul da Flórida pode se tornar parte de dezenas de títulos de propriedade de centenas de investidores — ou partes de apostas de propriedade de centenas de outros".[66]

Qual foi o papel da mídia no estímulo à especulação? Como no boom da pontocom, a televisão desempenhou um papel importante ao moldar a narrativa popular sobre preços de imóveis e investimentos imobiliários. Programas de TV sobre pessoas procurando por novas casas ou se mudando para climas mais ensolarados começaram a aparecer no Reino Unido em 2000 com *Location, Location, Location*.[67] Os apresentadores, Phil Spencer e Kirstie Allsopp, ajudaram os compradores a encontrar a casa perfeita que correspondesse ao seu orçamento. O programa gerou uma série de derivados e programas rivais, como *Homes Under the Hammer* e *To Buy or Not to Buy*. Nos Estados Unidos, *House Hunters*, que foi ao ar pela primeira vez em 1999, seguiu um formato semelhante ao *Location, Location, Location*. Vinte especiais e derivados do programa foram criados ao longo dos anos 2000.[68] *Property Ladder*, que estreou no Reino Unido em 2001, seguia os promotores imobiliários amadores enquanto eles tentavam lucrar com a compra e desenvolvimento de propriedades. Nos Estados Unidos, o *Flip That House* apresentou ao público a ideia de propriedade como investimento.

O relatório oficial sobre a crise bancária na Irlanda expressou a opinião de que a mídia teve um grande efeito nas percepções, discussões e ações das pessoas em relação ao boom imobiliário. Continuou afirmando que a mídia "apoiava entusiasticamente a preocupação das famílias com propriedade".[69] Os jornais irlandeses tornaram-se canais inconscientes para especialistas econômicos externos do setor financeiro que eram líderes de torcida do boom imobiliário.[70] Essa visão é sustentada por um estudo entre países sobre relatórios antes e depois da crise financeira global.[71] Como a receita de publicidade de fontes tradicionais estava caindo, os jornais irlandeses também ficaram dependentes da lucrativa (e crescente) receita da publicidade de moradias, novas construções e serviços imobiliários, que parecem tê-los pressionado a cobrir o boom de uma maneira particular.[72] As mesmas pressões estavam presentes na Espanha, onde foram agravadas pelo governo, indireta ou implicitamente, ordenando à mídia que não impedisse o boom.[73] No Reino Unido, o número de artigos cobrindo o mercado imobiliário aumentou 300% entre 2000 e 2008, enquanto o site da BBC News aumentou sua cobertura em dez vezes.[74] O otimismo dos jornais parece ter desempenhado um papel na propagação do boom imobiliário, ao estimular a especulação.

Ao contrário dos ativos no centro de outras bolhas, os mercados imobiliários são muito difíceis, senão impossíveis, de vender a descoberto. Isso significa que a especulação que eleva os preços das casas não pode ser combatida por especuladores que apostam em uma queda nos preços das casas. Um pequeno número de investidores documentados no livro *The Big Short*, de Michael Lewis, vendeu a descoberto o mercado imobiliário comprando swaps de inadimplência de crédito em MBSs, que pagavam quando os MBSs ficavam inadimplentes. Para fazer esses negócios, no entanto, esses investidores tiveram que navegar por regulamentações complexas, foram condenados ao ostracismo por colegas e, em alguns casos, arriscaram seus empregos como gestores de fundos indo contra o rebanho — talvez explicando por que havia tão poucos deles.[75] Qual foi a faísca que converteu as pessoas comuns em especuladores imobiliários? A resposta a essa pergunta pode ser encontrada nas políticas governamentais de habitação. No final da década de 1990, as democracias ocidentais enfrentaram um grande desafio. A desigualdade de riqueza cresceu inexoravelmente desde a década de 1970, quando os ganhos econômicos da globalização ultrapassaram as classes mais baixas da sociedade. Além de minar a estabilidade das democracias, os políticos precisavam dos votos daqueles que viram suas rendas e perspectivas estagnadas. Muitas democracias, particularmente aquelas de tendência mais social-democrata, usaram medidas fiscais para lidar com a desigualdade, fornecendo habitação social e programas generosos de direitos. No entanto, Irlanda, Espanha, Reino Unido e Estados Unidos adotaram uma abordagem diferente, usando a política habitacional para incentivar os quintis de renda mais baixa a comprar casas, enquanto incentivava o setor financeiro a emprestar a essas quintas partes. Nos quatro países, essa estratégia foi adotada pelos principais partidos da esquerda e da direita.

Os impostos e o crescimento gerados pelo boom imobiliário permitiram que governos locais e nacionais gastassem mais em saúde, bem-estar e educação, sem a necessidade de aumentar os impostos.[76] Em 2006, a arrecadação de impostos na Irlanda com as vendas de imóveis foi de cerca de 17% da receita tributária total — uma década antes, constituía apenas 4% da receita tributária total.[77] A Comissão Parlamentar de Padrões Bancários do Reino Unido afirmou que as sucessivas administrações durante o boom ficaram "deslumbradas com o crescimento econômico e as receitas fiscais prometidas pelo setor bancário".[78] Isso tornou os governos muito relutantes em estourar a bolha; se eles queriam alguma coisa, era manter a festa pelo maior tempo possível.

Os governos Clinton e Bush tinham uma política habitacional muito explícita — eles queriam aumentar o número de proprietários de baixa renda, principalmente entre as minorias. Por exemplo, em 2002, Bush afirmou que seu governo queria, até 2010, aumentar o número de proprietários de casas de minorias em 5,5 milhões.[79] A razão ostensiva para isso foi que a casa própria daria às pessoas maior independência, esperança e interesse no futuro do país, criando cidadãos melhores e comunidades mais fortes.[80]

Como esse objetivo de política foi implementado? Em 1992, o congresso norte-americano aprovou o Federal Housing Enterprises Financial Safety and Soundness Act. Essa legislação exigia que o Departamento de Habitação e Desenvolvimento Urbano (HUD) determinasse metas de habitação a preços acessíveis para Freddie Mac e Fannie Mae. Após 1992, isso foi alcançado principalmente pela criação de um mercado secundário de hipotecas por meio de titularização. O HUD aumentou o financiamento que as GSEs poderiam emprestar a compradores de baixa renda de 42% para 50% em 2000, subindo para 56% em 2004.[81] Em 2007, 20% tiveram que ser emprestados a indivíduos de renda muito baixa. Esses mandatos tiveram dois efeitos. Primeiro, as GSEs tiveram que reduzir substancialmente seus critérios de empréstimos para cumprir esses mandatos. Em segundo lugar, porque Freddie e Fannie porque Freddie e Fannie estabeleceram o padrão nacional de empréstimos, já que compravam todos os empréstimos de outros bancos que estivessem de acordo com os seus critérios, reduzindo o padrão dos empréstimos de todos os credores.[82]

Além dos mandatos do HUD para as GSEs, a partir da década de 1990, a Lei de Reinvestimento Comunitário (CRA), de 1977, que até então estava moribunda, tornou-se parte fundamental da busca por moradias populares. O CRA foi originalmente aprovado para evitar redlining, ou seja, a negação sistemática de empréstimos hipotecários para distritos com altas populações de minorias étnicas. Mais tarde, quando os bancos dos EUA quiseram se fundir após a remoção das restrições de ramificação, eles primeiro tiveram que obter a aprovação do Conselho do Sistema de Reserva Federal. Um dos testes aplicados pelo Sistema de Reserva Federal foi a boa cidadania, ou seja, o atendimento dos bancos às suas comunidades locais — parte do qual consistiu no cumprimento do CRA. Consequentemente, como parte da criação de grandes megabancos, houve compromissos de cerca de US$3,5 trilhões de dólares em empréstimos de CRA entre 1993 e 2007.[83]

A Comissão de Inquérito à Crise Financeira não conseguiu chegar a uma opinião unânime sobre as causas da crise nos Estados Unidos. A conclusão majoritária foi a de que os mandatos do HUD e do CRA tiveram pouco a ver com o boom e o colapso subsequente.[84] No entanto, a opinião discordante de Peter Wallison era a de que as políticas governamentais de propriedade de imóveis foram a principal causa da crise.[85] Ele apontou para os dados para fazer seu ponto. Em 2008, 27 milhões de hipotecas (50% de todas as hipotecas) nos Estados Unidos eram empréstimos subprime ou Alt-A (entre prime e subprime). As GSEs garantiram 12 milhões deles, a Federal Housing Association garantiu mais 4,8 milhões, e os bancos privados garantiram 2,2 milhões no CRA.

Esses mecanismos específicos não existiam na Irlanda, Espanha ou Reino Unido. No entanto, a política habitacional entre a maioria dos políticos nessas três economias era aumentar a ocupação dos proprietários.[86] Na Espanha e na Irlanda, havia um viés de longa data na política do governo em relação à propriedade, o que significa que esses dois países tinham algumas das taxas de propriedade imobiliária mais altas do mundo ocidental.[87] Concomitantemente, também apresentaram os menores índices de habitação social. Depois que várias crises fiscais na década de 1980 causaram o fim do apoio direto do governo à aquisição de imóveis e habitação social, os governos da Espanha e da Irlanda passaram a depender cada vez mais de seus sistemas financeiros desregulamentados para fornecer casas para pessoas de baixa renda.[88]

Da mesma forma, a política declarada dos sucessivos governos do Reino Unido a partir de 1980 foi encorajar a aquisição de casa própria entre as classes mais baixas. Ao aprovar o Projeto de Lei da Habitação de 1980, que deu aos ocupantes de habitação social o direito de comprar sua casa, Michael Heseltine, o então secretário de Estado do Meio Ambiente, afirmou que "há neste país um desejo profundamente arraigado de ter a casa própria. O Governo acredita que esse espírito deve ser fomentado".[89] Esse espírito ainda estava sendo fomentado 25 anos depois. Como disse Lord Turner, regulador financeiro do Reino Unido durante a crise, se a Financial Services Authority tivesse agido para conter a expansão do crédito bancário nos anos 2000, os políticos os teriam acusado de "retardar a extensão do crédito hipotecário para pessoas comuns", "impedindo a democratização da casa própria".[90]

Os bancos aderiram ao mandato de acessibilidade de seus governos porque o sistema financeiro foi desregulamentado, o que significa que eles poderiam emprestar a mutuários subprime e abaixo do prime. Além de não enfrentarem restrições à sua atividade de empréstimo por parte dos supervisores bancários, os bancos não precisavam deter muito capital regulatório contra hipotecas. Quase nenhum capital teve que ser mantido em títulos lastreados em hipotecas que tinham uma classificação de crédito AAA de uma das três agências de classificação de crédito.[91] Na verdade, o sistema regulatório em todo o mundo desenvolvido na época encorajou os bancos a manter os títulos das GSEs e outros MBSs, em vez de hipotecas originadas ou empréstimos comerciais.

Isso não quer dizer que as GSEs, bancos e promotores imobiliários fossem espectadores inocentes sendo desencaminhados pelo governo. De acordo com a Comissão Parlamentar de Padrões Bancários, os políticos do Reino Unido tendiam a sucumbir ao lobby bancário.[92] Na Irlanda e na Espanha, havia uma relação simbiótica profunda e insalubre entre promotores imobiliários, bancos e políticos, que se fortaleceu à medida que o boom imobiliário avançava.[93] Os promotores imobiliários irlandeses tornaram-se o "sugar daddy" dos políticos, e os bancos irlandeses usaram sua crescente influência para pressionar por uma regulamentação leve.[94]

Nos EUA, os esforços de lobby do setor imobiliário e financeiro fazem parte do registro público. Essa indústria influenciou políticos por meio de contribuições de campanha e esforços diretos de lobby. Em termos reais, entre 1992 e 2008, suas contribuições de campanha triplicaram e tenderam a fluir para qualquer partido que controlasse o Congresso.[95] Entre 1999 e 2008, a indústria se tornou um dos principais contribuintes para os cofres de guerra da campanha, doando mais de US$1 bilhão.[96] Em termos de esforços de lobby relatados, esse setor gastou impressionantes US$2,7 bilhões durante esses nove anos, um aumento de quase três vezes em relação ao período anterior.[97] Durante esses anos, Fannie e Freddie, em termos de dólares gastos, foram a segunda e terceira maiores instituições de lobby do setor.[98] De acordo com a Comissão de Inquérito à Crise Financeira, esses esforços exerceram pressão sobre os legisladores para enfraquecer as restrições regulatórias. Um estudo sobre o efeito do lobby nos resultados legislativos dos projetos de lei no Congresso descobriu que o lobby fez com que os legisladores mudassem sua posição em favor da desregulamentação.[99]

Consequências

A bolha imobiliária dos anos 2000 é um exemplo perfeito de uma bolha econômica e socialmente destrutiva. Quando a bolha estourou, a queda do PIB *per capita* nas quatro economias foi substancial (Tabela 10.3). Notavelmente, o PIB *per capita* da Espanha continuou a cair até 2013, quando estava 10,6% abaixo do nível de 2007.[100] Em cada caso, levou muito tempo para o PIB *per capita* retornar ao nível de 2007 — mais de uma década, no caso da Espanha. A recessão no Reino Unido foi a mais longa dos dois séculos anteriores, e apenas a recessão da década de 1920 foi mais profunda.

Um indicador do custo humano da recessão pós-bolha foram as taxas de desemprego muito altas, particularmente entre os jovens e especialmente na Irlanda e na Espanha. Como pode ser visto na Tabela 10.3, no pico pós-crise, as taxas de desemprego juvenil, que medem o desemprego na faixa etária de 15 a 24 anos, variaram de 18,4% nos Estados Unidos a 55,5% na Espanha. Os jovens estavam pagando o preço de uma bolha imobiliária da qual não haviam participado. Outro indicador do custo humano, o bem-estar autorrelatado, diminuiu drasticamente durante a crise financeira, com relatos de níveis mais altos de estresse e ansiedade.[101]

O colapso da bolha imobiliária teve um grande efeito nas famílias: muitas ficaram sem teto e tiveram de interromper a educação dos filhos.[102] Nos Estados Unidos, 8 milhões de casas foram hipotecadas e cerca de US$7 trilhões em home equity foram apagados.[103] Em 2011, 11 milhões de propriedades (23% de todas as propriedades hipotecadas) nos Estados Unidos tinham patrimônio líquido negativo, chegando a 70% dos proprietários em algumas áreas com códigos postais menos salutares.[104] No Reino Unido, 8% dos detentores de hipotecas tinham patrimônio líquido negativo em 2011,

Tabela 10.3 *Mal-estar econômico pós-bolha na Irlanda, Espanha, Reino Unido e Estados Unidos*[105]

	Queda no PIB per capita entre 2007 e 2009 (%)	Ano quando o PIB per capita retornou aos níveis de 2017	Taxa de desemprego (%)			Taxa de desemprego entre jovens (%)	
			T1 2007	T4 2009	Pico (Ano)	2007	Pico
Irlanda	11,2	2014	5,70	13,59	15,88 (2012)	9,15	30,75
Espanha	4,9	2018	8,09	18,83	26,25 (2013)	18,10	55,48
Reino Unido	6,1	2015	5,48	7,70	8,19 (2011)	14,25	21,25
Estados Unidos	4,8	2014	4,50	9,93	9,93 (2009)	10,53	18,42

representando cerca de 250 bilhões de libras de riqueza extinta desde 2007. No entanto, havia grandes diferenças regionais: em partes do norte da Inglaterra e Irlanda do Norte, 19% a 28% dos detentores de hipotecas tinham patrimônio líquido negativo.[106] Em 2014, as coisas se deterioraram ainda mais para a Irlanda do Norte, quando se estimou que 41% das hipotecas estavam em patrimônio líquido negativo.[107] Em 2012, 37% das famílias irlandesas com hipotecas tinham patrimônio líquido negativo e € 43 bilhões em patrimônio imobiliário haviam sido apagados pelo crash.[108]

Dado que a política dos governos nas quatro economias era estender a propriedade da casa aos pobres e abordar a desigualdade, é útil explorar como o boom e a queda da habitação afetaram as taxas de propriedade e a desigualdade. Na Irlanda, na Espanha, no Reino Unido e nos Estados Unidos, entre 2005 e 2015, as taxas de propriedade imobiliária caíram 8,2%, 8,1%, 5,7% e 5,2%.[109] Essas quedas acentuadas não ocorreram em outras economias. Mesmo em seus próprios termos estreitos, a política de extensão da casa própria foi um fracasso total: no caso da Irlanda, do Reino Unido e dos Estados Unidos, as taxas de propriedade em 2015 foram inferiores às de 1990. A queda nos preços das casas nos Estados Unidos e em outros lugares afetaram desproporcionalmente os proprietários pobres e destruíram a maior parte de sua riqueza.[110] Em outras palavras, o boom imobiliário alimentado pelo crédito ampliou a desigualdade que deveria resolver.

O boom e o crash imobiliário deixaram para trás propriedades fantasmas, com terrenos vazios, casas inacabadas, montes de terra, guindastes estacionários, escavadeiras e betoneiras abandonadas.[111] Em outubro de 2011, havia 2.879 conjuntos habitacionais inacabados na Irlanda; em 777 deles, a maioria das unidades estava vazia ou incompleta.[112] As propriedades fantasmas não são monumentos à loucura humana ou à exuberância irracional, mas são como memoriais da loucura de governos que pensavam que o crédito fácil e a casa própria eram as respostas para problemas sociais e econômicos mais profundos. Infelizmente, ao contrário de outros memoriais, esses não serão preservados para alertar as gerações futuras.

Os bancos centrais de todo o mundo continuaram a usar medidas extraordinárias para enfrentar a crise financeira global na década seguinte e adiante. As taxas de juros foram mantidas próximas de zero pelos dez anos seguinte, algo historicamente sem precedentes. Além disso, os bancos centrais se envolveram no que foi chamado de maneira eufemística de flexibilização quantitativa, por meio da qual criaram dinheiro para comprar títulos do governo e outros títulos. A combinação de flexibilização quantitativa e baixas taxas de juros distorceu os mercados financeiros e pode ter resultado em mercados de ações e imóveis supervalorizados à medida que os investidores buscavam rendimentos.

Os efeitos mais significativos da bolha imobiliária e da subsequente crise financeira, no entanto, ainda podem resultar das consequências políticas. A incompetência e a corrupção que levaram à crise, juntamente com o fracasso absoluto do sistema político em responsabilizar qualquer um dos responsáveis, resultaram em uma perda generalizada de confiança nas classes políticas. Como no rescaldo da Grande Depressão, muitos eleitores se voltaram para políticos populistas e nacionalistas. A eleição de Donald Trump e o Brexit têm suas raízes na bolha imobiliária dos anos 2000. Isso pode vir a ser o efeito mais substancial e duradouro da bolha do subprime.

A bolha do subprime nos ensinou muitas lições. A mais notável foi a de que fomos lembrados de que as bolhas têm grandes consequências econômicas, sociais e políticas negativas — nem todas as bolhas são benignas ou socialmente úteis. Três coisas foram combinadas para tornar a bolha do subprime tão destrutiva: tinha uma faísca política, tinha quantidades aparentemente infinitas de combustível fornecidas por bancos mal regulamentados e transformou um ativo economicamente crucial, a casa da família, em um objeto de especulação altamente comercializável. Outra lição da bolha do subprime é que, embora os bancos centrais fossem impotentes para impedir que o boom ocorresse, eles desempenharam um papel importante na operação de limpeza após o estouro do boom. No entanto, ao fazê-lo, salvaram bancos imprudentes e distorceram os mercados de ativos com sua política monetária extraordinária. Os efeitos de longo prazo dessa limpeza podem, portanto, tornar a próxima bolha mais provável — e mais perigosa.

11) CAPITALISMO DE CASSINO COM CARACTERÍSTICAS CHINESAS

> Quando a economia está indo bem, o mercado de ações cai. Quando a economia está indo mal, o mercado de ações dispara. Parece que quando a economia vai bem, todos nós trabalhamos e ganhamos dinheiro. Quando a economia vai mal, todos nos reunimos na entrada da aldeia para jogar.
> *Post anônimo em uma mídia social[1]*

> Desafiando toda lógica, todos estavam inflando ações na China porque o governo os aconselhou a comprar ações.
> *Marshall Meyer[2]*

> Com apenas vinte anos e pouco regulamentado, o mercado de ações [chinês] ainda tem mais em comum com os cassinos de Macau do que com as bolsas globais em capitais ocidentais como Nova York, Londres ou Tóquio.
> *David Pilling[3]*

As primeiras bolhas que examinamos neste livro, as de 1720, ocorreram em regimes aristocráticos. As bolhas foram inventadas nessa época pela elite dominante na luta pela legitimidade interna e pelo império. Indo para trezentos anos adiante, os governantes da China, um regime autocrático, lutavam para construir um império e garantir a legitimidade interna. Para isso, eles criaram duas bolhas em menos de uma década. Os governantes da China aprenderam com bolhas passadas que, para haver uma bolha, é preciso haver mercado, especulação e alavancagem. No espaço de vinte anos, a China passou de quase nenhuma negociabilidade para uma que foi fortemente controlada e, em seguida, uma negociabilidade quase livre. Ao mesmo tempo, a China deixou de ter praticamente nenhuma classe média para ter a maior classe média do mundo. Essa classe média, procurando prover para o futuro, tornou-se a nova classe especuladora. Finalmente, ao introduzir enormes quantidades de crédito nos mercados financeiros na forma de negociação de margem, a China permitiu que os investidores especulassem com o dinheiro de outras pessoas. A cartilha de quase três séculos de experiências de bolhas se desenrolou na China em pouco mais de uma década.

Em maio de 2015, vivenciamos em primeira mão uma das bolhas da China durante uma visita à cidade de Shenzhen para encontrar ex-alunos de nossa universidade. Naquela época, a China estava nas garras do que parecia ser uma histeria em massa de investimentos. Durante um jantar com um ex-aluno de doutorado que trabalhava como gerente de ativos para um dos principais bancos de investimento da China, fomos informados de como os preços das ações estavam separados da realidade e quantas novas empresas de tecnologia duvidosas estavam sendo negociadas na Bolsa de Valores de Shenzhen. Todos em Shenzhen estavam falando sobre o mercado de ações — até mesmo os motoristas de táxi e mensageiros.

O crescimento da nova China está sintetizado na cidade de Shenzhen. Em 1978, ela era uma pequena cidade com cerca de 30 mil habitantes; em 2015, tinha mais de 11 milhões de habitantes. O que causou essa transformação? Em 1978, sob a liderança do reformista Deng Xiaoping, o governo chinês iniciou sua política de "socialismo com características chinesas", que gradualmente introduziu características de uma economia de mercado na estrutura comunista existente. Como parte dessa reforma, Shenzhen foi designada uma zona econômica especial na qual as atividades econômicas eram em grande parte impulsionadas pelas forças do mercado, deixando-a livre para atrair investimentos estrangeiros, tecnologia e empresas. O principal objetivo da zona era produzir bens manufaturados para exportação.

Quando Deng Xiaoping chegou ao poder, a China era uma economia atrasada, com um PIB *per capita* inferior a um treze avos daquele da Europa Ocidental. No entanto, sua subsequente transformação econômica não teve paralelo na história econômica. Seu PIB cresceu em média 9,7% ao ano entre 1978 e 2015, em comparação com 2,7% ao ano nos Estados Unidos, tornando-se a segunda maior economia do mundo. Seu PIB real *per capita* em 1978 era de cerca de US$156, mas, em 2015, atingiu US$8.069 — um aumento de 51 vezes.[4] Esse crescimento econômico resultou em uma redução da pobreza sem precedentes. Quase 90% da população chinesa em 1981 vivia abaixo da linha da pobreza (definida como US$1,90 por dia a preços de 2011). Em 2015, apenas 0,7% da população vivia abaixo desse limiar. Da mesma forma, a mortalidade infantil caiu de 52,6 por 1.000 nascidos vivos em 1978 para 9,2 em 2015. O espantoso desenvolvimento econômico da China resultou na criação da maior classe média do mundo, estimada em 400 milhões de pessoas.

A política de reforma e abertura de Deng Xiaoping avançou de forma pragmática e gradual — resumida pelo próprio Xiaoping como que "atravessar o rio sentindo as pedras" em um famoso discurso que ele fez perante o Plenário do Partido Comunista em 1978. Além da criação de zonas econômicas especiais, os agricultores receberam direitos de cultivo da terra e foram autorizados a tomar suas próprias decisões. A gestão das empresas estatais (SOEs) foi descentralizada do governo central para os governos locais, e os gerentes das estatais receberam mais autonomia.[5] A década de 1980 viu o surgimento de empresas de propriedade de cidades e vilarejos (TVEs) — negócios voltados para o mercado que normalmente estavam sob o controle das autoridades locais. Essas empresas tinham mão de obra intensiva e se beneficiavam do grande aumento da oferta de mão de obra que se seguiu às reformas agrícolas. As TVEs na década de 1980 desempenharam um papel importante no crescimento da China.[6]

O primeiro passo para um sistema mais capitalista foi dado em 1990, quando a China começou a incorporar e privatizar as estatais e TVEs. Quando as SOEs foram convertidas em sociedades de responsabilidade limitada, as ações foram emitidas para seus próprios funcionários e outras SOEs. O governo, tanto central como local, manteve grandes participações acionárias nessas corporações, direta ou indiretamente, por meio de "pessoas jurídicas" controladas pelo Estado (ou seja, empresas ou instituições). Algumas ações também foram emitidas ao público, e assim as Bolsas de Valores de Xangai e Shenzhen foram criadas em 1990 e 1991, respectivamente. Essas reformas, portanto, introduziram um pouco de negociabilidade, mas que foi limitada e altamente regulamentada.

O desenvolvimento subsequente do mercado de ações chinês pode ser visto na Figura 11.1. Entre 1990 e 2005, o número de empresas listadas nessas duas bolsas subiu de apenas 8 para 1.341. No entanto, mesmo em 2005, o maior acionista em 63,7% dessas empresas era o Estado, quer sob a forma de governo central ou local, quer como pessoa coletiva do governo central ou local.[7] Mesmo quando o maior proprietário era um indivíduo ou uma pessoa

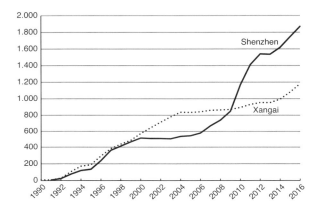

Figura 11.1 Número de empresas listadas nas bolsas de valores de Xangai e Shenzhen, 1990–2016[8]

jurídica não governamental, o Estado era geralmente o segundo maior proprietário ou tinha uma participação substancial na empresa. Até 2005, as ações de propriedade do Estado e de pessoas jurídicas não estatais não eram negociáveis nas bolsas de valores — apenas as ações "A" de propriedade de pessoas físicas podiam ser negociadas. Pessoas jurídicas e o Estado só podiam transferir suas ações com a permissão expressa da Comissão Reguladora de Valores Mobiliários da China (CSRC). Isso significava que, em 2005, 62% das ações das empresas listadas eram quase inegociáveis.[9]

Em dezembro de 2001, a China deu um grande passo em direção à integração na economia global quando se juntou à Organização Mundial do Comércio. No entanto, como parte dos termos de sua adesão, suas empresas listadas foram proibidas de receber ajuda

CAPITALISMO DE CASSINO COM CARACTERÍSTICAS CHINESAS 209

estatal e expostas à concorrência estrangeira.[10] Em um esforço para eliminar as ineficiências dessas empresas antes que fossem superadas, o governo anunciou uma nova rodada de privatizações na qual ações não negociáveis foram convertidas em negociáveis, permitindo que o Estado transferisse mais de sua propriedade para mãos privadas. No entanto, essa reforma foi abandonada quando os investidores, temendo que um aumento na quantidade de ações negociáveis prejudicaria o valor de suas participações, começaram a vendê-las, em pânico.

Depois de 2001, o mercado de ações teve um desempenho abismal: o índice de ações de Shenzhen, mostrado na Figura 11.2, caiu 52,7% entre julho de 2001 e julho de 2005. Esse fracasso foi particularmente acentuado no contexto do espetacular crescimento econômico da China, cuja média foi de 10,5% por ano entre 2003 e 2005. Em resposta, em 2005, o governo tentou mais uma vez tornar negociáveis as ações não negociáveis. Dessa vez, no entanto, a reforma foi acompanhada de medidas para evitar o pânico de vendas que havia atrapalhado seu esforço anterior. Os acionistas de não negociáveis foram obrigados a compensar os acionistas de negociáveis por efeitos adversos de preço, geralmente por meio de uma transferência de ações.[11] Um período de bloqueio de um ano foi colocado em ações não negociáveis, durante o qual elas não poderiam ser vendidas,

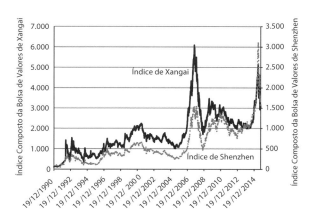

Figura 11.2 Índice Composto da Bolsa de Valores de Xangai e Índice Composto da Bolsa de Valores de Shenzhen, 1990–2015[12]

e foram colocados limites em quantas poderiam ser vendidas nos dois anos após o término do período de bloqueio.[13] Contudo, para que essa segunda rodada de privatizações fosse bem-sucedida, as autoridades também precisavam construir um mercado de ações fervilhante. Assim, começaram a atrair dinheiro para o mercado de ações para aumentar os preços, uma tarefa que acabou sendo bastante simples. A ausência de um sistema de seguridade social desenvolvido significava que as pessoas tinham que fazer provisões para sua própria velhice, mas os cidadãos chineses tinham poucas saídas para suas economias. Os controles de capital impediam que o dinheiro fosse para o exterior, e o controle total do sistema bancário pelo governo significava que as taxas reais de depósito eram muito baixas e frequentemente negativas. No início de 2006, as taxas de depósitos bancários e a taxa de desconto da dívida pública de curto prazo estavam em seu nível mais baixo desde 1991. Isso deixou o mercado de ações como a única alternativa viável. Assim, aplaudido pela mídia estatal, o mercado de ações atraia cada vez mais investidores. O mercado de ações foi impulsionado ainda mais à medida que 2006 progredia, quando as empresas relataram altos lucros e o crescimento econômico atingiu 12,7%.[14]

No início de 2007, os mercados de Xangai e Shenzhen subiram 130% e 98%, respectivamente, no ano. A essa altura, a maior parte da transição de ações não negociáveis para ações negociáveis foi concluída, mas os preços das ações continuaram a subir, em parte como resultado de muitos investidores iniciantes entrando no mercado. Nos primeiros 4 meses de 2007, 10 milhões de novos investidores de varejo abriram contas, mais do que nos 4 anos anteriores combinados.[15] Muitos novos investidores eram completamente novatos: o *New York Times* relatou que lojistas, empregadas domésticas, fazendeiros e vendedores ambulantes de melancia deixaram seus empregos para se tornarem day traders.[16] Algumas estimativas sugerem que um em cada dez cidadãos estava diretamente envolvido na negociação de ações e que os 7% das economias dos cidadãos chineses investidos no mercado de ações em 2005 subiram para mais de 30% no final de 2007.[17] Muitos investidores tinham filosofias de investimento bizarras, escolhendo ações aleatoriamente ou porque o preço de uma ação chegou em um número da "sorte".[18] Para alguns, o mercado de ações era a única saída legal para o hábito do jogo, já que cassinos e apostas eram ilegais.

No final de maio, Zhou Xiaochuan, chefe do banco central da China, alertou que o mercado estava supervalorizado e aumentou as taxas de juros. Isso foi rapidamente seguido por um aumento do imposto sobre a negociação de ações em um esforço para diminuir a atividade comercial. No entanto, após várias quedas intensas, a mídia controlada pelo Estado tranquilizou os investidores ao sugerir uma ação estatal para apoiar as ações, se necessário.[19] O mercado mais uma vez começou a subir. Em outubro de 2007, o índice de Xangai havia subido 412% desde o final de 2005, enquanto o índice de Shenzhen havia subido 425%. No entanto, a partir de então, o mercado de ações começou um declínio vertiginoso, perdendo valor ao longo do ano seguinte, apesar de várias tentativas do governo de sustentá-lo ou deixá-lo deflacionar suavemente. No final de julho de 2008, bem antes de o mundo saber a extensão dos problemas nos bancos dos EUA, do Reino Unido e da UE, os mercados de Xangai e Shenzhen caíram 53% e 43% em relação aos níveis de outubro de 2007. O caos causado pelas crises financeiras globais, sem dúvida, contribuiu para suas novas quedas — no final de outubro de 2008, os dois mercados haviam caído 71% e 68%, respectivamente, em relação aos seus picos.[20] Essas quedas também podem ter se acentuado com o fim dos bloqueios dos bilhões de ações anteriormente não negociáveis.

O crash do mercado de ações teve pouco efeito imediato na economia chinesa, da qual o mercado de ações era uma parte relativamente pequena. Não houve crise financeira: os bancos não estavam fortemente expostos à quebra e, mesmo que estivessem, estavam seguros sob a propriedade de um governo que nunca permitiria que falissem. No entanto, houve uma consequência para o financiamento de novas empresas e novos projetos: o desencanto dos investidores com o mercado de ações tornou muito mais difícil obter financiamento de capital. Como resultado, as novas empresas de tecnologia lutaram para decolar, enquanto a maioria das empresas estabelecidas voltou ao financiamento da dívida.[21]

Após a crise financeira global em 2008, as autoridades chinesas, temendo uma queda na demanda ocidental por exportações chinesas, envolveram-se em um programa de forte estímulo por meio do qual bancos e bancos paralelos começaram a emprestar dinheiro a corporações, pequenas empresas e indivíduos.[22] Isso foi descrito por alguns economistas como um dos maiores relaxamentos da política monetária já realizados.[23] Como resultado, a dívida não governamental da China aumentou de 116% do PIB em 2007 para 227% em 2014, ano em que as autoridades chinesas estavam preocupadas com o nível de dívida e a natureza precária do sistema bancário paralelo, bem como com a incapacidade dos bancos de emprestar às empresas. Elas também estavam preocupadas com a desaceleração da taxa de crescimento econômico (7,4% em 2014 e 6,9% em 2015) e a ameaça que isso representava para sua legitimidade e estabilidade políticas.[24]

Para resolver esses problemas, as autoridades se envolveram em mais estímulos ao projetar outra bolha no mercado de ações. Primeiro, no terceiro plenário da 18ª Conferência do Partido Comunista, em novembro de 2013, o presidente Xi anunciou planos para liberalizar o sistema bancário e o mercado de ações para dar um papel decisivo à alocação de mercado. Esses planos consistiam em grande parte na revisão da governança corporativa das empresas públicas e na redução do papel do governo local na sua gestão.[25] O governo, então, reformou o mercado de ações para reduzir os custos de negociação e incentivar as empresas a buscar uma listagem no mercado de ações.[26] Também criou o Shanghai-Hong Kong Connect, lançado em novembro de 2014, que efetivamente convidou investidores estrangeiros a investir na China. Por fim, a política monetária foi ainda mais flexibilizada, começando com a redução da taxa de referência do banco central em novembro de 2014. O estímulo monetário ganhou novo impulso em fevereiro de 2015, quando a taxa de reservas obrigatórias para os bancos foi reduzida. A taxa de referência foi cortada novamente no início de março do mesmo ano.

Para atrair investidores de varejo, a imprensa controlada pelo Estado, incluindo o *Diário do Povo*, publicou editoriais elogiosos exaltando as virtudes do mercado de ações, explicando como seu desempenho era um sinal de prosperidade econômica presente e futura e descrevendo as ações como "portadoras do sonho da China".[27] Essa fábrica de propaganda entrou em ação para incentivar as pessoas a colocar suas economias no mercado de ações.[28] Por exemplo, quando o mercado de ações caiu 8% em 10 de dezembro de 2014, o *China Securities Journal* foi publicado fortemente com a visão de que o mercado em alta iria ainda mais longe.[29] Quando o Índice Composto da Bolsa de Valores de Xangai ultrapassou o nível de 4 mil pontos em abril de 2015, o *Diário do Povo* publicou um editorial sugerindo que esse era apenas o começo de um mercado em alta.[30] O estado chegou até mesmo ao domínio da mídia social, pagando comentaristas da internet (supostamente RMB3,50, ou US$0,50, por post) para comentar favoravelmente sobre a economia e o mercado de ações.[31]

Como pode ser visto na Figura 11.2, os mercados de ações de Xangai e Shenzhen começaram a subir em julho de 2014, acelerando em resposta ao corte da taxa de juros de novembro de 2014. Quando os dois índices atingiram o pico em 12 de junho de 2015, o mercado de Xangai teve uma valorização de 152% desde o final de junho de 2014, enquanto o mercado de Shenzhen se valorizou 185%.

O aumento dos preços das ações baixou os custos de financiamento para as empresas listadas e permitiu-lhes reparar seus balanços emitindo mais ações e reduzindo sua dívida. Isso levou alguns comentaristas a se referirem à bolha de 2015 como a maior conversão de dívida em ações do mundo.[32] No entanto, o aumento dos preços das ações também reviveu o moribundo mercado de novas emissões — o CSRC permitiu que os IPOs, que vinham sendo acumulados desde 2011, fossem levados adiante.[33] A Figura 11.1 mostra que o número de empresas listadas no mercado de Xangai cresceu de 953 em 2013 para 1.182 em 2016, enquanto o número de empresas listadas no mercado de Shenzhen cresceu de 1.536 para 1.870. Isso foi acompanhado por um aumento substancial no número de títulos corporativos, que passou de 2.786 para 9.647 em Xangai e 2.328 para 4.481 em Shenzhen.[34] Como resultado de novos IPOs e ofertas de ações experientes, o número de ações no mercado de Xangai cresceu de 2,5 para 3,3 trilhões entre 2013 e 2016, e no mercado de Shenzhen passou de 0,8 trilhão para 1,6 trilhão. O aumento de empresas e emissões de ações foi impulsionado principalmente por novas empresas de tecnologia e tentativas de empresas estatais em setores não essenciais de reestruturar, fundir e alienar acionistas privados.

Novas IPOs muitas vezes geravam muita empolgação. Por exemplo, as ações da Beijing Baofeng Technology Company, uma plataforma de vídeo na internet, foram reservadas em um volume 291 vezes maior do que a oferta em março de 2015, e seu retorno no primeiro dia foi de 44% — o aumento máximo permitido pelo regulador no primeiro dia. [35] A partir de então, o preço de suas ações aumentou 10% todos os dias durante dois meses, sendo 10% o aumento diário máximo permitido pela CSRC. O preço de suas ações aumentou 42 vezes nesses 2 meses. Em uma tentativa de lucrar com a empolgação com a nova tecnologia, 80 empresas listadas mudaram de nome nos primeiros 5 meses de 2015 para se dar mais com uma aura de alta tecnologia.[36] Por exemplo, a Kemian Wood Industry mudou de pisos de madeira para jogos online e foi renomeada como Zeus Entertainment.[37] Mais tarde, ela foi acusada de inventar histórias para inflar o preço de suas ações. Da mesma forma, um hotel foi renomeado como se fosse uma rede ferroviária de alta velocidade, um fabricante de cerâmica como uma empresa de energia limpa e um fabricante de fogos de artifício como um credor peer-to-peer.

A primeira indicação de que a bolha estouraria em breve veio em 28 de maio, quando o mercado de Xangai caiu 6,5%, sua maior queda de um dia em quinze anos, e o mercado de Shenzhen caiu 5,5%. Essas quedas teriam sido maiores se não fosse pela regra de que as ações individuais nos mercados de Xangai e Shenzhen não poderiam cair mais de 10% em um determinado dia — 260 ações no mercado de Xangai atingiram esse limite em 28 de maio.[38] Porém, o mercado se recuperou rapidamente, atingindo uma alta histórica na sexta-feira, 12 de junho. Na segunda-feira seguinte, no entanto, a queda começou, e os índices compostos de Xangai e Shenzhen caíram 13,3% e 12,7%, respectivamente, em uma semana.

Três eventos convergiram para desencadear o crash. Primeiro, os reguladores agiram para reprimir empréstimos de margem fora de controle, temendo que o mercado estivesse excessivamente alavancado. Em segundo lugar, no início de junho, a política monetária foi restringida, pressagiando um aumento na taxa de oferta interbancária de Xangai. Em terceiro lugar, em 10 de junho, o provedor internacional de índices MSCI se recusou a incluir ações chinesas, impedindo, assim, que um potencial de US$50 bilhões em fundos estrangeiros fluísse para o mercado de ações chinês.[39]

Comentários de primeira página na imprensa controlada pelo Estado exortaram os investidores a não entrarem em pânico, e no início da semana seguinte, os mercados se estabilizaram.[40] No entanto, essa estabilização durou pouco, e os mercados de Xangai e Shenzhen caíram 7,4% e 7,9%, respectivamente, na sexta-feira, 26 de junho; no mercado de Xangai, 2.049 ações atingiram o limite de 10%.[41] Até essa data, os dois mercados haviam caído quase 20% em duas semanas. No dia seguinte, o banco central respondeu com o passo extraordinário de cortar sua taxa básica de juros em 0,25% e seu índice de reservas obrigatórias em 0,5%.

Mesmo essas medidas, no entanto, ainda foram insuficientes para impedir a liquidação: quando os mercados reabriram na segunda-feira, 29 de junho, Xangai caiu 3,3%, e Shenzhen, 7,9%. A CSRC respondeu introduzindo uma série de medidas destinadas a incentivar as pessoas a comprar ações. Permitiu que os investidores usassem suas casas e outros ativos reais como garantia para pegar dinheiro emprestado para investir em ações, prometeu reprimir os manipuladores de mercado, reduziu as taxas de liquidação nas duas bolsas de valores e ameaçou punir reportagens negativas na mídia.[42] Entretanto, no final da semana, os mercados de Xangai e Shenzhen caíram mais 12,1% e 16,2%, respectivamente, e ficaram 28,6% e 33,2% abaixo dos picos de 12 de junho.

Entre o fechamento do mercado na sexta-feira, 3 de julho, e sua reabertura na segunda-feira, 6 de julho, o CSRC fez mais uma tentativa de conter o rápido declínio do mercado de ações.[43] Primeiro, suspendeu os próximos IPOs. Segundo, para fornecer liquidez aos mercados de capitais, anunciou que a China Securities Finance Corporation (CSF), um credor estatal para empresas de valores mobiliários, teria seu capital quadruplicado para 100 bilhões de RMB e teria acesso a fundos da central banco para comprar ações no mercado aberto. Isso transformou o CSF em um gestor de ativos encarregado de comprar ações para estabilizar o mercado. Em terceiro lugar, anunciou uma restrição à negociação de futuros, uma repressão a "vendas maliciosas" e punições por reportagens negativas da mídia. Quarto, o CSRC persuadiu 21 corretoras líderes e 25 grandes fundos mútuos a usar seus fundos e sua influência para estabilizar o mercado.

No entanto, mesmo essas medidas foram ineficazes: após uma recuperação de curta duração na segunda-feira, o mercado continuou sua queda vertiginosa, potencialmente colocando em risco todo o sistema financeiro chinês. O primeiro-ministro da China, Li Keqiang, e o vice-primeiro-ministro, Ma Kai, intervieram nesse momento para colocar o peso do Partido por trás do esforço de resgate.[44] Após o fechamento do mercado em 8 de julho, foi anunciada uma série coordenada de medidas. Em primeiro lugar, o banco central declarou categoricamente que forneceria liquidez ao CSF para comprar ações. Em segundo lugar, o CSF começou a comprar ações pequenas, assim como blue chips. Em terceiro lugar, grandes acionistas e gerentes seniores, muitos dos quais haviam sacado pesadamente nos meses anteriores ao estouro da bolha, receberam ordens de recomprar de 10% a 20% das ações vendidas nos seis meses anteriores.[45] Em quarto lugar, o regulador bancário anunciou que permitiria que os bancos fizessem empréstimos com ações como garantia. Em quinto lugar, o regulador de seguros aumentou a proporção de ativos que as seguradoras poderiam investir em ações. Em sexto lugar, o Ministério das Finanças prometeu fazer o que fosse necessário para proteger a estabilidade do mercado. Em sétimo lugar, o Ministério da Segurança Pública anunciou que processaria os vendedores a descoberto "maus". Por último, as empresas estatais foram condenadas a não vender ações e 292 se comprometeram a comprar suas próprias ações. Por último, o governo usou sua máquina de propaganda para falar sobre as ações. O *Diário do Povo* publicou um editorial declarando que, "depois da chuva e das tempestades, o arco-íris aparece".[46] Em 10 de julho, os formandos da Universidade de Tsinghua, uma das universidades de maior prestígio da China, foram instruídos a cantar em voz alta no início de sua cerimônia de formatura: "Reviva as ações A, beneficie o povo, reviva as ações A, beneficie o povo."[47]

O resultado de todas essas medidas foi que, até o final de julho, o mercado havia recuperado algumas de suas perdas. As autoridades chinesas logo descobriram, no entanto, que era muito mais fácil inflar uma bolha do que impedir que ela estourasse. No final de agosto e início de setembro, em parte como resultado de restrições aos vendedores a descoberto "maus" que secavam a liquidez, o mercado começou sua queda final.[48] Em 15 de setembro, três meses após seu pico, o mercado de Xangai caiu 46,8%, e o mercado de Shenzhen, 56,6%. Esses índices compostos amplos, no entanto, mascaram a gravidade do crash para ações menores e mais novas, muitas das quais suspenderam temporariamente as negociações durante o crash.

Assim como em 2007, o crash da bolsa chinesa não resultou em uma crise financeira. Também parece ter tido pouco efeito sobre a economia real. O crescimento desacelerou depois de 2015, mas estava desacelerando bem antes do crash do mercado de ações. Na verdade, a bolha pode ter ajudado a China a atingir sua meta de crescimento em 2015 e ocultar temporariamente o fato de que o crescimento econômico estava desacelerando.[49] No entanto, a bolha politicamente impulsionada e os esforços pesados para evitar o crash colocaram em questão a credibilidade dos esforços da China para começar a usar os mercados livres para alocar capital.

Outra semelhança com 2007 foi a entrada de milhões de novatos no mercado de ações. Cidadãos chineses comuns, encorajados pela propaganda do governo e pela crença de que este não deixaria o mercado entrar em colapso, investiram suas economias em ações. Para atender a essa demanda, as corretoras surgiram em todo o país, com várias empresas lutando para processar a enorme demanda por novas contas de negociação.[50] Em 2015, havia cerca de 90 milhões de investidores individuais — isso era mais do que membros do Partido Comunista. Como os investidores institucionais e os gestores profissionais de dinheiro eram incomuns na China, esses investidores individuais representaram cerca de 90% de todas as transações diárias do mercado de ações em 2015.[51] O crescimento do interesse em investimentos de cidadãos comuns durante a bolha é ilustrado pelas 30 milhões de novas contas de negociação abertas por investidores individuais nos primeiros 5 meses de 2015 — 12 milhões delas abertas somente em maio.[52]

Muitos desses novatos não tinham instrução — pesquisas da época sugeriam que dois terços dos investidores não tinham concluído o ensino médio.[53] Muitos adotaram abordagens incrivelmente ingênuas ao investimento. Um recém-chegado, Vector Yang, simplesmente escolheu as ações da mesma forma que escolhia os vegetais, comprando os mais baratos aleatoriamente.[54] Outro, Ginger Zennge, comprou ações em 15 de junho, o dia em que a bolha estourou, porque coincidiu com o aniversário do presidente Xi.[55]

Durante o boom, houve histórias de avós na mídia — as chamadas "tias" — fazendo grandes retornos no mercado de ações. As "tias" se reuniam em corretoras durante o dia, observavam as mudanças nos gráficos de preços das ações, comiam seu almoço embalado e faziam pedidos de ações. Uma dessas tias, uma senhora Zhang, disse em 2015 que "o mercado de ações chinês está cheio de batatas pequenas como nós. Você ganha 10 yuans no mercado de ações, isso significa que você pode ter uma boa refeição hoje".[56] As tias eram geralmente mais sofisticadas em sua abordagem de escolha de ações do que Vector Yang ou Ginger Zengge — elas contavam com uma mistura de rumores, numerologia e feng shui para ajudá-las a escolher.[57] No extremo mais jovem do espectro, uma pesquisa da mídia estatal chinesa estimou que 31% dos estudantes de graduação investiram em ações durante a bolha, muitas vezes usando o dinheiro que seus pais lhes deram para viver. Como tantos investidores mais velhos, esses alunos de graduação acreditavam que, "embora existam riscos e bolhas no mercado de ações da China, o estado é capaz de manter sua saúde para evitar o colapso".[58]

Causas

As bolhas de 2007 e 2015 foram criadas e sustentadas pelo governo, mas as razões para o início da bolha foram diferentes em cada ocasião. Em 2007, as autoridades chinesas estavam tentando privatizar ainda mais as empresas listadas convertendo suas ações estatais não negociáveis em ações negociáveis que poderiam ser vendidas a acionistas privados. Para persuadir os investidores individuais a comprar essas ações, o Estado criou uma bolha nas ações. Em 2015, a questão enfrentada pelo Estado chinês era diferente — como desfazer o enorme estímulo lançado após a crise financeira global em 2008, mantendo o crescimento econômico acima do nível politicamente aceitável de 7%. Planejar a bolha de 2007 foi fácil, porque o sistema financeiro reprimido deu à classe média chinesa muito pouca escolha sobre o que fazer com suas abundantes economias — eles podiam depositar seu dinheiro em um banco estatal que pagava juros abaixo da taxa de inflação ou podiam investir em ações.

[59] Embora o financiamento de margem ainda não tivesse sido legalizado, em 2007, a Comissão Reguladora Bancária da China sugeriu que os indivíduos estavam usando empréstimos para carros e imóveis e empréstimos de cartão de crédito para investir no mercado de ações.[60]

No entanto, dado que os investidores chineses já haviam sido enganados uma vez antes, a quantidade de crédito necessária para inflar o mercado após 2007 tinha que ser muito maior. A negociação de margem foi permitida na China pela primeira vez em 2010; após um período piloto, o número de títulos constituintes que podiam ser vendidos em margem aumentou de 90 para 280 no final de dezembro de 2011.[61] As restrições sobre as quais os indivíduos poderiam obter empréstimos com margem foram enfraquecidas após 2011 e o enorme estímulo ao crédito após a crise financeira global fizeram com que as corretoras tivessem toda a liquidez que poderiam desejar.[62] Além disso, os cortes nas taxas de juros pelo banco central e as taxas de depósito abaixo da inflação incentivaram os poupadores a buscar retornos mais altos em outros lugares.

Em 2014, as empresas de segurança licenciadas foram autorizadas a conceder empréstimos de margem em uma taxa de alavancagem de 2:1, ou seja, cada investidor poderia emprestar 200 RMB para comprar ações para cada 100 RMB em mãos. Os indivíduos poderiam obter empréstimos de margem apenas se tivessem dinheiro ou títulos no valor de RMB500 mil (cerca de US$70 mil na época) e se tivessem uma conta de negociação de ações por seis meses ou mais. No entanto, o período que antecedeu 2014 viu o aumento de empréstimos não oficiais ou de shadow margin por meio de empresas de empréstimos online ponto a ponto e empresas de correspondência de dinheiro. Os credores de shadow margin eram particularmente populares entre os pequenos investidores porque não impunham requisitos ou limites de capital. Além disso, os investidores poderiam usar o financiamento de margem não oficial para comprar ações que não estavam na lista aprovada do CRSC de ações adequadas para empréstimos de margem. Eles também permitiram que os investidores tomassem mais empréstimos: o índice máximo de alavancagem nos credores com shadow margin era normalmente de 5:1. Para concorrer, as corretoras oficiais baixaram os critérios de qualificação para abertura de contas de margem.[63]

A escala de empréstimos de margem em 2015 foi sem precedentes na história dos mercados de ações — estima-se que apoiou entre 20% e 25% da capitalização do mercado de ações da China.[64] Entre outubro de 2014 e junho de 2015, o valor dos empréstimos com margem aumentou quatro vezes, passando de RMB698 bilhões (US$104 bilhões) para RMB2,7 trilhões (US$404 bilhões).[65] O setor de empréstimos com shadow margin era pequeno até o mercado de ações começar a subir em 2014, mas no auge da bolha, constituía entre 55% e 75% de todos os empréstimos com margem.[66] A proliferação de chamadas de margem explica por que o mercado caiu tão rapidamente em 2015 e por que as tentativas do governo de sustentar o mercado foram em grande parte infrutíferas. Assim como nos Estados Unidos em 1929, o fato de a bolha ter sido alimentada por empréstimos de margem tornou a quebra muito mais rápida e dramática.

A negociabilidade mudou fundamentalmente na China nas bolhas de 2007 e 2015; toda a base da bolha de 2007 foi uma conversão em larga escala de ações não negociáveis em ações negociáveis. No início de 2014, os custos de negociação foram substancialmente reduzidos após o anúncio do presidente Xi no terceiro plenário. O número de escritórios de corretagem posteriormente cresceu rapidamente, tornando muito mais fácil para os cidadãos chineses comprar e vender ações. Além disso, como nos Estados Unidos na década de 1920, a ampla disponibilidade de empréstimos de margem e o aumento de empréstimos de margem não oficiais a partir de 2014 tornaram as ações muito mais negociáveis para um grupo mais amplo de pessoas. O efeito do aumento da negociabilidade e a excitação gerada durante as bolhas podem ser vistos na Figura 11.3, que mostra o valor médio diário do giro nas duas bolsas de valores. No ano anterior a cada bolha, houve um aumento no valor do volume de negócios, e durante cada bolha houve um grande aumento no volume de negociação.

A especulação foi abundante no mercado de ações chinês em 2007 e 2015. Conforme documentado antes, milhões de investidores iniciantes foram atraídos para o mercado durante a fase de expansão das duas bolhas, muitos deles traders de momentum.[67] Em 2014 e 2015, sua entrada no mercado foi facilitada pela ampla disponibilidade de financiamento de margem.[68]

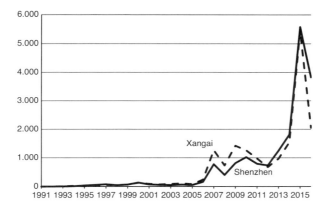

Figura 11.3 Valor médio diário do faturamento (RMB100 milhões) nas bolsas de valores de Xangai e Shenzhen, 1991–2016[69]

O grande número de investidores de varejo, que constituíam de 80% a 85% do investimento no mercado de ações na época, significava que esses traders de momentum tiveram um efeito substancial nos movimentos dos mercados de ações chineses. Restrições na internet e na mídia de notícias deram ao Estado um controle substancial sobre as informações disponíveis para os investidores, tornando muito mais fácil para o Estado planejar aumentos de preços.[70] Assim como a democratização da especulação em meados da década de 1840 no Reino Unido criou uma enorme bolha nas ações ferroviárias, a democratização da especulação na China, particularmente na bolha de 2015, resultou em uma bolha quase sem precedentes em sua magnitude.

Em 2007, especular na direção oposta era efetivamente impossível, porque a venda a descoberto era ilegal.[71] Essas restrições de vendas a descoberto permitiram que os traders de momentum elevassem os preços das ações sem que os traders informados pudessem corrigir os preços.[72] Em 2014, o Conselho de Estado da China havia permitido vendas a descoberto em um esforço para melhorar a eficiência do mercado de ações, mas apenas em 280 títulos de primeira linha.[73] Esses 280 títulos eram uma pequena fração dos 9.354 títulos corporativos listados nos mercados de Xangai e Shenzhen em 2015, portanto, para a maioria das ações, ainda havia restrições significativas de venda a descoberto.

Em muitos sentidos, os cidadãos chineses tendiam a ver as bolsas de valores de Xangai e Shenzhen como cassinos. Durante 2015, empréstimos de margem significaram que grandes faixas da nova e crescente classe média da China poderiam agora apostar no mercado de ações. O capitalismo de cassino criticado por pessoas como John Maynard Keynes na década de 1930 estava são e salvo na China.

As bolhas chinesas são alguns dos melhores exemplos do triângulo das bolhas em operação. Eles mostram que a negociabilidade e a especulação são fundamentais e que a escala das bolhas é muito determinada pela quantidade de combustível disponível na forma de alavancagem. Elas também são exemplos claros de como e por que os governos criam bolhas. Ao contrário de alguns outros episódios de bolhas, no entanto, as bolhas chinesas não foram seguidas por uma recessão ou agitação generalizada. Uma razão para isso foi que o mero envolvimento do Estado na economia era incomparável, o que permitia ao governo alocar perdas em toda a sociedade. Além disso, os principais bancos eram de propriedade do governo e, portanto, tinham total apoio do Estado e de seu poder financeiro. Logo, não havia risco de eles falirem.

De muitas maneiras, as bolhas chinesas se assemelhavam às primeiras bolhas de 1720. Em ambos os casos, as bolhas foram deliberadamente projetadas para ajudar na conversão de dívida pública ilíquida em patrimônio líquido. Em 1720, um estado francês economicamente dominante que controlava a mídia achou impossível evitar que uma bolha estourasse, apesar de tentar introduzir uma série de medidas cada vez mais draconianas. Em 2015, o governo chinês se viu exatamente na mesma posição. Em 1720, os governos francês e britânico usaram John Law e os diretores da Companhia dos Mares do Sul como bodes expiatórios em um esforço para evitar assumir a responsabilidade pelo crash. Em 2015, o Partido Comunista Chinês fez exatamente a mesma coisa, colocando a culpa da bolha em Xiao Gang, o chefe da CSRC. Gang foi forçado a confessar publicamente suas falhas e foi demitido de seu cargo no início de 2016.[74] A história havia se repetido — talvez como uma tragédia, talvez como uma farsa.

12) PREVENDO BOLHAS

> O Banco não acendeu o fogo, mas, em vez de tentar impedir o avanço das chamas, forneceu combustível para manter e prolongar o incêndio.
>
> *Thomas Tooke*[1]

Quando começamos a escrever este livro, no verão de 2016, o ambiente monetário sugeria que outra bolha se desenvolveria em breve. As taxas de juros eram quase zero, e os retornos historicamente baixos dos ativos tradicionais, especialmente títulos do governo, os tornavam pouco atraentes para os investidores. À medida que os bancos se recuperavam dos efeitos da crise financeira, o crédito estava se tornando mais amplamente disponível. O desenvolvimento contínuo da internet significava que a negociabilidade dos ativos financeiros estava aumentando. Embora os níveis de especulação parecessem relativamente baixos, o triângulo da bolha sugeria que uma faísca poderia mudar isso muito rapidamente.

Uma faísca logo chegou na forma da tecnologia blockchain: uma técnica de criptografia que permitia que ativos virtuais conhecidos como criptomoedas circulassem sem serem gerenciados por nenhuma autoridade central. A criptomoeda mais conhecida foi o bitcoin. Para seus defensores, o bitcoin era o dinheiro do futuro: não poderia ser desvalorizado por meio da inflação por um banco central, você poderia gastá-lo em qualquer coisa sem ter que se preocupar com interferência do governo ou impostos, e eliminava o intermediário, ou seja, bancos de trading. Um bitcoin não representava nada de valor — seu valor estava inteiramente no fato de que era, para alguns propósitos (principalmente ilícitos), um meio de troca superior.[2]

Em agosto de 2016, um bitcoin estava sendo negociado a US$555; nos dezesseis meses seguintes, seu preço subiu quase 3.400%, atingindo um pico de US$19.783.[3] Isso foi seguido por um boom de promoções, quando uma mistura de entusiastas de criptomoedas e charlatães oportunistas emitiram suas próprias moedas virtuais na forma de ofertas iniciais de moedas, ou ICOs. Essas moedas não tinham, à primeira vista, valor intrínseco — dar direito a seus detentores a fluxos de caixa futuros teria violado as leis contra a emissão de títulos não registrados —, mas, no entanto, atraíram US$6,2 bilhões em dinheiro de investidores em 2017 e mais US$7,9 bilhões em 2018.[4]

Em dezembro de 2017, no entanto, ficou claro que o bitcoin dificilmente estava sendo usado como moeda. Ele havia prometido liberdade de intermediários, mas negociá-lo sem terceiros era complicado, a menos que o usuário fosse especialista em segurança cibernética. Sua popularidade expôs a incapacidade de seu sistema de processar um grande número de transações, resultando em longos atrasos na transferência de bitcoins e custos de transação substanciais. A impossibilidade de reverter os erros o tornava impraticável, e sua volatilidade o tornava inútil como reserva de valor ou unidade de conta. E sua tão alardeada descentralização significava que ninguém tinha o poder de corrigir essas desvantagens consideráveis. Era simplesmente um ativo especulativo, e quando os investidores começaram a sacá-lo, o bitcoin caiu. Nas sete semanas seguintes ao seu pico, ele caiu 65%, chegando a US$6.698 em fevereiro de 2018. Após uma recuperação temporária, entrou em colapso novamente. Em 17 de dezembro de 2018, exatamente um ano após seu pico, um bitcoin foi avaliado em US$3.332 — uma queda de 83%.[5] Outras criptomoedas se saíram ainda pior: o índice CRYPTO20 da Invictus Capital, que acompanhava o valor das vinte maiores criptomoedas, caiu mais de 93%.[6]

O triângulo da bolha apresenta uma estrutura que se aplica tão bem à bolha de criptomoedas de 2017 quanto a qualquer uma das bolhas financeiras nos últimos trezentos anos. Porém, quão bom ele será para prever bolhas futuras?

Os três lados do triângulo da bolha precisam estar presentes para que uma bolha aconteça. Em termos de dinheiro e crédito, as bolhas são muito mais prováveis de acontecer quando há baixos rendimentos em ativos tradicionais, baixas taxas de juros e provisão de crédito irrestrita. De fato, a desregulamentação dos mercados financeiros pode, em última análise, resultar em uma maior probabilidade de ocorrência de bolhas porque remove os limites da quantidade de combustível que pode ser criada. As bolhas também são muito mais prováveis quando a negociabilidade aumenta devido a mudanças legais ou regulatórias, inovação financeira ou melhorias tecnológicas. Os especuladores estão sempre presentes nos mercados financeiros, mas um aumento em seu número ou um aumento no número de amadores pode aumentar a probabilidade de uma bolha porque há um aumento no momentum de negociação. As bolhas começam quando investidores e especuladores reagem a novas tecnologias ou iniciativas políticas. Em última análise, a capacidade de prever bolhas se resume principalmente a ser capaz de prever essas faíscas.

O que as várias faíscas políticas das grandes bolhas históricas têm em comum? Parece não haver um padrão comum ou uma grande teoria socioeconômica que explique por que as faíscas políticas são criadas. Várias de nossas bolhas não têm políticos enchendo seus próprios bolsos. Os regimes políticos em que ocorrem bolhas históricas variam de monarquias absolutistas a democracias de pleno direito. Tudo o que podemos dizer é que os incentivos enfrentados pelos vários governos em cada episódio resultaram na fabricação deliberada de bolhas ou na introdução de políticas que necessariamente criariam bolhas. Essa ausência de fatores em comum torna as bolhas politicamente desencadeadas difíceis, mas não impossíveis, para investidores, cidadãos ou a mídia de notícias prever.

Por que o mesmo conjunto de políticas pode produzir uma bolha em um caso, mas não em outro? Nossa explicação é que os outros elementos do triângulo da bolha estão faltando. Pode ser que os mercados financeiros estejam subdesenvolvidos e, portanto, os ativos tenham uma negociabilidade limitada ou que haja um número limitado de empresas públicas. Também pode haver restrições legais ou culturais à especulação. Outra alternativa é que o sistema bancário, as instituições financeiras e os mercados de capitais podem ser tão subdesenvolvidos ou fortemente restringidos que não há dinheiro e crédito suficientes para alimentar uma bolha. As faíscas tecnológicas também são difíceis de prever porque é preciso prever qual será o efeito da tecnologia, como as pessoas reagirão a ela e se ela pegará. Além disso, é preciso entender a narrativa em torno da nova tecnologia e se isso a torna atraente para os investidores. Nem todas as principais tecnologias estão associadas a bolhas no mercado de ações. O desenvolvimento da tecnologia a vapor, por exemplo, ocorreu em um ambiente em que a lei era hostil à forma da empresa e o mercado de ações era subdesenvolvido, o que prejudicou severamente a negociabilidade. A tecnologia a vapor foi, assim, desenvolvida por pequenas parcerias e empreendedores privados.

Ao contrário do vapor, as novas tecnologias da quarta revolução industrial — biotecnologia, nanotecnologia e inteligência artificial — foram desenvolvidas por empresas, não por empreendedores individuais. No entanto, diferentemente da bolha pontocom e de outras tecnologias, o financiamento dessas empresas vem de capitalistas de risco (VCs) e investidores institucionais, e não dos mercados de ações. Notavelmente, os comentaristas da imprensa se referiram à "bolha do unicórnio tecnológico", um unicórnio sendo uma empresa apoiada por capital de risco com uma avaliação superior a US$1 bilhão. Um estudo descobriu que o unicórnio médio foi supervalorizado em cerca de 50% acima de seu valor justo, e alguns foram supervalorizados em mais de 100%.[7] Embora os investidores privados possam ter pagado substancialmente mais caro pelos unicórnios, por nossa definição — um movimento ascendente de preços que depois entra em colapso —, isso não seria descrito como uma bolha.

O triângulo de bolhas também pode ajudar a prever se as bolhas serão úteis ou destrutivas. A Tabela 12.1 considera bolhas ao longo de duas dimensões — a faísca e a alavancagem.[8] Quatro de nossas

Tabela 12.1 *Faíscas de bolhas e alavancagem*

Faísca política	China (2007)	Primeira bolha de mercado emergente Mares do Sul Bolha Ferroviária Mania chinesa (2015)	Bolha do Mississippi Boom imobiliário australiano Bolha do subprime Bolha japonesa
Faísca tecnológica	Mania de bicicletas Bolha pontocom	Bolha de Wall Street	
	Baixa alavancagem do mercado de capitais	Alta alavancagem do mercado de capitais	Alavancagem bancária

bolhas históricas estão na caixa superior direita, tendo uma faísca política e uma bolha alimentada pela alavancagem bancária. Longe de ser útil, cada uma dessas bolhas teve um efeito devastador e prolongado na economia e na sociedade em geral. Isso implica que a combinação de uma faísca política e alavancagem bancária cria bolhas que causam grandes danos econômicos. As duas bolhas na caixa inferior esquerda tiveram poucos efeitos negativos na economia ou na sociedade em geral. De fato, ambas foram fundamentais para gerar investimentos em uma nova tecnologia transformadora que beneficiou e até libertou a sociedade.

Nos episódios nas duas caixas do meio, a extensão do dano econômico dependia de quão exposto o sistema financeiro estava à alavancagem do mercado de capitais gerada durante a bolha. Para aqueles que ameaçavam o sistema financeiro, o benefício social mais amplo pode ter sido comprado por um preço muito alto para a sociedade. A bolha da Mares do Sul, no entanto, pode ser a única bolha política útil da história, colocando a Grã-Bretanha em uma base fiscal e militar muito mais firme, sem quaisquer repercussões para o sistema bancário.

Se o triângulo de bolhas é bom em prevê-las, então ele precisa ser capaz de explicar por que as bolhas têm ocorrido com mais frequência recentemente. Mais de um século separou a primeira e a segunda bolhas financeiras, e após a quebra de Wall Street, não houve grandes bolhas por mais de cinquenta anos. No entanto, desde 1990, uma grande bolha ocorreu, em média, uma vez a cada seis anos. Esses padrões podem ser explicados por flutuações no grau de regulação do crédito e da negociabilidade. Após as bolhas de 1720, a negociabilidade foi regulamentada a ponto de tornar virtualmente impossível formar uma empresa com ações negociáveis. Isso efetivamente removeu o lado de negociabilidade do triângulo da bolha. A liberalização das leis de incorporação, o desenvolvimento dos mercados de ações e a crescente classe média que se junta às fileiras dos especuladores no século seguinte aumentaram a probabilidade de bolhas, garantindo que todos os três lados do triângulo estivessem presentes. Da mesma forma, após o crash de Wall Street, a regulamentação dos mercados financeiros, a regulamentação rigorosa dos bancos e a desglobalização do capital restringiram a negociabilidade e limitaram o combustível potencial para bolhas. No entanto, a globalização do capital e a desregulamentação bancária desde a década de 1970 levaram a uma extensão sem precedentes do crédito e ao aumento da dívida. Além disso, a desregulamentação dos mercados financeiros tornou a negociação muito mais barata e fácil, aumentando consideravelmente a negociabilidade dos ativos financeiros. A economia global tornou-se essencialmente uma caixa de pólvora gigante, suscetível a qualquer faísca que possa surgir em seu caminho.

A questão de saber se as mudanças mais recentes nos mercados financeiros tornarão as bolhas mais ou menos prováveis no futuro também vem à tona. Duas das principais mudanças nos mercados financeiros nas últimas duas décadas são o surgimento de negociação algorítmica e de alta frequência e gerenciamento de ativos. A negociação algorítmica é onde as negociações de compra e venda são executadas automaticamente por computadores com base em instruções pré-programadas, e a negociação de alta frequência é um tipo de negociação algorítmica que pode executar um grande volume de negociações em meras frações de segundo. Negociações algorítmicas e de alta frequência são aumentos óbvios na negociabilidade, sugerindo que eles podem tornar as bolhas mais prováveis. Experiências recentes mostraram que essa negociação tem o potencial de movimentar muito os mercados de ações em um espaço de tempo muito curto: em 6 de maio de 2010, o Dow Jones Industrial Average caiu 10% em questão de minutos, recuperando essas perdas quase imediatamente. A negociação algorítmica e de alta frequência desempenhou um papel importante nesse "flash crash" e pode-se ver como isso tem o potencial de exacerbar os movimentos de preços durante as bolhas.

Alguns economistas acreditam que as bolhas se tornarão menos prováveis no futuro, porque a ascensão da indústria de gestão de ativos significa que indivíduos amadores com muitas falhas comportamentais estão sendo substituídos por investidores sofisticados.[9] Contudo, a história recente sugere o contrário. A bolha japonesa foi em grande parte impulsionada por investidores institucionais, e eles também desempenharam um grande papel durante a bolha pontocom. Durante a bolha imobiliária, foram principalmente as instituições que investiram em títulos com garantia hipotecária subprime. De fato, a ascensão da gestão passiva de ativos, por meio da qual os fundos rastreiam os índices de ações, significa que setores ou ativos que estão subindo de preço por causa de uma bolha atrairão ainda mais fundos do que normalmente atrairiam. Em outras palavras, a ascensão do gerenciamento passivo de ativos tem o potencial de despejar ainda mais combustível em incêndios de bolhas no futuro.

O que os governos deveriam fazer?

As bolhas podem custar muito caro para a sociedade, mas, como vimos, também podem trazer benefícios. Isso complica os planos do governo de se apoiar nas bolhas. A política governamental é ainda mais complicada pelo fato de que os governos muitas vezes são, como vimos, responsáveis por desencadear uma bolha em primeiro lugar. Em termos de política, fazemos duas perguntas. Primeiro: quais são as opções de um governo durante uma bolha que é desencadeada por novas tecnologias? Segundo: como um governo pode se prevenir ou ser impedido de criar uma bolha socialmente destrutiva?

Durante uma bolha de tecnologia, o governo pode atacar qualquer área do triângulo da bolha, mas é mais fácil para eles apertar a política monetária ou os padrões macroprudenciais para reduzir o dinheiro e o crédito que estão alimentando a bolha. No entanto, tais políticas não são isentas de perigos.[10] É difícil identificar com segurança se existe ou não uma bolha tecnológica ou, se houver, quando ela estourará.[11] Ben Bernanke, ex-presidente do Sistema de Reserva Federal, sugeriu que os bancos centrais deveriam intervir apenas na circunstância muito improvável de que eles tenham maior poder de previsão do que outros participantes do mercado.[12] Bernanke também sugere que uma abordagem muito agressiva para lidar com bolhas pode realmente fazer mais mal do que bem. Se um banco central aumenta as taxas de juros ou contrai agressivamente a oferta de dinheiro para diminuir uma bolha, ele pode ter sucesso apenas às custas de quedas substanciais na produção econômica.[13] Por essa razão, os banqueiros centrais muitas vezes têm relutado em criar bolhas (ou seja, agir de forma agressiva e decisiva no aumento das taxas de juros) e até mesmo em adotar uma abordagem mais gradual de "remar contra a maré".[14] Essa relutância pode muito bem ter sido moldada por episódios históricos em que os bancos centrais agiram, com consequências prejudiciais. O estímulo deliberado do boom do mercado de ações em 1927 pelo banco central alemão, por exemplo, atingiu a Alemanha em um ponto-chave em sua recuperação pós-hiperinflação, afetando o investimento e levando a economia a uma grave depressão.[15] Essa depressão foi, então, instrumental na ascensão do nacional-socialismo.

Para os governos, é muito dispendioso remover o oxigênio (negociabilidade) ou reduzir o calor (especulação) durante uma potencial bolha tecnológica; portanto, essas opções raramente são escolhidas. No entanto, os controles sobre a negociabilidade e a especulação podem ser usados como um método para evitar a ocorrência de bolhas *ex ante*. O período pós-1980 viu o surgimento de um consenso político de que o aumento da negociabilidade é um ponto positivo absoluto. No entanto, este livro cobre 300 anos e, para 260 deles, as bolhas foram eventos muito raros — em grande parte porque as sociedades e seus líderes políticos entenderam que a negociabilidade é uma faca de dois gumes. Como seriam as políticas que restringem a negociabilidade? Restrições sobre securitização e títulos derivativos impediriam que hipotecas, empréstimos e casas se tornassem títulos altamente negociáveis. A Diretiva Europeia dos Direitos dos Acionistas contém várias políticas destinadas a desencorajar o curto prazo das empresas, como direitos de voto adicionais, incentivos fiscais, dividendos de fidelidade ou ações de fidelidade para acionistas de longo prazo. Essas políticas teriam o benefício adicional de reduzir a negociabilidade das ações, podendo também reduzir a especulação. Outra política que reduziria a negociabilidade é um imposto sobre transações financeiras em cada negociação de uma ação ou uma casa. Tal política poderia desencorajar a formação de bolhas desde o início se a taxa de imposto fosse alta o suficiente. Seria o equivalente a jogar areia nas engrenagens do sistema de comércio.[16] John Maynard Keynes também sugeriu que tal imposto limitaria a influência dos especuladores sobre os mercados de ações.[17]

Se o apoio às bolhas de tecnologia é impraticável, então governos e bancos centrais podem simplesmente limpar a bagunça do colapso da bolha aliviando a dor de seu estouro.[18] O estouro das bolhas geralmente coincide em primeira instância com dificuldades de liquidez e financiamento para os participantes do mercado financeiro. Os bancos centrais podem fornecer liquidez por meio da função de emprestador de última instância ou mediante a compra de títulos pelo banco central no mercado aberto.[19] O emprestador de última instância, em uma análise final, "está pronto para impedir a conversão de ativos financeiros reais e ilíquidos em dinheiro, disponibilizando mais dinheiro".[20] Após o estouro da bolha tecnológica pontocom, o Sistema de Reserva Federal afrouxou a política monetária. No entanto, essa ação pode ter criado um problema de risco moral e, portanto, aumentado a probabilidade de outra bolha.

O que os governos podem fazer sobre as bolhas políticas? Como uma bolha política geralmente é criada porque atende aos interesses do governo, é improvável que o próprio governo acabe com ela. Um governo pode tentar comprometer-se a não criar uma bolha no futuro aprovando leis que impõem restrições em um ou mais lados do triângulo da bolha. Porém, o governo manteria o poder de revogar essas leis, de modo que é improvável que tais compromissos sejam críveis. Não se pode simplesmente confiar em um governo para manter suas próprias mãos atadas.

Uma rota alternativa seria o governo ter como objetivo evitar apenas as bolhas políticas que sejam mais destrutivas economicamente. Como mostra a Tabela 12.1, as bolhas políticas que causaram mais danos — as bolhas do Mississippi, da Austrália, do Japão e do subprime — foram aquelas alimentadas por dívida bancária, e não por mercados de capitais. Isso sugere que uma maneira de limitar os danos de uma bolha política é implementar uma regulamentação bancária que limite o crescimento do crédito, que force os bancos a manter grandes reservas líquidas e direcione o crédito bancário para longe de atividades especulativas, como ações e imóveis. Pode-se também tentar criar firewalls que separem as instituições envolvidas em ativos borbulhantes do sistema bancário. É claro que os governos têm uma série de incentivos políticos e a regulamentação pode acabar atendendo a isso e não às necessidades da economia.[21] Por exemplo, a regulamentação bancária pode ser usada como uma ferramenta para incentivar o fluxo de crédito para mutuários e empresas politicamente conectadas. Os governos das democracias também podem estar sob pressão para remover as regulamentações bancárias para que o crédito flua mais livremente para todos os cidadãos, não apenas para a elite rica. Como foi o caso da bolha do subprime dos anos 2000, tal desregulamentação traz consigo a possibilidade de criação excessiva de crédito e uma bolha concomitante.

O Papel do Quarto Estado

Uma vez que é improvável que o governo se restrinja, quem pode responsabilizá-lo? Uma possibilidade é que os meios de comunicação atuem como um controle das bolhas políticas, levando-as ao conhecimento dos cidadãos. A mídia de notícias tem o potencial de ser extremamente influente. Alexis de Tocqueville escreveu que "só um jornal pode depositar o mesmo pensamento em mil mentes ao mesmo tempo"; na era da televisão e da internet, a mídia noticiosa pode agora plantar o mesmo pensamento em um milhão ou mais de mentes ao mesmo tempo.[22] Pesquisas recentes de economistas que analisaram o texto dos jornais sugerem que a mídia de notícias movimenta os mercados financeiro e imobiliário e impulsiona o sentimento do mercado.[23] Durante as bolhas, a mídia pode divulgar os aumentos de preços por meio de reportagens coloridas sobre os primeiros investidores enriquecendo, ou moldar a opinião pública com teorias de novos paradigmas que buscam justificar os altos preços dos ativos.[24] Robert Shiller argumenta que os meios de comunicação são "propagadores fundamentais de movimentos especulativos de preços por meio de seus esforços para tornar as notícias interessantes para seu público".[25]

Quais são os incentivos dos jornalistas e da mídia de notícias, e eles podem ser confiáveis por investidores e cidadãos? O jornalismo corrompido, em que jornais e jornalistas são pagos ou induzidos a divulgar notícias falsas ou inflar ações, existe desde que os jornais começaram a discutir questões financeiras. No caso das bolhas do Mississippi e da China, o controle estatal da imprensa ditava muito o que eles podiam imprimir, e, como resultado, eles imprimiam notícias que inflavam as bolhas. Durante a mania das bicicletas, era comum os promotores pagarem tanto à imprensa mainstream quanto à financeira para imprimir artigos recomendando ações de suas empresas. A imprensa especializada durante as manias ferroviária e das bicicletas teve um forte incentivo para inflar a bolha, porque sua própria existência dependia de sua continuação.

Por outro lado, a mídia pode ter um incentivo para desenvolver reputações como fornecedores da verdade e denunciantes da insensatez financeira. Construir tal reputação é caro, mas a recompensa em termos de leitores futuros e credibilidade é potencialmente enorme. Durante as bolhas do século XIX no Reino Unido, jornais como *The Times*, *The Economist* e *Financial Times* frequentemente publicavam editoriais que afirmavam claramente que havia uma bolha. Não é por acaso que, ao contrário de muitos de seus contemporâneos, essas três publicações ainda estão por aí hoje.

No entanto, essa reputação de fiscalizador financeiro pode ser facilmente prejudicada por quatro razões. Em primeiro lugar, as reportagens dos meios de comunicação são moldadas pelas demandas dos consumidores.[26] No mercado da mídia de notícias, os leitores podem exigir uma visão positiva dos mercados financeiros. A competição força os jornais a dar aos leitores o que eles querem e pode, em última análise, marginalizar as vozes dissidentes. Em segundo lugar, os jornalistas precisam de informações para reportar sobre os mercados financeiros, mas às vezes as informações são tão complexas que eles não têm tempo para processá-las e compreendê-las. Esse parece ter sido o caso durante a bolha do subprime, particularmente no que diz respeito a ativos esotéricos, como títulos com garantia hipotecária. Também parece ter sido o caso durante a bolha da Mares do Sul: o esquema ainda é difícil de entender, mesmo com o benefício de trezentos anos de retrospectiva.

Em terceiro lugar, os jornalistas muitas vezes constroem relações de *quid pro quo* com suas fontes, onde, em troca de uma visão positiva de uma empresa, governo ou indivíduo favorecidos, eles obtêm acesso a informações privadas.[27] Durante um boom, o alto nível de interesse do público no mercado torna esses relacionamentos ainda mais valiosos para os jornais, dando-lhes ainda mais incentivo para soprar o ativo da bolha.[28] Esse foi o caso durante a bolha da década de 1920, quando, em vez de assumir a difícil tarefa de avaliar os ativos por si mesmos, os principais jornais norte-americanos basearam a maioria das notícias financeiras nas opiniões fortemente tendenciosas de banqueiros de alto nível. Quarto, os incentivos da mídia noticiosa podem ser distorcidos pela receita publicitária. Se eles se tornarem excessivamente dependentes da receita de publicidade que está ligada ao boom dos preços dos ativos, então seu incentivo não é estourar a bolha, mas inflá-la. Esse conflito de interesses existia durante a bolha do subprime, quando a receita dos anúncios de imóveis foi bem recebida pela mídia tradicional, assim como enfrentou uma ameaça existencial da internet. Também existia para os periódicos ferroviários, que traziam anúncios de novos esquemas ferroviários na década de 1840, e para a imprensa australiana durante o boom de terra na década de 1880.

O papel da mídia nas bolhas, portanto, depende em grande parte dos incentivos que ela enfrenta. Cada vez mais, a natureza da mídia de notícias está mudando em uma direção que torna muito difícil para vozes informadas serem ouvidas acima do barulho. Esse problema foi claramente ilustrado pela bolha do bitcoin, durante a qual muitos céticos bem informados se limitaram a escrever livros autopublicados e administrar blogs pessoais com pequenos leitores.[29] O investidor médio era muito mais propenso a encontrar excêntricos, jornalistas desinformados repetindo a desinformação de excêntricos, detentores de bitcoin tentando atrair novos investidores para aumentar seu preço e anúncios de plataformas de negociação da moeda. Além disso, a pressão sobre os modelos de negócios da mídia noticiosa torna o jornalismo financeiro investigativo mais caro para apoiar. De maneira mais fundamental, a mudança da palavra escrita para notícias financeiras de televisão, documentários e mídias sociais pode corroer a capacidade dos investidores de pensar com clareza e entender as complexidades do sistema financeiro.[30]

Investidor: cuidado

Os governos geralmente não estão dispostos a furar bolhas de tecnologia e muitas vezes relutam em amarrar as próprias mãos para evitar a criação de bolhas políticas. Os incentivos para o quarto poder significam que também não se pode confiar nele para furar bolhas. O que, então, os cidadãos e os investidores podem fazer diante das bolhas? Nosso estudo de bolhas oferece aos investidores insights em termos de bolhas de tempo para que eles possam entrar cedo e vender no pico? Ou nossas bolhas históricas simplesmente oferecem lições salutares sobre como identificar bolhas e evitá-las?

As lições das cinzas de bolhas passadas para investidores amadores são particularmente pertinentes. Durante as bolhas, os investidores amadores muitas vezes correm para o mercado, seja para ações ou imóveis. Em quase todos os episódios de bolha, há casos do que George Akerlof e Robert Shiller chamam de "pesca de tolos" — tentativas de persuadir as pessoas a desembolsar seu dinheiro e colocá-lo em algum esquema nebuloso.[31] A principal lição deste livro para investidores amadores é que é melhor que eles fiquem fora das bolhas de ações e, principalmente, de imóveis. Investimentos de enriquecimento rápido são sempre atraentes, mas normalmente apenas investidores altamente experientes e insiders lucram com uma bolha, geralmente às custas dos recém-chegados. No entanto, os investidores podem se beneficiar após o estouro da bolha porque os preços dos ativos tendem a se corrigir excessivamente, o que significa que os investidores podem adquirir esses ativos a preços de barganha.

Explorar ou comprar bolhas estará fora do alcance da maioria dos investidores. Explorar uma bolha exige que os investidores vendam perto do topo, mas os mercados são notoriamente difíceis de controlar. Isso significa que, a menos que um investidor tenha bolsos muito fundos, comprar bolhas está fora de questão, porque, quanto maior a duração da bolha, mais caro é manter uma posição vendida.

Como os investidores devem abordar as bolhas de tecnologia? Como os retornos das ações de tecnologia são extremamente incertos, talvez a melhor maneira de pensar sobre elas seja como loterias.[32] A maioria produzirá um grande retorno negativo, mas alguns gerarão enormes lucros para os acionistas. Se um investidor tivesse investido US$100 no IPO da Amazon em 1997 e o mantivesse até seu 20º aniversário em 2017, a participação valeria cerca de US$49 mil, 155 vezes o que investiria no S&P 500.[33]

A principal lição de nosso livro para os investidores é que eles precisam agir como inspetores de incêndio, examinando cada situação para ver se os elementos do triângulo da bolha estão presentes e procurando faíscas políticas ou tecnológicas. Isso exigirá que os investidores pensem muito sobre os incentivos dos políticos e a estrutura do sistema político. Nossa convocação final é a de que os investidores precisam entender muito mais do que os meandros das finanças e da economia — sociologia, tecnologia, psicologia, ciência política e, mais importante, história são necessárias para formar os modelos mentais dos investidores.[34] O triângulo da bolha vem afundando os investidores desde 1720. Que não nos esqueçamos disso.

AGRADECIMENTOS

Este livro foi concebido na primavera de 2016. Nós dois estávamos intrigados com as bolhas e queríamos escrever um livro que contasse a história global do fenômeno e nos ajudasse a entender suas causas. Nossa curiosidade sobre bolhas foi compartilhada pela Cambridge University Press e por nosso editor, Michael Watson.

A Queen's University Belfast gentilmente cedeu a Will uma posição de pós-doutorado de dois anos e a John uma licença sabática para nos ajudar a escrever o livro. Obrigado a Nola Hewitt-Dundas, nossa diretora, e a Paddy Johnston, o falecido vice-chanceler do Queen's, por todo o apoio neste caso. Obrigado também à Universidade de Melbourne e à Universidade de Yale por receberem John durante seu período sabático e fornecerem ambientes estimulantes para ler, pensar e escrever sobre bolhas. A bolsa concedida a John e a sua família por McKinnon RPCA e Cambridge RPCNA durante suas visitas sabáticas foi muito apreciada.

Ambos temos o privilégio de ser membros do Centro de História Econômica da Queen's University — nossos colegas e alunos, bem como visitantes do Centro, criam um ambiente único para trabalhar. Nós nos beneficiamos de comentários, conversas e feedback de muitos colegas que foram extremamente generosos com seu tempo. Obrigado aos seguintes por seus comentários: Graeme Acheson, Robin Adams, Michael Aldous, Stephen Billington, David Bogle, Alan de Bromhead, Graham Brownlow, Chris Colvin, Christopher Coyle, Áine Doran, Áine Gallagher, Will Goetzmann, Richard Grossman, Alan Hanna, Charlie Hickson, Bill Janeway, Lyndon Moore, Russell Napier, David Paulson, Andrea Quinn, Yuxin Sun, Clive Walker e Laura Wurm.

Gareth Campbell, Oscar Gelderblom, Naomi Lamoreaux e James Taylor participaram de uma mesa-redonda sobre uma versão inicial do manuscrito, e somos gratos a eles pelos valiosos conselhos que forneceram. Ryan Harty muito generosamente concordou em projetar um gráfico para o triângulo da bolha. Michael Watson, da Press, tem sido um editor muito encorajador e prestativo e nos forneceu um amplo feedback sobre um esboço inicial. Eve Richards forneceu valiosas revisões e incentivos na primeira versão. As primeiras visões gerais e partes do livro foram apresentadas no Banco da Inglaterra, na Universidade dos Emirados Árabes Unidos e na Universidade de Yale. Obrigado a Olly Bush, Kelly Goodman, Jose-Antonio Espin-Sanchez, Mallory Hope, Naomi Lamoreaux, Peter Oyelere, Fabian Schrey, Francesca Trivellato e Sam Woods por suas sugestões e seus comentários.

Este livro não teria sido escrito sem o amor e o apoio de nossas famílias. Dedicamos este livro a elas.

NOTAS BIBLIOGRÁFICAS

Capítulo 1: O Triângulo da Bolha

1. Anônimo, *The South Sea Bubble*, pp. 160–161.
2. Discurso de rádio feito pelo presidente Obama em 10 de agosto de 2013 — relatado por Bloomberg.
3. Harris. "Handel the investor", 533.
4. HM Land Registry Open Data. "UK House Price Index, Northern Ireland".
5. Scherbina e Schlusche. "Asset price bubbles"; Farhi e Panageas. "The real effects of stock market mispricing".
6. Sobre a destrutividade das crises bancárias, ver: Friedman and Schwartz. *The Great Contraction*; Bernanke. "Nonmonetary effects"; Calomiris e Mason. "Consequences of bank distress"; Dell'Ariccia, Detragiache e Rajan. "The real effect of banking crises". Para estimativas dos custos das crises bancárias, ver: Hoggarth, Reis e Saporta. "Costs of banking system instability"; Laeven e Valencia. "Resolution of banking crises".
7. Deaton. "The financial crisis".
8. Eatwell. "Useful bubbles".
9. Olivier. "Growth-enhancing bubbles". Ver também Martin e Ventura. "Economic growth with bubbles".
10. Janeway. *Doing Capitalism*, p. 237.
11. Zimmer. "The 'bubble' that keeps on bubbling".
12. Garber. *Famous First Bubbles*, p. 124.
13. Engsted. "Fama on bubbles", 2; Fama. "Two pillars of asset pricing", 1.475.
14. Engsted. "Fama on bubbles".
15. Kindleberger. *Mania, Panics, and Crashes*, p. 16. (Obra publicada no Brasil com o título *Manias, pânicos e crises: Uma história das catástrofes econômicas mundiais*.)
16. Garber. *Famous First Bubbles*, p. 4.
17. Sobre a relação entre volume de trading e as bolhas, ver Barberis *et al.* "Extrapolation and bubbles"; Greenwood, Shleifer e You. "Bubbles for Fama"; Hong and Stein. "Disagreement and the stock market"; e Scheinkman. *Speculation, Trading and Bubbles*.
18. Allen e Gale. "Bubbles and crises"; "Bubbles, crises, and policy"; "Asset price bubbles"; Allen. "Do financial institutions matter?"
19. Allen e Gale. "Bubbles and crises"; Minsky. *Stabilizing an Unstable Economy*; Kindleberger. *Manias, Panics and Crashes*.
20. Bagehot. "Investments", *Inquirer*, 31 de julho de 1852. John Bull foi uma personificação popular do Reino Unido no século XIX retratado em sátiras políticas destinadas a representar um inglês franco e de bom senso.
21. Kaldor. "Speculation", 1.
22. O'Hara. "Bubbles", 14; Blanchard e Watson, "Bubbles".
23. Abreu e Brunnermeier. "Synchronization risk", "Bubbles and crashes"; Brunnermeier e Nagel. "Hedge funds"; Xiong e Yu. "Chinese warrants bubble".
24. Haruvy e Noussair. "The effect of short selling"; Ofek e Richardson. "Dotcom mania"; Scheinkman e Xiong. "Overconfidence"; Shleifer e Vishny. "The limits of arbitrage".
25. Quinn. "Squeezing the bears".
26. Brunnermeier. "Bubbles"; Gjerstad e Smith. "Monetary policy", 274.
27. Perez. "The double bubble".
28. Hickson e Thompson. "Predicting bubbles".

240   NOTAS BIBLIOGRÁFICAS

29. Escritores posteriores parecem ter enfeitado isso, com o resultado sendo o conhecido aforismo atribuído a Newton — que ele poderia calcular os movimentos dos corpos celestes, mas não a loucura das pessoas; ver Odlyzko. "Newton's financial misadventures".
30. Kindleberger. *Mania, Panics, and Crashes*; Galbraith. *A Short History of Financial Euphoria*; Shiller. *Irrational Exuberance*; Akerlof e Shiller. *Animal Spirits*.
31. Akerlof e Shiller. *Animal Spirits*; Barberis, Shleifer e Vishny. "A model of investor sentiment"; Daniel, Hirshleifer e Subrahmanyam. "Investor psychology"; Lux. "Herd behaviour".
32. Barberis, Shleifer e Vishny. "A model of investor sentiment"; Daniel, Hirshleifer e Subrahmanyam. "Investor psychology".
33. Lux. "Herd behaviour".
34. Donaldson e Kamstra. "A new dividend forecasting procedure"; Garber. *Famous First Bubbles*; Pástor e Veronesi. "Technological revolutions".
35. Dale, Johnson e Tang. "Financial markets can go mad"; Garber. *Famous First Bubbles*; Shiller. *Irrational Exuberance*.
36. Opp. "Dump the concept of rationality".
37. Tais critérios são muito próximos daqueles usados por Goetzmann, "Bubble investing", e Greenwood *et al*. "Bubbles for Fama".
38. Greenwood *et al*. "Bubbles for Fama".
39. Ver Posthumus. "The tulip mania".
40. Goldgar. *Tulipmania*.
41. Garber. "Tulipmania"; Garber. *Famous First Bubbles*.
42. Thompson. "The tulipmania".
43. Mackay. *Memoirs of Extraordinary Popular Delusions*, segunda edição.
44. Goldgar. *Tulipmania*, p. 6.
45. *Ibid*. p. 6–7.
46. Englund. "The Swedish banking crisis"; Moe, Solheim e Vale. "The Norwegian banking crisis"; Nyberg. "The Finnish banking crisis"; Radlet *et al*. "The east Asian financial crisis".
47. Radlet *et al*. "The east Asian financial crisis"; Mishkin. "Lessons from the Asian crisis".
48. Radlet *et al*. "The east Asian financial crisis", 38; Aumeboonsuke e Tangjitprom. "The performance of newly issued stocks in Thailand".
49. Sobre a justificativa para essa abordagem da história econômica, ver Lamoreaux, "The future of economic history".

Capítulo 2: 1720 e a Invenção da Bolha

1. Swift. "The Bubble".
2. Ceballos e Alvarez. "Royal dynasties".
3. Dickson. *The Financial Revolution*, p. 79–80. PIB estimado em Hills, Thomas e Dimsdale. "The UK recession". A Grã-Bretanha nessa época utilizava o calendário juliano, que estava aproximadamente onze dias atrás do calendário gregoriano usado no continente. Por coerência, todas as datas neste capítulo foram convertidas para o calendário gregoriano.
4. Hart, Jonker e van Zanden, *A Financial History*, p. 70–71.
5. Stasavage. *Public Debt*, p. 106, 132.
6. Dale. *The First Crash*, p. 56,57; Velde, "John Law's system", 6–7.
7. Literaturas históricas sobre Law em: Blaug. *Pre-Classical Economists*; Hamilton, "John Law"; Mackay. *Extraordinary Popular Delusions*, segunda edição, Capítulo 1; Murphy. *John Law*; Neal. "*I Am Not Master of Events*". O romance popular referenciado como sendo de autoria de Emerson Hough é *The Mississippi Bubble: How the Star of Good Fortune Rose and Set and Rose Again, by a Woman's Grace, for One John Law of Lauriston*.

NOTAS BIBLIOGRÁFICAS 241

8. Dale. *The First Crash*, p. 58; Hamilton. "John Law"; Law. *Money and Trade Considered*; Schumpeter. *History of Economic Analysis*, p. 294–295.
9. Davis. "An historical study", 23.
10. Dale. *The First Crash*, p. 59; Davis. "An historical study", 26; Velde. "John Law's system", 18.
11. Velde. "John Law's system", 20.
12. O nome original da empresa era The Company of the West, mas usamos o termo Companhia do Mississippi para sermos coerentes com pesquisas anteriores.
13. Murphy. *John Law*, p. 166; Velde. "Was John Law's system a bubble?", 105.
14. Velde. "Was John Law's system a bubble?", 107.
15. Dale. *The First Crash*, p. 66; Velde. "Was John Law's system a bubble?", 105.
16. Carswell. *South Sea Bubble*, p. 88.
17. Darnton. "An early information society", 6; Velde. "John Law's system", 110; Velde. "Government equity", 10.
18. *Fontes*: Murphy. *John Law*, p. 208; *Gazette d'Amsterdam*, 1719–1720. Nota: As linhas verticais indicam as datas de subscrição das ações da Companhia do Mississippi.
19. Murphy. *John Law*, p. 221–223.
20. *Ibid.*, p. 227–230, 237–238.
21. Velde. "*John Law*'s system", 30.
22. Dale. *The First Crash*, p. 128–130; Murphy. *John Law*, p. 266.
23. Velde. "John Law's system", 36–39.
24. Dickson. *Financial Revolution*, p. 92–93.
25. Neal. *The Rise of Financial Capitalism*, p. 94.
26. Dale. *The First Crash*, p. 75.
27. Kleer. "Riding a wave", 266.
28. Anderson. "The origin of commerce", 8–9.
29. Kleer. "Folly of particulars", 176.
30. House of Commons. *The Several Reports*.
31. Kleer. "Folly of particulars"; Kleer. "Riding a wave".
32. Carswell. *South Sea Bubble*; Paul. *South Sea Bubble*.
33. Dale. *The First Crash*, p. 98–101; Dickson. *Financial Revolution*, p. 144–145.
34. *Ibid*, p. 6.
35. Dickson. *Financial Revolution*, p. 108; Hoppit. 'Myths', 150.
36. Dale. *The First Crash*, p. 98–101; Dickson. *Financial Revolution*, p. 144–145.
37. *Ibid,*, p. 14–16.
38. Paul. "The 'South Sea Bubble', 1720".
39. Dale. *The First Crash*, p. 18; Kleer. "Riding a wave", 274–275; Wilson. *Anglo-Dutch Commerce*, p. 104.
40. Hutcheson. *Some Calculations*.
41. Chancellor. *Devil Take the Hindmost*, p. 65.
42. Dickson. *Financial Revolution*, p. 134, 168–169.
43. *Fonte*: European State Finance Database.
44. Dickson. *Financial Revolution*, p. 159–160.
45. House of Commons. *An Act for Making*.
46. Dickson. *Financial Revolution*, p. 185.
47. Dickson. *Financial Revolution*, p. 172–174; *Statutes at Large*, p. 299, 354–358.
48. Hoppit. "Myths", 143–145.
49. Frehen, *et al.*, "New evidence", 594–596.
50. *Fonte*: European State Finance Database.
51. Velde. "John Law"; Gelderblom e Jonker, "Public finance", 25.
52. Gelderblom e Jonker. "Mirroring", 9–10.
53. *Fontes*: Yale International Center for Finance, South Sea Bubble 1720 Project. Disponível em: https://som.yale.edu/faculty-research/our-centers-initiatives/international-center-finance/data/historical-southseasbubble. Acesso em: 18

242 NOTAS BIBLIOGRÁFICAS

de fevereiro de 2019. Nota: Índice considerado pelo preço de 23 empresas holandesas, com índice definido para 100 em 1º de abril de 1720.
54. Gelderblom e Jonker. "Mirroring", 11–12.
55. Neal. *The Rise of Financial Capitalism*, p. 79.
56. Condorelli. "The 1719–29 stock euphoria", 25, 52.
57. Hutcheson. *Several Calculations*, p. 64.
58. Neal. *The Rise of Financial Capitalism*; Temin e Voth. "Riding".
59. *Whitehall Evening Post*, 24–26 de março de 1720.
60. Hutcheson. *Several Calculations*; Hutcheson. *Some Calculations.*
61. Kleer. "Riding a wave", 278.
62. Hoppit. "Myths", 164.
63. Defoe. *Anatomy*; Swift. "The Bubble".
64. Hoppit. "Myths", 159–162.
65. Garber. "Famous first bubbles", 46–47, 52.
66. Velde. "Was John Law's system a bubble?", 114–119.
67. Dale. *The First Crash*, p. 114–117; Hutcheson. *Some Calculations.*
68. Dale. *The First Crash*, p. 158–159.
69. Hamilton. "Prices and wages", 78.
70. Bonney. "France"; Bordo e White. "A tale of two currencies"; Ferguson. *The Ascent of Money*, p. 127.
71. *Daily Post*. 7 de janeiro de 1721, p. 2–4; *London Journal*, 7 de janeiro de 1721. p. 2; *Weekly Journal or British Gazetteer*. 14 de janeiro de 1721, p. 4.
72. Hoppit. "Myths", 154–155.
73. Broadberry, et al. *British Economic Growth*; Hoppit. "Myths", 152–157.
74. Carlos, Maguire e Neal. "A knavish people ..."; Carlos, Maguire e Neal. "Financial acumen"; Carlos e Neal. "The micro-foundations"; Dickson. *Financial Revolution*, p. 282; Wilson. *Anglo-Dutch Commerce*, p. 104–105.
75. Frehen, Goetzmann e Rouwenhorst. "New evidence".
76. Hoppit. "Myths", 158.
77. Murphy, "Corporate ownership", 195.
78. Harris, "The Bubble Act"; Turner. "The development", 127.
79. Frehen, Goetzmann e Rouwenhorsts. "New evidence", 588.

Capítulo 3: Negociabilidade Revivida: A Primeira Bolha dos Mercados Emergentes

1. McCulloch. *A Dictionary*, p. 187–188.
2. Este poema tinha o título *An Incantation* e foi recitado por Bubble Spirit — carta ao editor do *The Times*, 18 de abril de 1826, p. 2.
3. Ward. *The Finance of Canal Building*, p. 164. A ausência de dados de preços relatados e o mercado muito escasso para ações de canais também tornam muito difícil avaliar a extensão do boom nos preços das ações de canais nesse período.
4. Day. *A Defence of Joint Stock Companies.*
5. Davenport-Hines. "Wilks, John".
6. *The Times*. 20 de setembro de 1826, p. 2.
7. *Ibid.*, 19 de outubro de 1826, p. 2.
8. Davenport-Hines. "Wilks, John".
9. Hills, Thomas e Dinsdale. "The UK recession in context", Data Annex.
10. Tooke. *A History of Prices*, p. 148.
11. Randall. *Real del Monte*, p. 33.
12. Fenn. *British Investment in South America*, p. 61.
13. Costeloe. "William Bullock".
14. *Fonte*: English. *A Complete View of Joint Stock Companies.*

15. Prospecto da Associação Anglo-Mexicana de Mineração em English, *A General Guide to the Companies*, p. 4–8.
16. English. *A Complete View of Joint Stock Companies*, p. 30.
17. *Fontes*: Anônimo. *The South Sea Bubble*, p. 171–179; *Report of the Select Committee on Joint Stock Companies*, 1844, Apêndice 4, p. 334–339.
18. Gayer, Rostow e Schwartz. *Growth and Fluctuation*, Vol. I, p. 377–410.
19. Head. *Rough Notes Taken During Some Rapid Journeys Across the Pampas*, p. 303–304.
20. Citado em Dawson. *The First Latin American Debt Crisis*, p. 101.
21. Excerto em Anônimo. *The South Sea Bubble*, p. 160–161.
22. Francis. *History of the Bank of England*, Vol. II, p. 3. Francis se lembra de ter visto esse prospecto na época e se refere a ele como uma jocosidade que emana da Bolsa. Relatos subsequentes, como King, *History of the London Discount Market*, p. 36; Andreades, *History of the Bank of England*, p. 250; Chancellor, *Devil Take the Hindmost*, p. 105, afirmam que se tratava de um prospecto autêntico e não satíritco.
23. Wright. *History of the Reigns of George IV and William VI*, p. 56.
24. *Fontes*: Cálculos dos autores baseados em edições quinzenais de Wetenhall em *Course of the Exchange*, 1824–1826; Campbell *et al.*, "What moved share prices?" *Nota*: Esses índices de valorização do capital são considerados — a capitalização de mercado do mês anterior é usada como peso para o retorno desse mês. O índice de mineração estrangeira contém todas as empresas de mineração estrangeiras enumeradas no Course of the Exchange de Wetenhall entre agosto de 1824, quando a primeira empresa de mineração estrangeira foi cotada, e dezembro de 1826. O novo índice não minerador contém todas as empresas listadas entre agosto de 1824 e dezembro 1826. O índice blue-chip é baseado nas trinta maiores ações por capitalização de mercado na Bolsa de Londres de 1824 a 1826. Os constituintes do índice são baseados nas trinta maiores ações no final de dezembro do ano anterior. Assumimos que as ações são emitidas pelo seu valor nominal e incorrem em um retorno de -100% se forem canceladas, o que é coerente com os processos de falência divulgados na imprensa na época. Os índices são definidos como 100 em agosto de 1824. Usamos o último preço informado do mês e, nos casos muito raros em que nenhum preço é informado, usamos o preço da ação do mês anterior. Os retornos de empresas individuais são ajustados para levar em conta quaisquer chamadas de capital.
25. Esboço de uma carta não enviada, abril de 1825, Disraeli, *Letters, 1815–1834*, p. 28.
26. *The Times*, 7 de fevereiro de 1825, p. 3.
27. Ver Harris. *Industrializing English Law*, p. 252.
28. Emden. *Money Powers of Europe*, p. 38.
29. Harris. "Political economy", 688.
30. *The Times*, 15 de março de 1825, p. 2.
31. Disraeli. *An Inquiry into the Plans, Progress and Policy*, p. 82–90.
32. Harris. *Industrializing English Law*, p. 245.
33. Hunt. *The Development of the Business Corporation*, p. 45.
34. Tooke. *A History of Prices*, p. 159.
35. Dawson. *The First Latin American Debt Crisis*, p. 113.
36. *The Times*, 10 de maio de 1826, p. 3.
37. Veja, por exemplo, Randall, *Real del Monte*.
38. Head, *Rough Notes Taken During Some Rapid Journeys Across the Pampas*, p. 278–281.
39. Veja, por exemplo, Ward, *Mexico in 1827*.
40. Fenn, *British Investment in South America*, p. 60.
41. *Morning Chronicle*, 10 de março de 1825, p. 2, e 21 de março de 1825, p. 2.
42. *The Times*, 23 de novembro de 1824, p. 3.

244 NOTAS BIBLIOGRÁFICAS

43. *The Times*, 12 de abril de 1824, p. 3; 15 de abril de 1824, p. 2; 5 de maio de 1824, p. 4; 1º de junho 1824, p. 3.
44. *The Times*, 31 de outubro de 1825, p. 3; 27 de março de 1826, p. 2; 20 de setembro de 1826, p. 2.
45. Chancellor. *Devil Take the Hindmost*, p. 106.
46. Anônimo. *Remarks on Joint Stock Companies*, p. 5.
47. Rippy. "Latin America", p. 125.
48. *The Times*, 15 de abril de 1824, p. 2.
49. Taylor. *Statements Respecting the Profits of Mining*, p. 55.
50. *Report of the Select Committee on Joint Stock Companies*, 1844, Q. 2345, 2354, 2355.
51. McCulloch. *A Dictionary*, p. 188.
52. Francis. *Chronicles and Characters of the Stock Exchange*, p. 263–264.
53. Disraeli. *Letters, 1815–1834*, p. 27 — esboço de uma carta não enviada para Robert Messer, seu corretor de ações.
54. *The Times*, 15 de abril de 1824, p. 2.
55. Martineau. *A History of the Thirty Year's Peace*, Vol. II, p. 7; Tooke. *A History of Prices*, p. 150. Ver também Hunt. *The Development of the Business Corporation*, p. 33 e Gayer, Rostow e Schwartz. *Growth and Fluctuation*, Vol. I, p. 378.
56. Hyndman. *Commercial Crises of the Nineteenth Century*, p. 27, 28. Ver também Anônimo. *Remarks on Joint Stock Companies*, p. 4.
57. Fenn. *British Investment in South America*, p. 98; *The Times*, 25 de março de 1825, p. 3.
58. Acheson, Turner e Ye. "The character and denomination", 868.
59. Campbell, Turner e Ye. "The liquidity of the London capital markets".
60. Neal. "The financial crisis", p. 60; Committee of Secrecy on the Bank of England Charter, P.P. 1831–2 VI, evidência de J. Horsley Palmer, q. 606.
61. Hawtrey. *A Century of Bank Rate*, p. 14; Gayer *et al.*, *Growth and Fluctuation*, Vol. I, p. 185.
62. Ver Committee of Secrecy on the Bank of England Charter, p. 1831–1832 VI, Apêndice 6.
63. Committee of Secrecy on the Bank of England Charter, p. 1831–1832 VI, evidência de George W. Norman, q. 2666; William Beckett, q. 1392; e John Wilkins, q. 1638; Turner. *Banking in Crisis*, p. 69.
64. Tooke. *A History of Prices*, p. 179.
65. Committee of Secrecy on the Bank of England Charter, p. 1831–1832 VI, evidência de Thomas Tooke, qq. 3852, 3857.
66. Select Committee on Banks of Issue, p. 1840 IV, evidência de Thomas Tooke, q. 3762.
67. Clapham. *The Bank of England*, Vol. II, p. 94; Committee of Secrecy on the Bank of England Charter, P.P. 1831–2 VI, evidência de George W. Norman, q. 2557; evidência de Vincent Stuckey, q. 1186; Samuel J. Loyd, q. 3466; George Grote, q. 4646; John easthope, q. 5795. Hilton. *Corn, Cash and Commerce*, p. 202, sugere que o boom foi precipitado por uma falta de coordenação entre o governo e o Banco da Inglaterra.
68. Committee of Secrecy on the Bank of England Charter, p. 1831–1832 VI, evidência de William Ward, q. 1992; Jeremiah Harman, q. 2330; George W. Norman, q. 2667; John Richards, q. 5019; e Thomas Tooke, q. 3852, 3911.
69. Michie. *Money, Mania and Markets*, p. 35. De fato, *The Times*, 1º de julho de 1825, p. 3, advertiu contra a prática.
70. Ver o prospecto em inglês *A General Guide to the Companies*.
71. Emden. *Money Powers of Europe*, p. 39; Gilmore. "Henry George Ward", 36, 37; Chancellor. *Devil Take the Hindmost*, p. 100.
72. Jenks. *The Migration of British Capital*, p. 53.
73. Harris. "Political economy", 686–687.

NOTAS BIBLIOGRÁFICAS 245

74. *The Times*, 7 de fevereiro de 1825, p. 3.
75. *The Times*, 27 de agosto de 1825, p. 3.
76. Powell. *The Evolution of the Money Market*, p. 326.
77. Pressnell. *Country Banking*, p. 487.
78. *The Times*, 20 de dezembro de 1825, p. 2. Ver também *The Times*, 16 de dezembro de 1825, p. 2.
79. Committee of Secrecy on the Bank of England Charter, p. 1831–1832 VI, Apêndice 101.
80. Turner. *Banking in Crisis*, p. 53–54.
81. Gayer, Rostow e Schwartz. *The Growth and Fluctuation*, Vol. I, p. 191; Committee of Secrecy on the Bank of England Charter, p. 1831–1832 VI, evidência de N. M. Rothschild, qq. 4895–4896.
82. Stuckey. "Thoughts on the improvement", 424.
83. Committee of Secrecy on the Bank of England Charter, p. 1831–1832 VI, evidência de John Richards, q. 5006 e Jeremiah Harman, q. 2262.
84. Committee of Secrecy on the Bank of England Charter, p. 1831–1832 VI, evidência de N. M. Rothschild, q. 4897.
85. Na prática, as parcerias teriam sido muito pequenas, mesmo sem essa regulamentação, porque a lei de parceria proibia a separação entre propriedade e controle. Ver Turner, *Banking in Crisis*, p. 103–108; Acheson, Hickson e Turner. "Organizational flexibility".
86. *The Times*, 8 de dezembro de 1825, p. 2; Pressnell. *Country Banking*, p. 491.
87. Collins e Baker. *Commercial Banks and Industrial Finance*; Turner. *Banking in Crisis*.
88. Emden. *Money Powers of Europe*, p. 61; Taylor. "Financial crises and the birth of the financial press".

Capítulo 4: Democratizando a Especulação: A Grande Mania Ferroviária

1. William Makepeace Thackeray. *The Speculators*.
2. Carta escrita por Charles Dickens em 1845 — ver Dickens, *The Letters of Charles Dickens*, p. 361.
3. *The Economist*. "The beauty of bubbles", 20 de dezembro de 2008. Ver também Campbell. "Myopic rationality"; Kostal. *Law and English Railway Capitalism*, p. 29; Odlyzko. "Collective hallucinations".
4. Mackay. *Memoirs of Extraordinary Popular Delusions*, terceira edição, p. 84. Curiosamente, Mackay, apesar de ser o grande cronista e estudioso das manias e bolhas, não foi tão perspicaz durante a mania ferroviária — ele não achava que houvesse uma bolha até bem depois de ela estourar. (Odlyzko, "Charles Mackay's own popular delusions").
5. A versão inglesa de *Das Kapital*, infelizmente, traduz essa frase como a "grande fraude ferroviária" (Marx, Capital, p. 538). Entretanto, isso é impreciso. (McCartney e Arnold. "The railway mania", 836).
6. Jackman. *The Development of Transportation*, p. 522; Kostal. *Law and English Railway Capitalism*, p. 16; Turner. "The development of english company law".
7. Francis. *A History of the English Railway*, p. 140.
8. Cálculos dos autores baseados em dados do *Wetenhall's Course of the Exchange*, 1834–1837.
9. Simmons. *The Railway in England and Wales*, p. 24; Odlyzko. "Collective hallucinations".
10. Federal Reserve Economic Data. "Mileage of New Railway Lines Authorized by Parliament for Great Britain".
11. Cleveland-Stevens. *English Railways*, p. 102.
12. *Ibid.*, p. 155.

13. Junner. *The Practice before the Railway Commissioners*, p. xix; Lewin. *Railway Mania*, p. 18; Casson. *The World's First Railway System*, p. 277.
14. *The Economist*, 6 de julho de 1844, p. 962.
15. *Fontes*: Campbell. "Myopic rationality"; Campbell. "Deriving the railway mania"; Campbell e Turner. "Dispelling the myth"; *Railway Times* (1843–50) e *Wetenhall's Course of the Exchange* (1843–50). *Nota*: O índice All-Railway inclui todas as ações ferroviárias. O índice blue-chip Non-Railways inclui as vinte maiores empresas não ferroviárias por capitalização bolsista. Os ganhos de capital para cada ação são ponderados pela capitalização de mercado da semana anterior para produzir índices de mercado semanais de valorização do capital. Cada índice é igual a 1.000 na primeira semana de janeiro de 1843.
16. *Railway Times*, 9 de novembro de 1844, p. 1.309.
17. Aytoun. "How we got up the Glenmutchkin Railway".
18. Anônimo. *The Railway Speculator's Memorandum Book*, p. 7; Reed. *Investment in Railways*, p. 89.
19. Anônimo. *A Short and Sure Guide*, p. 10; Kostal. *Law and English Railway Capitalism*, p. 76–77.
20. Lewin. *The Railway Mania*, p. 17; *Railway Times*. 19 de julho de 1845, p. 1.208.
21. Casson. *The World's First Railway System*, p. 277.
22. *Railway Times*, 25 de abril de 1846, p. 578.
23. *The Times*, 17 de novembro de 1845, p. 4. Isso provavelmente subestima a extensão da promoção, porque 335 empresas que não estão nessa lista passaram a apresentar petições ao Parlamento. — *The Times*, 14 de janeiro 1846, p. 6.
24. *Fontes*: Campbell e Turner. "Managerial failure", 1.252 e Campbell, Turner e Walker. "The role of the media in a bubble", 479. *Nota*: A contagem de palavras dos anúncios de promoção foi obtida por meio da digitalização de todos os anúncios da empresa no *Railway Times* e executando as digitalizações mediante dos softwares *Linguistic Inquiry and Word Count*. O índice de ações ferroviárias inclui todas as ações ferroviárias. Os ganhos de capital para cada ação são considerados pela capitalização de mercado da semana anterior para produzir índices semanais de valorização do capital. O índice de ações é igual a 1.000 na primeira semana de janeiro de 1843.
25. Ver *Railway Times*, 4 de outubro de 1845, p. 1.768.
26. Return of the Number of Newspaper Stamps at One Penny, p. 1.852, XLII.
27. Campbell, Turner e Walker. "The role of the media in a bubble".
28. *The Economist*, 4 de outubro de 1845, p. 950–953.
29. *The Times*, 1º de julho de 1845, p. 4; 30 de julho de 1845, p. 4; 17 de novembro de 1845, p. 4.
30. Brown. *Victorian News*, p. 27–29, 50; Simmons. *The Victorian Railway*, p. 240.
31. *The Times*, 18 de outubro de 1845, p. 5.
32. Simmons. *The Railway in England and Wales*, p. 40.
33. Tuck. *The Railway Shareholder's Manual*.
34. *Railway Times*, editoriais de 18 de outubro de 1845 a 13 de dezembro de 1845, p. 1.962, 2.057, 2.137, 2.185, 2.233, 2.281, 2.313, 2.345 e 2.377.
35. Campbell, Turner e Walker. "The role of the media in a bubble".
36. *The Economist*, 25 de outubro de 1845, p. 1.029.
37. *The Economist*, 15 de novembro de 1845, p. 1.126.
38. Lambert. *The Railway King*, p. 167.
39. *The Economist*. 8 November 1845, p. 1.109.
40. Smith. *The Bubble of the Age*.
41. York and North Midland Railway, *Report of the Committee of Investigation*; *Railway Times*, 28 de abril de 1849, p. 441; *Railway Times*, 14 de julho de 1849, p. 690; *Railway Times*, 27 de outubro de 1849, p. 1.086.
42. Arnold e McCartney. "It may be earlier than you think"; Reports of the Select Committee of House of Lords on Audit of Railway Accounts, p. 1.849, XXII.

43. The Abandonment of Railways Act (1850).
44. *Fontes*: A formação de capital bruto vem de Mitchell. "The coming of the railway", p. 335; e o PIB nominal vem de Mitchell. *British Historical Statistics*, p. 831. O capital integralizado das ferrovias britânicas é de cálculos dos autores baseados em dados de *Wetenhall's Course of the Exchange*, 1831–1870 e Acheson *et al.*, "Rule Britannia". *Nota*: O capital integralizado das ferrovias britânicas tem como base o valor de fim de ano dessas ferrovias listadas na Bolsa de Valores de Londres.
45. Clifford. *A History of Private Bill Legislation*, p. 89.
46. Acheson *et al.* "Rule Britannia", 1.117.
47. Campbell, Turner e Ye. "The liquidity of the London capital markets".
48. Killick e Thomas. "The provincial stock exchanges", 103; Thomas. *The Provincial Stock Exchanges*, p. 28–69; Michie. *The London Stock Exchange*, p. 117.
49. Thomas. *The Provincial Stock Exchanges*, p. 50; Killick e Thomas. "The provincial stock exchanges", 104.
50. *The Economist*, 13 de abril de 1844, p. 674.
51. *Railway Times*, 4 de maio de 1884, p. 510.
52. Campbell. "Deriving the railway mania".
53. Anônimo. "History of Bank of england", 515; Campbell e Turner. "Dispelling the myth".
54. Williamson."Earnings", 474.
55. Broadbridge. "The sources of railway share capital", 206.
56. Taylor. "Business in pictures", p. 118; Michie. *Guilty Money*, p. 23–29.
57. Francis. *A History of the English Railway*, p. 195; Spencer. *Railway Morals*, p. 14; Anônimo. "History of Bank of England", 512; Broadbridge. "The sources of railway share capital", 204; Lee. "The provision of capital", 39; Kindleberger. *Mania, Panics and Crashes*, p. 25; Michie. *Money, Mania and Markets*, p. 96.
58. Odlyzko. "Collective hallucinations", 4–5.
59. Return of Railway Subscribers, p. 1.845, XL; Return of Railway Subscribers, p. 1.846, XXXVIII.
60. Casson. *The World's First Railway System*, p. 278.
61. Lewin. *The Railway Mania*, p. 18.
62. Gale. *A Letter to the Right Hon. the Earl of Dalhousie*, p. 5.
63. *The Economist*, 21 de outubro de 1848, p. 1.187.
64. McCartney e Arnold. "Capital clamours for profitable investment".
65. *Railway Times*, 9 de março de 1844, p. 285.
66. Esteves e Mesevage. "The rise of new corruption".
67. Spencer. *Railway Morals*, p. 14.
68. Campbell e Turner. "Dispelling the myth", 19.
69. Dobbin. *Forging Industrial Policy*, p. 175; *Railway Times*, 23 de agosto de 1845, p. 1.321.
70. Gordon. *Passage to Union*, p. 17–22.
71. Dobbin. *Forging Industrial Policy*, p. 40–42.
72. O sistema ferroviário dos EUA se expandiu muito na década de 1850, mas a extensão da reversão do preço dos ativos foi muito menor nos EUA do que na Grã-Bretanha. Ver Pástor e Veronesi. "Technological revolutions", 1.475.
73. Gale. *A Letter to the Right Hon. the Earl of Dalhousie*, p. 9–15.
74. Campbell e Turner. "Managerial failure".
75. *The Economist*, 4 de novembro de 1848, p. 1.241; Jackman. *The Development of Transportation*; p. 599.
76. Carta escrita por Charlotte Brontë in 1849 — ver Brontë. *The Letters of Charlotte Brontë*, p. 267.

77. Secret Committee of the House of Lords on Causes of Commercial Distress, p. 1.847–1.848 I, evidência de James Morris and H. J. Prescott, q. 2.674; ver também *The Times*, 1º de outubro de 1847, p. 6.
78. Campbell. "Deriving the railway mania", p. 22.
79. *The Economist*, 20 de novembro 1847, p. 1.334.
80. Eatwell. "Useful bubbles".
81. Lardner. *Railway Economy*. p. 49.
82. Hawke. *Railways and Economic Growth*; Leunig. "Time is Money".
83. Leunig. "Time is money".
84. Casson. "The efficiency of the Victorian British railway network".
85. Crafts, Mills e Mulatu. "Total factor productivity growth".

Capítulo 5: Dinheiro dos Outros: O Boom Imobiliário Australiano

1. Cork. "The late Australian banking crisis", 177.
2. Cannon. *The Land Boomers*, p. 43.
3. Davison. *The Rise and Fall of Marvellous Melbourne.*
4. Ver Butlin. "The shape of the Australian economy"; Kelley. "Demographic change".
5. Davison. *The Rise and Fall of Marvellous Melbourne*, p. 12.
6. Cannon. *The Land Boomers*, p. 24.
7. *Australasian Insurance and Banking Record*, Vol. XXII, 1888, p. 3.
8. *Ibid.*, Vol. XXI, 1887, p. 1.
9. *Fontes*: Butlin. *Investment in Australian Economic Development*, p. 11–13; Butlin, *Australian Domestic Product*, p. 6–7, 33, 424. *Nota*: Os números do PIB e do PIB *per capita* estão em preços constantes com base em 1911.
10. *Australasian Insurance and Banking Record*, Vol. XXIII, 1889, p. 314.
11. Boehm. *Prosperity and Depression*, p. 152.
12. *Fontes*: Butlin. *Investment in Australian Economic Development*, p. 143.
13. Butlin. *Investment in Australian Economic Development*, p. 261; Davison. *The Rise and Fall of Marvellous Melbourne*, p. 77–78.
14. Butlin. *Investment in Australian Economic Development*, p. 266; Wood. *The Commercial Bank of Australia*, p. 142.
15. *Australasian Insurance and Banking Record*, Vol. XII, 1888, p. 140.
16. House of Were. *The History of J. B. Were and Son*, p. 127.
17. *Australasian Insurance and Banking Record*, Vol. XII, 1888, p. 351.
18. Cannon. *The Land Boomers*, p. 25.
19. Daly. *Sydney Boom Sydney Bust*, p. 148–149.
20. Silberberg. "Rates of return on Melbourne land investment".
21. *Fontes*: Knoll, Schularick e Steger. "No place like home", baseado em dados em Stapledon. "Trends and cycles", e Butlin. *Investment in Australian Economic Development. Nota*: Este índice de preços de casas é igual a 100 em 1870.
22. Stapledon. "Trends and cycles", 315.
23. Daly. *Sydney Boom Sydney Bust*, p. 148–149.
24. Boehm. *Prosperity and Depression*, p. 251.
25. Weaver. "A pathology of insolvents", 125.
26. *Fontes*: Cálculos dos autores com base nas tabelas de preços das ações em *Australasian Insurance and Banking Record*, uma publicação mensal que informava os preços das ações no meio do mês das empresas negociadas na Bolsa de Valores de Melbourne. *Nota*: Esse índice de valorização do capital é um índice ponderado, em que a capitalização de mercado do mês anterior é utilizada como peso para o retorno do mês. O índice contém todas as empresas listadas na tabela mensal de propriedades hipotecárias e empresas

NOTAS BIBLIOGRÁFICAS 249

de investimento do *Australasian Insurance and Banking Record*. Assumimos que as ações são emitidas pelo seu valor nominal e um retorno de -100% quando as ações são fechadas. Usamos o ponto médio do spread bid-ask quando ambos são relatados, caso contrário, usamos os preços bid ou ask. O índice é igual a 100 em dezembro de 1887.

27. *Australasian Insurance and Banking Record*, Vol. XII, 1888, p. 140.
28. *Fontes*: Cálculos dos autores com base nas tabelas de preços de ações da *Australasian Insurance and Banking Record*, uma publicação mensal que relatava os preços das ações no meio do mês de empresas negociadas na Bolsa de Valores de Melbourne. O número de transações na Bolsa de Valores de Melbourne são de Hall. *The Stock Exchange of Melbourne*, p. 162. *Nota:* Para calcular a capitalização de mercado, usamos o ponto médio do spread bid-ask quando ambos são relatados, caso contrário, usamos os preços bid ou ask. O número de dados de transações é para o ano que termina em 30 de setembro.
29. *Australasian Insurance and Banking Record*, Vol. XIII, 1889, p. 28–29.
30. Cannon. *The Land Boomers*, p. 25; *Australasian Insurance and Banking Record*, Vol. XIII, 1889, p. 28–29.
31. Hall. *The Stock Exchange of Melbourne*, p. 164; *Australasian Insurance and Banking Record*, Vol. XIII, 1889, p. 721.
32. *Australasian Insurance and Banking Record*, Vol. XIII, 1889, p. 28–29.
33. Boehm. *Prosperity and Depression*, p. 254.
34. *Australasian Insurance and Banking Record*, Vol. XII, 1888, p. 811.
35. *Ibid.*
36. Wood. *The Commercial Bank of Australia*, p. 143; Boehm. *Prosperity and Depression*, p. 255; *Australasian Insurance and Banking Record*, Vol. XIII, 1889, p. 149.
37. Wood. *The Commercial Bank of Australia*, p. 147.
38. Boehm. *Prosperity and Depression*, p. 159–160.
39. *Australasian Insurance and Banking Record*, Vol. XIII, 1889, p. 639 e Vol. XIV, 1890, p. 1.
40. Hall. *The Stock Exchange of Melbourne*, p. 123; *Australasian Insurance and Banking Record*, Vol. XIII, 1889, p. 639.
41. Butlin. *Investment in Australian Economic Development*, p. 428.
42. Cannon. *The Land Boomers*, p. 26.
43. Peel. *The Australian Crisis of 1893*.
44. Boehm. *Prosperity and Depression*, p. 256; Bailey. "Australian borrowing in Scotland".
45. *Australasian Insurance and Banking Record*, Vol. XIII, 1889, p. 802.
46. *Ibid.*, Vol. XV, 1891, p. 561, 562; Vol. XVI, 1892, p. 866.
47. Sykes. *Two Centuries of Panic*, p. 147.
48. *Australasian Insurance and Banking Record*, Vol. XIV, 1890, p. 78.
49. *Ibid.*, Vol. XVI, 1892, p. 97.
50. *Ibid.*, p. 247–248.
51. *Ibid.*, p. 80, 317; Cannon. *The Land Boomers*, p. 56.
52. Cannon. *The Land Boomers*, p. 130.
53. Cork. "The late Australian banking crisis", 179.
54. Cannon, *The Land Boomers*, p. 130–133.
55. Boehm. *Prosperity and Depression*, p. 256.
56. *Ibid.*, p. 252.
57. Hickson e Turner. "Free banking gone awry", 158.
58. Ellis. "The Australian banking crisis"; Cork, "The late Australian banking crisis"; Cannon. *The Land Boomers*, p. 109; Boehm. *Prosperity and Depression*, p. 219, 252; Wood. *The Commercial Bank of Australia*, p. 143.
59. *Fontes*: Cálculos baseados nos balanços dos bancos, que estão em Butlin. *The Australian Monetary System*; Butlin. *Investment in Australian Economic*

Development, p. 161. *Notas:* O índice de capital é igual à soma do capital mais as reservas dos acionistas mais as reservas de lucros e perdas dividido pela soma dos depósitos totais e emissão de notas. O índice de liquidez é igual à soma das participações bancárias de moedas e notas divididas pelo total de ativos.

60. Boehm. *Prosperity and Depression*, p. 216-217.
61. Butlin. *Investment in Australian Economic Development*, p. 264.
62. Boehm. *Prosperity and Depression*, p. 215.
63. Cannon. *The Land Boomers*, p. 36; Boehm. *Prosperity and Depression*, p. 252.
64. *Bankers' Magazine.* "Australia's dark day", Vol. LV, 1893, p. 902. Notavelmente, entre as economias desenvolvidas, cem anos depois, os gastos com jogos de azar *per capita* foram mais altos na Austrália — ver *Public Inquiry into the Australian Gambling Industry.*
65. Cork. "The late Australian banking crisis", 178.
66. *Australasian Insurance and Banking Record*, Vol. XIII, 1889, p. 28-29; Cannon. *The Land Boomers*, p. 97.
67. Cork. "The late Australian banking crisis", 179. Ver também Boehm. *Prosperity and Depression*, p. 224.
68. *Australasian Insurance and Banking Record*, Vol. XII, 1888, p. 351; Vol. XIII, 1889, p. 28-29, 314.
69. House of Were. *The History of J. B. Were and Son*, p. 125, 156.
70. Dowd. "Free banking in Australia"; Hickson e Turner. "Free banking gone awry"; Merrett. "Australian banking practice"; Merrett. "Preventing bank failure"; Pope. "Free banking in Australia".
71. Butlin. *The Australian Monetary System*, p. 89.
72. Report of the Royal Commission on Banking Laws, p. vi. 73.
73. 52 Vict., n. 1002.
74. Report of the Royal Commission on Banking Laws, p. viii.
75. *Australasian Insurance and Banking Record*, Vol. XIII, 1889, p. 217; Blainey e Hutton. *Gold and Paper*, p. 83.
76. Cannon. *The Land Boomers*, p. 49.
77. *Ibid.*, p. 61.
78. *The Economist*, 25 de março de 1893, p. 364.
79. Coghlan. *Labour and Industry*, p. 1.673.
80. Merrett. "Preventing bank failure", 126.
81. *Australasian Insurance and Banking Record*, Vol. XVII, 1893, p. 236.
82. Coghlan. *Labour and Industry*, p. 1.743.
83. *Ibid.*, p. 1,747.
84. Em 1892, os "Três Grandes" controlavam 31% de todos os ativos do sistema bancário.
85. Coghlan. *Labour and Industry*, p. 1.677-1.678.
86. Shann. *An Economic History of Australia*, p. 330.
87. *The Economist*, 13 de maio de 1893, p. 555-556; Cork. "The late Australian banking crisis", 188.
88. "Some lessons of the Australian crisis" em *Bankers' Magazine*, Vol. LVI, 1893, p. 660.
89. Coghlan. *Labour and Industry*, p. 1.745.
90. Hickson e Turner. "Free banking gone awry".
91. Davison. *The Rise and Fall of Marvellous Melbourne*, p. 15.
92. Butlin. *Investment in Australian Economic Development*, p. 143; Cannon. *The Land Boomers*, p. 48.
93. Fisher e Kent. "Two depressions", 14.
94. Haig. "New estimates", 23.
95. Boehm. *Prosperity and Depression*, p. 313-314.
96. Blainey e Hutton. *Gold and Paper*, p. 255.

97. Butlin. *Investment in Australian Economic Development*, p. 143.
98. Cannon. *The Land Boomers*, p. 37–43; Gollan. *The Commonwealth Bank*, p. 36–38.

Capítulo 6: Wheeler-Dealers: A Mania Britânica das Bicicletas

1. Grew. *The Cycle Industry*, p. 71–72.
2. *Money*. "The history of panics", 30 de maio de 1896.
3. Harrison. "The competitiveness", 287.
4. *Ibid.*, 289.
5. Rubinstein. "Cycling", 48–50.
6. Quinn. "Technological revolutions", 17.
7. *Cradle of Inventions.*
8. Stratmann. *Fraudsters.*
9. *The Times.* "Queen's Bench Division", 28 de julho de 1898.
10. *Financial Times.* "The cycle share market", 25 de abril de 1896.
11. Stratmann, *Fraudsters.*
12. Preços obtidos do *Birmingham Daily Mail* e *Financial Times,* respectivamente.
13. *Financial Times.* "The cycle trade boom", 22 de abril de 1896.
14. *Financial Times.* "Cyclomania", 27 de abril de 1896.
15. *Financial Times.* "The cycle market", 22 de maio de 1896.
16. *Fonte*: Quinn. "Technological revolutions", 19.
17. *Money.* "The growth of goodwill", 25 de novembro de 1896.
18. *Money.* "Cycle promotions", 20 de junho de 1896.
19. *Fonte*: Birch. *Birch's Manual.*
20. *The Times.* "Queen's Bench Division", 30 de junho 1899.
21. *Financial Times.* "Accles, Ltd.", 6 de junho de 1896; "Prospectus promise and report performance", 30 de dezembro de 1897.
22. National Archives (Kew), BT31 Files, Accles Ltd., Summary of Capital and Shares.
23. *Financial Times.* "Prospectus promise and report performance", 30 de dezembro de 1897.
24. *The Times.* "Queen's Bench Division", 30 de junho de 1899.
25. *Ibid.*, 28 de julho de 1898.
26. *Manchester Times.* "The action by 'Commerce Limited'", 28 de janeiro de 1898.
27. *The Economist.* "The cycle boom", 16 de maio de 1896.
28. *The Economist.* "Cycle company promotion", 27 de junho de 1896.
29. *Money.* "Cycle promotions", 20 de junho de 1896.
30. *Money.* "The cycle cataclysm", 20 de junho de 1896.
31. *Money.* "Lawson's latest", 23 de maio de 1896.
32. *Cycling.* "Financial", 9 de janeiro de 1897.
33. *Cycling.* "Financial", 12 de junho de 1897; "Financial", 11 de setembro de 1897.
34. *Cycling.* "Financial", 27 de março de 1897, 10 de abril de 1897, 1º de maio de 1897, 8 de maio de 1897, 15 de maio de 1897, 29 de maio de 1897, 5 de junho de 1897.
35. *Scotsman.* "The Beeston Tyre Rim Company (Limited)", 4 de maio de 1896.
36. Quinn. "Technological revolutions", 33.
37. *Financial Times.* "The cycle outlook", 1º de maio de 1897; "Cycle shares and American over-production", 6 de julho de 1897.
38. *Financial Times.* "The cycle outlook", 1º de maio de 1897.
39. *Financial Times*, 25 de outubro de 1897, 30 de dezembro de 1897.
40. Quinn. "Technological revolutions".
41. Harrison. "The competitiveness".

42. Lloyd-Jones e Lewis. "Raleigh", 82.
43. Gissing. *The Whirlpool*, p. 130, 174.
44. Acheson, Campbell e Turner, "Who financed", 617.
45. *Fontes*: National Archives (Kew), BT31 Files, Summaries of Capital and Shares; Acheson, Campbell e Turner. "Who financed"; Braggion e Moore. "Dividend policies". *Nota:* A tabela resume as ocupações relatadas pelos acionistas antes e depois do *crash* de março de 1897 em uma amostra de 25 empresas de bicicletas.* Indica a proporção média do capital contribuído pelos diretores para as empresas em Braggion e Moore, "Dividend policies". Os diretores da empresa também listaram uma ocupação e, portanto, a análise de sua contribuição de capital na tabela também é realizada de maneira separada.
46. *Money*. "The growth of goodwill", 25 de novembro de 1896.
47. Quinn. "Technological revolutions", 9.
48. Acheson, Campbell e Ye. "Character and denomination", 869.
49. *Ibid*.
50. Bank of England. *A Millennium of Macroeconomic Data*.
51. *The Economist*. "The 'boom' in cycle shares", 25 de abril de 1896; *Financial Times*. "The cycle market", 22 de maio de 1896.
52. National Archives (Kew), BT31 Files, Concentric Tube, Summary of Capital and Shares, 3 de setembro de 1896.
53. *The Economist*. "The 'boom' in cycle shares", 25 de abril de 1896.
54. Kynaston. *The London Stock Exchange*, 142, 143.
55. Quinn. "Squeezing the bears".
56. *Bath Chronicle*. "Hints to small investors", 1º de outubro de 1896.
57. Quinn. "Squeezing the bears", 18.
58. Kennedy e Delargy. "Explaining Victorian Entrepreneurship", 55–57.
59. Van Helten. "Mining", 163–173.
60. Parsons. "King Khama", 11–12.
61. Acheson, Coyle e Turner. "Happy hour", 3–5.
62. *Ibid.*, 16.
63. Grew. *The Cycle Industry*, p. 71–75; Harrison. "The competitiveness"; Millward. "The cycle trade".
64. Geary e Stark. "Regional GDP", 131.
65. Bank of England. *A Millennium of Macroeconomic Data*.
66. Boyer e Hatton. "New estimates".
67. Quinn. "Technological revolutions".
68. *Financial Times*. "The cycle share market", 30 de abril de 1897.
69. *Money*. "Cycles and banks", 31 de julho de 1897.
70. Van Helten. "Mining", 172; Parsons. "King Khama", 11–12.
71. Acheson, Campbell e Turner. "Who financed?", 617.
72. Harrison. "The competitiveness", 287, 294.
73. Ibid., 297.
74. Harrison, "The competitiveness", 301–302.
75. Schumpeter. *Capitalism, Socialism and Democracy*, p. 82–85.
76. Rubinstein. "Cycling", p. 48–50; *Guardian*. "Freewheeling to equality", 18 de junho de 2015; *Independent*. "How the bicycle set women free", 9 de novembro de 2017.
77. Vivanco. *Reconsidering the Bicycle*, p. 33.

Capítulo 7: Os Loucos Anos 1920 e o Crash de Wall Street

1. Fitzgerald. *The Great Gatsby*, p. 3.
2. Fisher. "The debt-deflation theory", 341.
3. Jordá, Schularick e Taylor. "Macrofinancial history".

4. Kang e Rockoff. "Capitalizing patriotism", 46–52.
5. Hilt e Rahn, "Turning citizens into investors", 93.
6. Kang e Rockoff. "Capitalizing patriotism", 57.
7. Hilt e Rahn. "Turning citizens into investors", 94.
8. Archival Federal Reserve Economic Data; Federal Reserve Economic Data.
9. White. "The stock market boom", 69.
10. Federal Reserve Economic Data; Basile *et al.*, "Towards a history", 44.
11. White. "Lessons", 10.
12. *Ibid.*, 24–9.
13. *Fonte*: Federal Reserve Economic Data. *Notas*: Annual data.
14. Goetzmann e Newman. "Securitization", 24, 28; White. "Lessons", 30.
15. Gjerstad e Smith. *Rethinking Housing Bubbles*, p. 102.
16. White. "Lessons", 44.
17. Turner. *The Florida Land Boom*.
18. Frazer e Guthrie.*The Florida Land Boom*.
19. Crump. "The American land boom", *Financial Times*, 10 de novembro de 1925.
20. Vanderblue. "The Florida land boom", 254.
21. Zuckoff. *Ponzi's Scheme*.
22. Costigliola. "The United States", 490; Edwards. "Government control".
23. Costigliola. "The United States", 495.
24. Eichengreen. *Hall of Mirrors*, p. 55; Wigmore. The Crash, p. 198–200.
25. Goetzmann e Newman, "Securitization", 23.
26. Voth. "With a bang"; Flandreau, Gaillard e Packer. "Ratings performance", 6.
27. Klein. *Rainbow's End*, p. 57.
28. O DJIA foi razoavelmente representativo do desempenho do mercado de ações em geral nesse momento. O índice S&P All Common Stock subiu 141% no mesmo período.
29. White. "The stock market boom", 73.
30. Klein. *Rainbow's End*, p. 84.
31. *Fonte*: Bloomberg.
32. Nicholas. "Stock market swings", 221.
33. Federal Reserve Economic Data.
34. White. "The stock market boom", 74.
35. Eichengreen. *Hall of Mirrors*, p. 59–60.
36. White. "The stock market boom", 75–76.
37. *Fonte*: Federal Reserve Economic Data. *Nota*: Inclui emissões de empresas ferroviárias, industriais, de utilidade pública e financeiras, mas não emissões de bancos, fiadoras ou seguradoras. Inclui reembolsos e emissões de empresas estrangeiras nos Estados Unidos.
38. Wigmore. *The Crash*, p. 26, 660.
39. Noyes. *Forty Years*.
40. *New York Times*. "Topics in Wall Street", 1º de setembro de 1929.
41. Klein. *Rainbow's End*, p. 186.
42. Gentzkow *et al.*, "Circulation"; Klein. *Rainbow's End*, p. 151.
43. Wigmore. *The Crash*, p. 4–5; Federal Reserve Economic Data.
44. Klein. *Rainbow's End*, p. 201.
45. *Ibid.*, p. 207–209.
46. Wigmore. *The Crash*, p. 7.
47. *New York Daily Investment News*. "Stock market crisis over", 25 de outubro de 1929.
48. *New York Times*. "Worst stock crash stemmed by banks", 25 de outubro de 1929.
49. Wigmore. *The Crash*, p. 13.
50. *New York Times*. "Stock prices slump", 29 de outubro de 1929.

51. *New York Daily News*. "Avoid speculative buys", 25 de outubro de 1929; "Market fireworks ended", 28 de outubro de 1929; "9,212,000-share turnover", 29 de outubro de 1929.
52. Klein. *Rainbow's End*, p. 226.
53. Brooks. *Once in Golconda*, p. 86–87.
54. Klein. *Rainbow's End*, p. 239.
55. *New York Times*. 25 de outubro de 1929.
56. Huertas e Silverman. "Charles e. Mitchell".
57. Choudhry. "Interdependence".
58. Le Bris e Hautcoeur. "A challenge", 182–183.
59. Frennberg e Hansson. "Computation", 22.
60. Voth. "With a Bang".
61. *Barclays' Equity Gilt Study*, 2016, p. 74.
62. Hilt e Rahn. "Turning citizens into investors", 93.
63. Klein. *Rainbow's End*, p. 53–56, 147.
64. Jones. "A century of stock market liquidity", 43.
65. Klein. *Rainbow's End*, p. 84, 146.
66. Eichengreen e Mitchener. "The Great Depression", 10; White. "The stock market boom", 69; Wigmore. *The Crash*, p. 660.
67. White. "The stock market boom", 75.
68. White. "Lessons", 19.
69. Minutes of the Board of Governors of the Federal Reserve System, 1928.
70. Galbraith. *The Great Crash*, 46.
71. *New York Times*. "Topics in Wall Street", 21 de agosto de 1929.
72. Chancellor. Devil Take the Hindmost, p. 201, 202; Klein. *Rainbow's End*, p. 149, 150.
73. Hausman, Hertner e Wilkins. *Global Electrification*, p. 26.
74. Hounshell. *From the American System*.
75. White. "Stock market boom", 73.
76. Klein. *Rainbow's End*, p. xvii–xviii.
77. *New York Times*. "Topics in Wall Street", 13 de março de 1928.
78. White. "The stock market boom", 78–80.
79. James. "1929", 29.
80. Romer. "The Great Crash".
81. Gjerstad e Smith. *Rethinking Housing Bubbles*, p. 94; Olney. *Buy Now, Pay Later*, p. 108.
82. Jordá, Schularick e Taylor. "Macrofinancial history".
83. Eichengreen. *Golden Fetters*, p. 258–259.
84. Bernanke. "Nonmonetary effects", 259; Eichengreen e Hatton. "Interwar unemployment"; Jordá, Schularick e Taylor. "Macrofinancial history".
85. Eichengreen. *Golden Fetters*.
86. Eichengreen e Hatton. "Interwar unemployment", 6; Jordá, Schularick e Taylor. "Macrofinancial history".
87. Fishback, Haines e Kantor. "Births, deaths, and New Deal relief"; Schubert. *Twenty Thousand Transients*.
88. De Bromhead, Eichengreen e O'Rourke. "Political extremism".
89. Bernstein. *The Great Depression*; Friedman e Schwartz. *A Monetary History*.
90. Bernanke. "Nonmonetary effects"; Eichengreen. *Golden Fetters*; Friedman e Schwartz. *A Monetary History*.
91. Nicholas. "Stock market swings".
92. Janeway. *Doing Capitalism*, p. 155–156.
93. Wigmore. *The Crash*, p. 28.
94. Romer. "The Great Crash".

Capítulo 8: Soprando Bolhas com Objetivos Políticos: O Japão nos Anos 1980

1. Wood. *The Bubble Economy*, p. 9-10.
2. Securities Act of 1933; Securities exchange Act of 1934, p. 3, 82.
3. Totman. *A History of Japan*, p. 454.
4. Takagi. "Japanese equity market", 544-545.
5. Totman. *A History of Japan*, p. 458-459; World Development Indicators, "GDP (constant LCU) for Japan".
6. Tsuru. *Japan's Capitalism*, p. 182.
7. Federal Reserve Economic Data. "Exchange rate to U.S. dollar for Japan".
8. Lincoln. "Infrastructural deficiencies".
9. Plaza Accord, para. 18.
10. Frankel e Morgan. "Deregulation and competition", 584.
11. Federal Reserve Economic Data. "Discount rate for Japan"; "Total credit to households and NPISHs, adjusted for breaks, for Japan"; World Development Indicators. "GDP (constant LCU) for Japan".
12. Federal Reserve Economic Data. "M3 for Japan, national currency, annual, not seasonally adjusted".
13. Federal Reserve Economic Data. "Interest rates, government securities, treasury bills for Japan".
14. Wood. *The Bubble Economy*, p. 49.
15. Dehesh e Pugh. "The internationalization", 149.
16. Oizumi. "Property finance", 199.
17. Dehesh e Pugh. "The internationalization", 153; Oizumi. "Property finance", 202; Plaza Accord, para. 18.
18. *Fonte*: Land Institute of Japan. *Nota*: Índice do preço médio da terra para o distrito de Tóquio, Yokohama, Nagoya, Kyoto, Osaka e Kobe. O índice está definido para 100 em 2010.
19. Dehesh e Pugh. "The internationalization", 154; Tsuru; *Japan's Capitalism*, p. 163.
20. Noguchi. "Land prices", 13, 14; Stone e Ziemba. "Land and stock prices", 149.
21. Takagi. "The Japanese equity market", 557-558.
22. *Ibid.*, 558, 563, 568.
23. Dehesh e Pugh. "The internationalization", 157; Takagi. "The Japanese equity market", 559.
24. Wood. *The Bubble Economy*, p. 26.
25. *Fonte*: Bloomberg. *Nota*: Contém todas as empresas listadas na primeira seção da Bolsa de Valores de Tóquio.
26. Stone e Ziemba. "Land and stock prices", 149.
27. Hebner e Hiraki. "Japanese initial public offerings"; Jenkinson, "Initial public offerings", 439; Takagi, "The Japanese equity market", 552; Warrington College of Business IPO Data. "Japan, 1980-2018".
28. Federal Reserve Economic Data. "Discount rate for Japan".
29. Dehesh e Pugh. "The internationalization", 158; Mitsui Fudosan. "New home sales"; Oizumi. "Property finance", 210.
30. Ver, por exemplo, Cargill. "What caused Japan's banking crisis?", 46-47; Okina, Shirakawa e Shiratsuka. "The asset price bubble"; Wood. *The Bubble Economy*, p. 12.
31. Frankel e Morgan. "Deregulation and competition", 582; Takagi. "The Japanese equity market", 549, 559.
32. Laurence. *Money Rules*, p. 150; Reading. *Japan: The Coming Collapse*, p. 177.
33. Takagi. "Japanese equity market", 550, 551, 553; Tesar e Werner. "Home bias", 481.

34. Shiller, Kon-ya e Tsutsui. "Why did the Nikkei crash?"
35. *Ibid.*, 161.
36. Tsuru. *Japan's Capitalism*, p. 161–162.
37. Oizumi. "Property finance", 203; Zimmerman. "The growing presence", 10.
38. Noguchi. "The 'bubble'", 296.
39. Wood. *The Bubble Economy*, p. 38–39.
40. Hirayama. "Housing policy", 151–154.
41. Oizumi. "Property finance", 202.
42. Dehesh e Pugh. "The internationalization", 157; Oizumi. "Property finance", 202.
43. Murphy. *The Real Price*, p. 154.
44. Wood. *The Bubble Economy*, p. 124.
45. *Harvard Business Review*. "Power from the ground up: Japan's land bubble", maio–junho de 1990.
46. Dehesh e Pugh. "The internationalization", 153–154; Takagi. "The Japanese equity market", 558–559.
47. Wood. *The Bubble Economy*, p. 19.
48. Murphy. *The Real Price*, p. 152.
49. Shiller, Kon-Ya e Tsutsui. "Why did the Nikkei crash?", 161.
50. Wood. *The Bubble Economy*, p. 91.
51. Embora a definição japonesa padrão de recessão na época fosse um crescimento abaixo de 3%, para permanecer consistente com outros capítulos, usamos o termo para significar crescimento negativo por dois trimestres sucessivos.
52. Federal Reserve Economic Data. "General government net lending/borrowing for Japan", "Discount rate for Japan"; World Development Indicators. "GDP (constant LCU) for Japan".
53. Hoshi e Patrick. "The Japanese financial system", 14.
54. Nakaso. "The financial crisis in Japan", 6–9.
55. Nakaso. "The financial crisis in Japan", 9–11, 55; *Japan Times*. "Government nationalizes Long-Term Credit Bank of Japan", 23 de outubro de 1998.
56. Nakaso. "The financial crisis in Japan", 6.
57. Hoshi e Kashyap. "Japan's financial crisis"; World Development Indicators. "GDP (constant LCU) for Japan".
58. Federal Reserve Economic Data. "Real gross domestic product for the U.S."
59. Federal Reserve Economic Data. "Unemployment rate: aged 15–64: all persons for Japan"; World Development Indicators. "GDP (constant LCU) for Japan".
60. Federal Reserve Economic Data. "Constant GDP per capita for Japan", "Constant GDP per capita for the United Kingdom".
61. Wood. *The Bubble Economy*, p. 21.
62. *New York Times*. "Nomura gets big penalties", 9 de outubro de 1991.
63. Shindo. "Administrative guidance", 71–72.
64. Shiratori. "The politics of electoral reform", 83.
65. Wood. *The Bubble Economy*, p. 69.
66. *New York Times*. "Shin Kanemaru, 81, kingmaker in Japan toppled by corruption", 29 de março de 1996.
67. Yamamura. "The Japanese political economy", 293.
68. *Ibid.*, 295.
69. Wood. *The Bubble Economy*, p. 69, 97, 98; *New York Times*. "Japan penalizes Nomura and big bank for payoffs", 31 de julho de 1997.
70. Cai e Wei. "The investment and operating performance".
71. *Fortune*. Grupo cambial japonês.
72. Janeway. *Doing Capitalism*.

Capítulo 9: A Bolha Pontocom

1. Alan Greenspan. "The challenge of central banking in a democratic society", 5 de dezembro de 1996. Disponível em: www.federalreserve.gov/boarddocs/speeches/1996/19961205.htm. Acesso em: 11 de março de 2019.
2. Versluysen. Financial deregulation, 13, 18–20.
3. Naughton. *A Brief History*, p. 239.
4. Cassidy. *Dot.Con*, p. 51–52.
5. Disponível em: www.internetlivestats.com/total-number-of-websites/. Acesso em: 21 de novembro de 2019.
6. Cassidy, *Dot.Con*, p. 58.
7. *Fortune*. "Fortune checks out 25 cool companies for products, ideas, and investments", 11 de julho de 1994; *New York Times*. "New venture in cyberspace by silicon graphics founder", 7 de maio de 1994.
8. *Fortune*. "Netscape IPO 20-year anniversary: Fortune's 2005 oral history of the birth of the web", 9 de agosto de 2015.
9. Cassidy. *Dot.Con*, p. 84–85.
10. Bransten e Jackson. "Netscape shares touch $75 in first-day trading", *Financial Times*, 10 de agosto de 1995.
11. Cassidy. *Dot.Con*, p. 88.
12. Warrington College of Business IPO Data. "Initial public offerings: VC-backed".
13. Karpoff, Lee e Masulis. "Contracting under asymmetric information".
14. Warrington College of Business IPO Data. "Initial public offerings: underpricing".
15. Aggarwal, Krigman e Womack. "Strategic IPO underpricing".
16. Ljungvist e Wilhelm. "IPO pricing", 724.
17. *Fonte*: "Initial public offerings: Technology stock IPOs". *Notas*: O valor total de mercado é baseado no primeiro preço de mercado de IPO.
18. *Fonte*: Bloomberg.
19. Fama. "Two pillars", 1.476.
20. Shiller. *Irrational Exuberance*, p. 7.
21. Os dados sobre as capitalizações de mercado e os preços das ações são da Bloomberg.
22. New York Stock exchange Market Data. "The Investing Public".
23. Brennan. "How did it happen?", 5.
24. Shiller. *Irrational Exuberance*, p. 48.
25. Lowenstein. *Origins*, p. 70, 85.
26. Shiller. *Irrational Exuberance*, p. 49.
27. Cramer. "Cramer rewrites an opening debate", *The Street*, 11 de fevereiro de 2000.
28. *Fortune*. "When the shoeshine boys talk stocks", 15 de abril de 1996.
29. Wolf. "Cauldron bubble", *Financial Times*, 23 de dezembro de 1998.
30. *The Economist*. "Bubble.com", 21 de setembro de 2000.
31. Cellan-Jones. *Dot.Bomb*, p. 6.
32. *Financial Times*. "US Stock Markets take wholesale battering as inflation worries rise", 15 de abril de 2000.
33. Norris. "Another technology victim", *New York Times*, 29 de abril de 2000.
34. Ofek e Richardson, "DotCom mania", 1116.
35. *Ibid.*, 1113.
36. Dados de capitalização de mercado obtidos da Bloomberg..
37. Barnett e Andrews. "AOL merger was 'the biggest mistake in corporate history', believes Time Warner chief Jeff Bewkes", *Daily Telegraph*, 28 de setembro de 2010.
38. Bloomberg.

39. *Fonte*: Bloomberg. *Nota*: Cada índice inclui apenas empresas para as quais a tecnologia é a principal fonte de receita, conforme categorizado pelo ICB Industry Classification Benchmark. O SX8P inclui ações das seiscentas maiores empresas europeias de tecnologia, e os dois índices MSCI IT incluem um número variável de ações de tecnologia da informação para suas respectivas regiões. Todos os índices são iguais a 100 em janeiro de 1995.
40. Deutsche Börse Group. "Nemax 50".
41. Jones. "A century of stock market liquidity", 42–43.
42. US Securities and Exchange Commission. "After-hours trading: understanding the risks"; "Electronic communications networks"; On-line brokerage, p. 1.
43. International Monetary Fund Global Debt Database.
44. Financial Industry Regulatory Authority, *Margin Statistics*, Disponível em: www.finra.org/investors/margin-statistics. Acesso em: 20 de agosto de 2019.
45. Shiller. *Irrational Exuberance*, p. 56–57.
46. Dhar e Goetzmann. "Bubble investors", 21.
47. Griffin, et al., "Who drove?", 1.262–1.263, 1.268.
48. Greenwood e Nagel. "Inexperienced investors".
49. McCullough. *How the Internet Happened*, p. 168.
50. Shiller. *Irrational Exuberance*, p. 42.
51. Weber. "The end of the business cycle?", *Foreign Affairs*, julho/agosto de 1997.
52. DeLong e Magin. "A short note", 2–3.
53. Eaton. "Market watch; Netscape fever: will it spread?", *New York Times*, 13 de agosto de 1995.
54. Brennan. "How did it happen?", p. 18; Urry. "Surfers catch the wave of a rising tide", *Financial Times*, 12 de agosto de 1995.
55. Authers. "Profit from prophesies of doom", *Financial Times*, 23 de novembro de 2008; Kotkin. "A bear saw around the corner", *New York Times*, 3 de janeiro de 2009.
56. Grant. *The Trouble with Prosperity*, p. 294–298.
57. DeLong e Magin. "A short note".
58. Lowenstein. *Origins*.
59. Brennan. "How did it happen?", 9–11.
60. Fabbri e Marin. "What explains the rise in CEO pay", 8; Coffee. "A theory of corporate scandals".
61. Coffee. "A theory of corporate scandals", 204–205.
62. National Bureau of Economic Research. "US Business Cycle expansions".
63. Kliesen. "The 2001 recession", 28–30.
64. Griffin, et al., "Who drove?", 1.260.
65. Schuermann. "Why were banks better off?", 6.
66. Dados de PIB obtidos do Banco Mundial.
67. Nehls e Schmidt. "Credit crunch".
68. Eatwell. "Useful bubbles", 43.
69. Andreesen. "Why software?", *Wall Street Journal*, 20 de agosto de 2011.
70. Rao. "A new soft technology", *Breaking Smart*.
71. Ver, por exemplo, Garber. "Famous first bubbles"; Stone e Ziemba. "Land and stock prices"; Donaldson e Kamstra. "A new dividend forecasting procedure".
72. Pástor e Veronesi. "Technological revolutions"; Pástor e Veronesi. "Was there a NASDAQ bubble?".
73. Pástor e Veronesi. "Was there a NASDAQ bubble?", 62.
74. Pástor e Veronesi. "Technological revolutions"; Ofek e Richardson. "DotCom mania", 1.113.
75. Ofek e Richardson. "DotCom mania".
76. Lamont e Stein. "Aggregate short interest".
77. Schulz. "Downward-sloping demand curves".
78. Janeway. *Doing Capitalism*, p. 193.

79. Shiller. *Irrational Exuberance*, p. 39–70.
80. Schuermann. "Why were banks better off?", 6; Nehls e Schmidt. "Credit crunch", 18.
81. Case e Shiller. "Is there a bubble?"
82. Cassidy. *Dot.Con*, p. 324.

Capítulo 10: "Chega de Boom e Crash": A Bolha do Subprime

1. Financial Crisis Inquiry Commission. *The Financial Crisis Inquiry Report*, p. 4.
2. McCarthy, Poole e Rosenthal. *Political Bubbles*, p. 11.
3. Channel 4 News, "FactCheck: no more boom and bust?", 17 de outubro de 2008. Disponível em: www.channel4.com/news/articles/politics/ domestic_politics/factcheck+no+more+boom+and+bust/ 2564157.html. Acesso em: 19 de agosto de 2019.
4. Kelly. "On the likely extent of falls in Irish house prices".
5. RTE. "Ahern apologises for suicide remark", 4 de julho de 2007. Disponível em: www.rte.ie/news/2007/0704/90808-economy/. Acesso em: 19 de agosto de 2019.
6. *Fontes*: Índice de preços de casas de Robert Shiller. Disponível em: www.econ.yale.edu/~shiller/data.htm. Acesso em: 7 de junho de 2008. Ver Shiller, *Irrational Exuberance*, p. 11–15 para detalhes.
7. Sinai. "House price movements", 20.
8. *Fontes*: Standard and Poor's CoreLogic Case-Shiller Home Price Indexes. Disponível em: https://us.spindices.com/index-family/real-estate/spcorelogic-case-shiller. Acesso em: 19 de novembro de 2019. *Nota*: O índice Composto-10 é uma média ponderada de mercado das seguintes áreas metropolitanas: Boston, Chicago, Denver, Las Vegas, Los Angeles, Miami, Nova York, San Diego, São Francisco e Washington, D.C. O índice Composto-20 compõe todas as vinte regiões metropolitanas citadas. O Índice Nacional acompanha o valor de habitação unifamiliar nos Estados Unidos.
9. *Fontes*: Os índices de preços reais da habitação para a Irlanda, a Espanha e o Reino Unido são provenientes de estatísticas da OCDE. O índice da Irlanda do Norte é o índice nominal fornecido pela Nationwide Building Society, ajustado pela inflação usando o Retail Price Index. Nota: O índice para cada país é fixado em 100 em 1973.
10. *Fontes*: Os dados para a Irlanda baseiam-se em alterações no parque habitacional e são do Departamento de Habitação, Planejamento e Governo Local; os dados para a Grã-Bretanha e Irlanda do Norte são do Office for National Statistics; os dados para a Espanha são do Statistical Data Warehouse do Banco Central Europeu; e os dados para os Estados Unidos são do US Census Bureau. Nota: O valor da década de 1990 é a média. A Grã-Bretanha exclui a Irlanda do Norte.
11. Haughwot et al., "The supply side of the housing boom", 70.
12. Glaesar e Sinai. "Postmortem for a housing crash", 9.
13. Case, Shiller e Thompson. "What have they been thinking?", 2.
14. Ruiz, Stupariu e Vilarino. "The crisis", 1.460.
15. Jiménez. "Building boom", 263; Dellepiane, Hardiman e Heras. "Building on easy money", 23.
16. As moradias geminadas em muitas cidades do norte aumentaram em valor durante o boom em 100% e caíram 50% ou mais durante o colapso — ver *Guardian*, 29 de agosto de 2015.
17. Mian e Sufi. "The consequences"; Goodman e Mayer. "Homeownership", 32.
18. Norris e Coates. "Mortgage availability", 198.

260 NOTAS BIBLIOGRÁFICAS

19. Task Force of the Monetary Policy Committee of the European System of Central Banks. "Housing finance", p. 43.
20. Purnanandam. "Originate-to-distribute model".
21. Lewis. *The Big Short*, p. 97–98, 152.
22. *Guardian*. 29 de agosto de 2015.
23. Jiménez. "Building boom", 263–264.
24. Honohan. "Euro membership", 138; Connor, Flavin e O'Kelly. "The U.S. and Irish credit crises", 67.
25. Dellepiane, Hardiman e Heras. "Building on easy money", 29; Jiménez. "Building boom", 263.
26. Commission of Investigation into the Banking Sector in Ireland, *Misjudging Risk*, p. ii.
27. Ver *Guardian*, 29 de agosto de 2015.
28. Financial Crisis Inquiry Commission. *The Financial Crisis Inquiry Report*, p. 213–214.
29. US Treasury Department Office of Public Affairs. *Treasury Senior Preferred Stock Purchase Agreement*, 7 de setembro de 2008.
30. Ball. *The Fed and Lehman Brothers*, p. 222.
31. Embora os credit default swaps às vezes sejam vistos como seguro de crédito, eles são diferentes do seguro real, pois o emissor não precisa manter reservas e o comprador não precisa ter interesse segurável no ativo.
32. Financial Crisis Inquiry Commission. *The Financial Crisis Inquiry Report*, p. 140.
33. US Department of the Treasury Press Room. *Treasury Announces TARP Capital Purchase Program*, 14 de outubro de 2008.
34. Turner. *Banking in Crisis*, p. 168.
35. Claessens *et al.*, "Lessons and policy implications"; Hüfner. "The German banking system"; Xiao. "French banks".
36. Ver Tooze. *Crashed*, capítulo 8.
37. Whelan. "Ireland's economic crisis", 431; Kelly. "The Irish credit bubble", 15; Honohan. "Resolving Ireland's banking crisis", 220–221.
38. Commission of Investigation into the Banking Sector in Ireland, *Misjudging Risk*, 77.
39. Whelan. "Ireland's economic crisis", 432.
40. Banco de España. *Report on the Financial and Banking Crisis in Spain*, p. 109–112.
41. Turner. *Banking in Crisis*, p. 96.
42. HM Revenue and Customs, *Annual UK Property Transaction Statistics*, 2015.
43. Números do National Association of Realtors.
44. Rajan. *Fault Lines*, p. 6; Regling e Watson. *A Preliminary Report*, p. 19; Jiménez. "Building boom", 264; Financial Crisis Inquiry Commission. *The Financial Crisis Inquiry Report*, p. 104; *Turner Review*, p. 11–12.
45. Gjerstad e Smith. *Rethinking Housing Bubbles*, p. 66.
46. Regling e Watson. *A Preliminary Report*, p. 29. Irlanda e Espanha foram os dois países da UE com a maior diferença entre depósitos de setores não financeiros domésticos e empréstimos a setores não financeiros domésticos — ver *Task Force of the Monetary Policy Committee of the european System of Central Banks*, "Housing finance", 43.
47. Taylor. "The financial crisis"; Gjerstad e Smith. "Monetary policy", 271; Taylor. "Causes of the financial crisis", 53.
48. Financial Crisis Inquiry Commission. *The Financial Crisis Inquiry Report*, p. 88.
49. CESifo DICE Database. Disponível em: www.cesifo-group.de/de/ifoHome/facts/DICe/Banking-and-Financial-Markets/Banking/Comparative-Statistics.html. Acesso em: 19 de novembro de 2019.

NOTAS BIBLIOGRÁFICAS 261

50. Lam. "Government interventions", 5; Task Force of the Monetary Policy Committee of the european System of Central Banks. "Housing finance", 73.
51. Financial Crisis Inquiry Commission. *The Financial Crisis Inquiry Report*, p. 7.
52. Norris e Coates. "Mortgage availability", 196.
53. Andrews e Sánchez. "The evolution of home ownership rates".
54. Financial Crisis Inquiry Commission. *The Financial Crisis Inquiry Report*, p. 7.
55. Mayer. "Housing bubbles", 564, 574.
56. Mian e Sufi. "The consequences"; *House of Debt*; Dell'Arriccia, Igan e Laeven. "Credit booms"; Mayer. "Housing bubbles"; Santos. *"Antes del diluvio"*; Ruiz, Stupariu e Vilarino. "The crisis"; Norris e Coates. "Mortgage availability"; "How housing killed the Celtic Tiger"; Dellepiane, Hardiman e Heras. "Building on easy money"; Turner. *Banking in Crisis*, p. 93–99.
57. Case e Shiller. "Is there a bubble?", 335.
58. Commission of Investigation into the Banking Sector in Ireland, *Misjudging Risk*, p. ii, 20.
59. Jiménez. "Building boom", 263.
60. Mayer. "Housing bubbles", 574.
61. Mian e Sufi. "Credit supply and housing speculation".
62. Financial Crisis Inquiry Commission. *The Financial Crisis Inquiry Report*, p. 6.
63. Glaesar. "A nation of gamblers", 38.
64. Case e Shiller. "Is there a bubble?", 321.
65. Case, Shiller e Thompson. "What have they been thinking?"
66. Financial Crisis Inquiry Commission. *The Financial Crisis Inquiry Report*, p. 8.
67. Kelly e Boyle. "Business on television", 237.
68. *Washington Post*, 28 de janeiro de 2016.
69. Commission of Investigation into the Banking Sector in Ireland, *Misjudging Risk*, p. 50.
70. Casey. "The Irish newspapers".
71. Knowles, Phillips e Lidberg. "Reporting the global financial crisis".
72. Mercile. "The role of the media".
73. Schifferes e Knowles. "The British media", 43; Müller. "The real estate bubble in Spain".
74. Walker. "Housing booms; The direction of media influence".
75. Glaesar. "A nation of gamblers", 4.
76. Financial Crisis Inquiry Commission. *The Financial Crisis Inquiry Report*, p. 7; Turner. *Banking in Crisis*, p. 217; Munoz e Cueto. "What has happened in Spain?", 212. Para a dependência das finanças de cidades e municípios espanhóis na construção de casas, ver Jiménez. "Building boom", 266; Dellepiane, Hardiman e Heras. "Building on easy money", 29.
77. Connor, Flavin e O'Kelly. "The U.S. and Irish credit crises", p. 74; O'Sullivan e Kennedy. "What caused the Irish banking crisis?", 230.
78. Parliamentary Commission on Banking Standards. *Changing Banking for Good*, p. 12.
79. Andrews e Sánchez. "The evolution of home ownership rates", 208.
80. Béland. "Neo-liberalism and social policy", 97–98.
81. Rajan. *Fault Lines*, p. 35, 38.
82. Calomiris e Haber, *Fragile by Design*, p. 234–235.
83. Wallison. "Government housing policy", 401.
84. Financial Crisis Inquiry Commission. *The Financial Crisis Inquiry Report*, p. xxxvii.
85. *Ibid.*, p. 445; Wallison, "Cause and effect".
86. Dellepiane, Hardiman e Heras. "Building on easy money", 29.
87. Belsky e Retsinas. "History of housing finance", 2–3; Andrews e Sánchez. "The evolution of home ownership rates".

88. Norris e Coates. "Mortgage availability", 193.
89. Hansard. *House of Commons Debate*, 15 de janeiro de 1980, Vol. 976, cols 1,443–575.
90. House of Commons Treasury Committee. *Banking Crisis: Regulation and Supervision*, p. 11.
91. Sobre o papel das três agências de classificação de crédito no boom e crash imobiliário, ver White. "The credit-rating agencies".
92. Parliamentary Commission on Banking Standards. *Changing Banking for Good*, p. 12.
93. Dellepiane, Hardiman e Heras. "Building on easy money", 14, 20; Kelly. "The Irish credit bubble", 24; Connor, Flavin e O'Kelly. "The U.S. and Irish credit crises", 73, 74; O Riain. "The crisis", 503.
94. Kelly. "What happened to Ireland?", 9.
95. McCarthy, Poole e Rosenthal. *Political Bubbles*, p. 83.
96. Johnson e Kwak. *13 Bankers*, p. 5; Johnson. "The quiet coup"; Financial Crisis Inquiry Commission. *The Financial Crisis Inquiry Report*, p. xviii.
97. Financial Crisis Inquiry Commission. *The Financial Crisis Inquiry Report*, p. xviii.
98. McCarthy, Poole e Rosenthal. *Political Bubbles*, p. 83.
99. Igan e Mishra. "Wall Street".
100. Baseado em dados da OECD.
101. Deaton. "The financial crisis".
102. Financial Crisis Inquiry Commission. *The Financial Crisis Inquiry Report*, p. 409.
103. Goodman e Mayer. "Homeownership", 31.
104. Mian e Sufi. *House of Debt*, p. 26.
105. *Fonte*: OECD.
106. Purdey. "Housing equity", 9.
107. BBC News. "Negative equity afflicts half a million households". Disponível em: www.bbc.co.uk/news/business-26389009. Acesso em: 19 de novembro de 2019.
108. Duffy e O'Hanlon. "Negative equity".
109. Goodman e Mayer. "Homeownership", 33.
110. Mian e Sufi. *House of Debt*, p. 22.
111. Kitchin, O'Callaghan e Gleeson. "The new ruins of Ireland"; Financial Crisis Inquiry Commission. *The Financial Crisis Inquiry Report*, p. 408; Dellepiane, Hardiman e Heras. "Building on easy money", 3; Munoz e Cueto. "What has happened in Spain?", 209.
112. Kitchin, O'Callaghan e Gleeson. "The new ruins of Ireland", 1,072.

Capítulo 11: Capitalismo de Cassino com Características Chinesas

1. Post no Freeweibo.com como relatdo por *Washington Post*, 7 de novembro de 2015.
2. Knowledge@Wharton, "What's behind China's stock market gamble?". Disponível em: https://knowledge.wharton.upenn.edu/article/whats-behind-chinas-stock-market-gamble/. Acesso em: 19 de novembro de 2019.
3. *Financial Times*, 30 de julho de 2015, p. 7.
4. Indicadores do Banco Mundial — baseado em dólares americanos atuais.
5. Steinfeld. *Forging Reform in China*; Zhan e Turner. "Crossing the river".
6. Huang. "How did China take off?"; Zhu. "Understanding China's growth".
7. Zhan e Turner. "Crossing the river", 241.
8. Allen e Qian. "China's financial system", 535.

NOTAS BIBLIOGRÁFICAS 263

9. *Fontes: Shanghai Stock Exchange Fact Book*, 2017, p. 217, 220; *Shenzhen Stock Exchange Fact Book*, 1998, p. 6–7; *Shenzhen Stock Exchange Fact Book*, 2001, p. 6–7; *Shenzhen Stock Exchange Fact Book*, 2007, p. 6–7; *Shenzhen Stock Exchange Fact Book*, 2008, p. 6–7; *Shenzhen Stock Exchange Fact Book*, 2016, p. 6–7.
10. Zhan e Turner. "Crossing the river", 238–239.
11. Beltratti, Bortolotti e Caccavaio. "Stock market efficiency", 126.
12. *Fontes*: Shanghai and Shenzhen Stock exchanges. *Nota*: O índice composto da Bolsa de Valores de Xangai começa em 19 de dezembro de 1990 e é fixado em 100 nesse dia. O índice composto da Bolsa de Valores de Shenzhen começa em 3 de abril de 1991 e é fixado em 100 nesse dia. O gráfico acima para no final de setembro de 2015, quando a bolha atingiu o fundo do poço.
13. Liao, Liu e Wang. "China's secondary privatization", 504–505.
14. Li. "The emergence of China's 2006–2007 stock market bubble".
15. *Financial Times*, 19 de abril de 2007, p. 1.
16. *New York Times*, 2 de abril de 2008.
17. Yao e Luo. "The economic psychology", 684, 685.
18. *Financial Times*, 7 de junho de 2007, p. 14.
19. *Ibid.*
20. Yang e Lim. "Why did the Chinese stock market perform so badly?"
21. *The Economist*, 30 de maio de 2015, p. 69–70.
22. Carpenter e Whitelaw. "The development of China's stock market", 234.
23. *Financial Times*, 20 de agosto de 2015, p. 7.
24. Smith. "Is China the next Japan?", 288.
25. Qian. "The 2015 stock panic".
26. *Guardian*, 8 de julho de 2015; *Foreign Policy*, 20 de julho de 2015.
27. *Washington Post*, 22 de agosto de 2015; Salidjanova. "China's stock market collapse"; BBC News. "What does China's stock market crash tell us?". Disponível em: www.bbc.co.uk/news/business-33540763, 22 de julho de 2015. Acesso em: 19 de novembro de 2019; *The Economist*, 30 de maio de 2015, p. 69–70.
28. *Financial Times*, 10 de junho de 2015; *Washington Post*, 12 de maio de 2015; Knowledge@Wharton, "What's behind China's stock market gamble?". Disponível em: https://knowledge.wharton.upenn.edu/article/whats-behind-chinas-stock-market-gamble/. Acesso em: 19 novembro de 2019.
29. *The Economist*, 13 de dezembro de 2014, p. 73.
30. Lu e Lu. "Unveiling China's stock market bubble".
31. *Washington Post*, 11 de julho de 2015.
32. Knowledge@Wharton, "What's behind China's stock market gamble?". Disponível em: https://knowledge.wharton.upenn.edu/article/whats-behind-chinas-stock-market-gamble/. Acesso em: 19 de novembro de 2019; *Foreign Policy*, 20 de julho de 2015; *Financial Times*, 10 de junho de 2015, p. 30; *Financial Times*, 26 de junho de 2015, p. 20; *Financial Times*, 30 de julho de 2015, p. 7.
33. Qian. "The 2015 stock panic".
34. *Shanghai Stock Exchange Fact Book*, 2017, p. 217–220; *Shenzhen Stock Exchange Fact Book*, 2016, p. 6, 7.
35. Lu e Lu. "Unveiling China's stock market bubble", 148.
36. *The Economist*, 30 de maio de 2015, p. 69–70.
37. *Ibid.*
38. *Financial Times*, 29 de maio de 2015, p. 11.
39. Qian. "The 2015 stock panic"; *Financial Times*, 20 de junho de 2015, p. 11.
40. *Financial Times*, 20 de junho de 2015, p. 20.
41. Qian. "The 2015 stock panic".

42. Salidjanova. "China's stock market collapse", p. 3; Qian. "The 2015 stock panic".
43. Qian. "The 2015 stock panic".
44. *Financial Times*, 29 de agosto de 2015, p. 7.
45. *International Financial Law Review*, 23 de setembro de 2015.
46. *Washington Post*, 7 de julho de 2015, 11 de julho de 2015.
47. *Financial Times*, 10 de julho de 2015, p. 11.
48. Qian. "The 2015 stock panic".
49. Salidjanova. "China's stock market collapse", 2.
50. *Washington Post*, 22 de agosto de 2015.
51. Lu e Lu. "Unveiling China's stock market bubble", 148.
52. *Financial Times*, 11 de abril de 2015, p. 9; *Financial Times*, 2 de julho de 2015, p. 10.
53. *Washington Post*, 12 de maio de 2015, 8 de julho de 2015.
54. *Washington Post*, 22 de agosto de 2015.
55. *Financial Times*, 10 de julho de 2015, p. 10.
56. *Washington Post*, 7 de outubro 2015.
57. *Financial Times*, 10 de julho de 2015, p. 11.
58. Lu e Lu. "Unveiling China's stock market bubble", 149.
59. *Financial Times*, 31 de janeiro de 2007, p. 14; *Financial Times*, 7 de junho de 2007, p. 14.
60. *Financial Times*, 31 de janeiro de 2007, p. 17.
61. Lu e Lu. "Unveiling China's stock market bubble", 152, 153.
62. *China Daily*, 11 de novembro de 2015.
63. Qian. "The 2015 stock panic".
64. *Washington Post*, 8 de julho de 2015; Smith. "Is China the next Japan?", 291.
65. Lu e Lu. "Unveiling China's stock market bubble", 151.
66. *International Financial Law Review*, 23 de setembro de 2015.
67. Smith. "Is China the next Japan?", 292; *International Financial Law Review*, 23 de setembro de 2015.
68. *Financial Times*, 10 de julho de 2015, p. 11.
69. *Fontes: Shanghai Stock Exchange Fact Book*, 2017, p. 217, 220; *Shenzhen Stock Exchange Fact Book*, 1998, p. 6–7; *Shenzhen Stock Exchange Fact Book*, 2001, p. 6–7; *Shenzhen Stock Exchange Fact Book*, 2007, p. 6–7; *Shenzhen Stock Exchange Fact Book*, 2008, p. 6–7; S*henzhen Stock Exchange Fact Book*, 2016, p. 6, 7.
70. *International Financial Law Review*, 23 de setembro de 2015.
71. Andrade, Bian e Burch. "Analyst coverage".
72. Xiong e Yu. "The Chinese warrants bubble".
73. *Shanghai Stock Exchange Fact Book*, 2016, p. 13.
74. CNBC.com, "CSRC boss Xiao Gang criticized for China's stock market mayhem", 10 de janeiro de 2016. Disponível em: www.cnbc.com/2016/01/10/ csrc-boss-xiao-gang-criticized-for-chinas-stock-market-mayhem.html. Acesso em: 21 de agosto de 2019.

Capítulo 12: Prevendo Bolhas

1. Tooke. *A History of Prices*, Vol. II, p. 179.
2. Foley, Karlsen e Putniņs. "Sex, drugs and bitcoin".
3. Disponível em: www.coindesk.com/price/bitcoin. Aceso em: 19 de novembro de 2019.
4. Securities exchange Commission. "In the matter of Tomahawk exploration LLC and David Thompson Laurence". Disponível em: www.sec.gov/litigation/admin/2018/33-10530.pdf. Acesso em: 25 de novembro de 2019; ICOdata.io.
5. Disponível em: www.coinbase.com. Acesso em: 19 de novembro de 2019.
6. Disponível em: https://crypto20.com. Acesso em: 19 de novembro de 2019.

7. Gornall e Strebulaev. "Squaring venture capital valuations with reality".
8. A inspiração dessa tabela vem de Janeway. *Doing Capitalism*, p. 233.
9. Ver Jones. "Asset bubbles" para uma discussão de como a ascensão da indústria de gestão de ativos afeta as várias teorias de bolhas.
10. Posen. "Why central banks should not burst bubbles".
11. Bernanke e Gertler. "Should central banks respond to movements in asset prices?"; Trichet. "Asset price bubbles".
12. Bernanke. "Asset price 'bubbles' and monetary policy".
13. Assenmacher-Wesche e Gerlach. "Financial structure".
14. Trichet. "Asset price bubbles".
15. Voth. "With a bang, not a whimper".
16. Tobin. "A proposal".
17. Keynes. *The General Theory*, capítulo 12.
18. Brunnermeier e Schnabel. "Bubbles and central banks".
19. Para uma perspectiva geral da literatura, ver Bordo. "The lender of last resort" e Freixas *et al.*, "Lender of last resort".
20. Kindleberger. *Manias, Panics and Crashes*, p. 146.
21. Calomiris e Haber. *Fragile By Design*.
22. de Tocqueville. *Democracy in America*, p. 600.
23. Tetlock. "Giving content to investor sentiment"; García. "Sentiment during recessions"; Griffin, Hirschey e Kelly. "How important is the financial media?"; Walker. "Housing booms".
24. Akerlof e Shiller. *Animal Spirits*, p. 55.
25. Shiller. *Irrational Exuberance*, p. 105.
26. Gentzkow e Shapiro. "Media bias and reputation".
27. Dyck e Zingales. "The bubble and the media".
28. *Ibid*.
29. Ver, por exemplo, Gerard. *Attack*. Disponível em: https://davidgerard.co.uk/blockchain/. Acesso em: 19 novembro de 2019; Disponível em: www.coppolacomment.com/. Acesso em: 19 novembro de 2019. Uma exceção à má qualidade da cobertura da mídia noticiosa foi o *Financial Times* de Alphaville.
30. Sobre o efeito corrosivo da televisão no discurso público, ver Postman. *Amusing Ourselves to Death*.
31. Akerlof e Shiller. *Phishing for Phools*.
32. Ver Barberis e Huang. "Stocks as lotteries".
33. *Wall Street Journal*. "Amazon's IPO at 20: That amazing return you didn't earn", 14 de maio de 2017.
34. Sobre isso, ver Hagstrom. *Investing: The Last Liberal Art*.

BIBLIOGRAFIA

Relatórios Oficiais / Documentos Parlamentares

Banco de españa, *Report on the Financial and Banking Crisis in Spain, 2008–2014*, 2017.

Commission of Investigation into the Banking Sector in Ireland, *Misjudging Risk: Causes of the Systemic Banking Crises in Ireland*, 2011.

Committee of Secrecy on the Bank of england Charter (P.P. 1.831– 1832, VI).

Financial Crisis Inquiry Commission, *The Financial Crisis Inquiry Report*, 2011.

Hansard, *House of Commons Debates*, 1980.

HM Revenue and Customs, *Annual UK Property Transaction Statistics*, 2015.

House of Commons, A*n Act for Making Several Provisions to Restore the Publick Credit, Which Suffers by the Frauds and Mismanagements of the Late Directors of the South-Sea Company, And Others*, London: John Baskett, 1721.

House of Commons, *The Several Reports of the Committee of Secrecy to the Honourable House of Commons, Relating to the Late South-Sea Directors*, London: A. Moore, 1721.

House of Commons Treasury Committee, *Banking Crisis: Regulation and Supervision*, London: Stationery Office, 2009.

Minutes of the Board of Governors of the Federal Reserve System, 1928.

Parliamentary Commission on Banking Standards, *Changing Banking for Good*, London: HMSO, 2013.

Plaza Accord, 1985. Disponível em: www.g8.utoronto.ca/finance/fm850922.htm. Acesso em: 11 de abril de 2019.

Public Inquiry into the Australian Gambling Industry: Final Report, Canberra: Productivity Commission, 1999.

Railway Subscription Contracts Deposited in the Private Bill Office of the House of Commons, Session 1837 (P.P. 1.837, XLVIII).

Report of the Royal Commission on Banking Laws (Victoria Parliament 1887).

Report of the Registrar of Friendly Societies for the Year ending 1882 (Victoria Parliament 1887).

Report of the Select Committee on Joint Stock Companies (P.P. 1.844, VII).

Reports of the Select Committee of House of Lords on Audit of Railway Accounts (P.P. 1.849, XXII).

Return of Railway Subscribers (P.P. 1.845, XL). Return of Railway Subscribers (P.P. 1.846, XXXVIII).

Return of the Number of Newspaper Stamps at One Penny (P.P. 1.852, XLII).

Secret Committee of the House of Lords on Commercial Distress (P.P. 1.847–1.848, I).

Select Committee on Banks of Issue (P.P. 1.840, IV).

The Turner Review: A Regulatory Response to the Global Banking Crisis. London: FSA, 2009.

United States Senate, *Brokers' Loans: Hearings before the Committee on Banking and Currency*, 1928.

United States Treasury Department Office of Public Affairs, *Treasury Senior Preferred Stock Purchase Agreement*, 7 de setembro de 2008

Jornais e Periódicos

Australasian Insurance and Banking Record
Bankers' Magazine
Bath Chronicle
BBC News
Birmingham Daily Mail
Channel 4 News
China Daily
Cycling
Daily Post
Daily Telegraph
Financial Times
Foreign Affairs
Foreign Policy
Fortune
Gazette d'Amsterdam
Guardian
Harvard Business Review
Herapath's Railway and Commercial Journal
Independent
Inquirer
International Financial Law Review
Japan Times
Leydse Courant
London Journal
Manchester Times
Money: A Journal of Business and Finance
Morning Chronicle
New York Daily Investment News
New York Daily News
New York Times
New Yorker
Punch
Railway Times
RTE
Scotsman
The Economist
The Street
The Times
Wall Street Journal
Washington Post
Weekly Journal or British Gazetteer
Wetenhall's Course of the Exchange

Arquivos e Bases de Dados

Archival Federal Reserve economic Data (ALFReD)
Bank of england, *A Millennium of Macroeconomic Data Barclays' Equity Gilt Study*, 2016

Board of Governors of the Federal Reserve System, *Minutes,* 1928

Bloomberg

CeSifo DICe Database. Disponível em: www.cesifo-group.de/de/ifoHome/facts/DICe/Banking-and-Financial-Markets/Banking/Comparative-Statistics.html. Acesso em: 19 de novembro de 2019.

Cradle of Inventions

Deutsche Börse Group, 'Nemax 50'. Disponível em: https://deutsche-boerse.com/dbg-en/our-company/know-how/glossary/glossary-article/NeMAX-50-248782. Acesso em: 25 de novembro de 2019.

European State Finance Database

Federal Reserve economic Data (FReD)

Financial Industry Regulatory Authority Margin Statistics. Disponível em: www.finra.org/investors/margin-statistics. Acesso em: 27 de novembro de 2018.

Gentzkow, M.; Shapiro, J.; Sinkinson, M. *'Circulation of US Daily Newspapers, 1924, Audit Bureau of Circulations.* Ann Arbor, MI: Inter-university Consortium for Political and Social Research, 2016

HM Land Registry Open Data. Disponível em: http://landregistry.data.gov.uk/. Acesso em: 27 de março de 2019.

International Monetary Fund Global Debt Database

Land Institute of Japan

Mitsui Fusodan Japanese Real estate Statistics 2019. Disponível em: www.mitsuifudosan.co.jp/english/realestate_statics/. Acesso em: 1º de abril de 2019.

National Archives (Kew), BT31 Files

National Bureau of economic Research, US Business Cycle expansions and Contractions. Disponível em: www.nber.org/cycles/. Acesso em: 4 de agosto de 2017.

New York Stock exchange Market Data. Disponível em: www.nyxdata.com/Data-Products/Facts-and-Figures. Acesso em: 31 de julho de 2017.

Securities Act of 1933. Disponível em: http://legcounsel.house.gov/Comps/Securities%20Act%20Of%201933.pdf. Acesso em: 31 de julho de 2019.

Securities exchange Act of 1934. Disponível em: https://fraser.stlouisfed.org/files/docs/historical/congressional/securities-exchange-act.pdf. Acesso em: 31 de julho de 2019.

Shanghai Stock Exchange Fact Book, 2016, 2017

Shenzhen Stock Exchange Fact Book, 1998, 2001, 2007, 2008, 2016

Standard and Poor's CoreLogic Case-Shiller Home Price Indexes. Disponível em: https://us.spindices.com/index-family/real-estate/sp-corelogic-case-shiller. Acesso em: 19 de novembro de 2019.

Statutes at Large from the Fifth to Ninth Year of King George, Cambridge: Danby Pickering, 1765

US Securities and exchange Commission, After-Hours Trading: Understanding the Risks, November 2008. Disponível em: www.sec.gov/reportspubs/investor-publications/investorpubsafterhourshtm.html. Acesso em: 17 de julho de 2017.

US Securities and exchange Commission, Special Study: On-Line Brokerage: Keeping Apace of Cyberspace, November 1999. Disponível em: www.sec.gov/news/studies/cyberspace.htm. Acesso em: 17 de julho de 2017.

US Securities and exchange Commission, Special Study: electronic Communication Networks and After-Hours Trading, June 2000. Disponível em: www.sec.gov/news/studies/ecnafter.htm. Acesso em: 17 de julho de 2017.

Warrington College of Business IPO Data. Disponível em: https://site.warrington.ufl.edu/ritter/ipo-data/. Acesso em: 17 de julho de 2017.

World Bank

World Development Indicators

Yahoo! Finance
Yale International Center for Finance, South Sea Bubble 1720 Project
Zeno Bibliothek. Disponível em: www.zeno.org. Acesso em: 25 de fevereiro de 2019.

Livros, Artigos, Teses e Panfletos

Abreu, D.; Brunnermeier, M. K. 'Bubbles and crashes', *Econometrica*, 71, 173–204, 2003.

Abreu, D.; Brunnermeier, M. K. 'Synchronization risk and delayed arbitrage', *Journal of Financial Economics*, 66, 341–60, 2002.

Acheson, G. G.; Campbell, G.; Turner, J. D. 'Who financed the expansion of the equity market? Shareholder clienteles in Victorian Britain', *Business History*, 59, 607–37, 2016.

Acheson, G. G.; Coyle, C.; Turner, J. D. 'Happy hour followed by hangover: financing the UK brewery industry, 1880–1913', *Business History*, 58, 725–51, 2016.

Acheson, G. G.; Hickson, C. R.; Turner, J. D. 'Organizational flexibility and governance in a civil-law regime: Scottish partnership banks during the Industrial Revolution', *Business History*, 53, 505–29, 2011.

Acheson, G. G.; Hickson, C. R.; Turner, J. D.; Ye, Q. 'Rule Britannia!: British stock market returns, 1825–1870', *Journal of Economic History*, 69, 1,107–37, 2009.

Acheson, G. G.; Turner, J. D.; Ye, Q. 'The character and denomination of shares in the Victorian equity market', *Economic History Review*, 65, 862–86, 2012.

Aggarwal R. K.; Krigman, L.; Womack, K. L. 'Strategic IPO underpricing, information momentum, and lockup expiration selling', *Journal of Financial Economics*, 66, 105–37, 2002.

Akerlof, G. A.; Shiller, R. J. *Animal Spirits*, Princeton University Press, 2009.

Akerlof, G. A.; Shiller, R. J. *Phishing for Phools: The Economics of Manipulation and Deception*, Princeton University Press, 2015.

Allen, F. 'Do financial institutions matter?', *Journal of Finance*, 56, 1,165–75, 2001.

Allen, F.; Gale, D. 'Asset price bubbles and stock market interlinkages' in W. C. Hunter, G. G. Kaufman e M. Pomerleano (eds.), *Asset Price Bubbles: The Implications for Monetary, Regulatory, and International Policies*, Cambridge, MA: MIT Press, 2005.

Allen, F.; Gale, D. 'Bubbles and crises', *Economic Journal*, 110, 236–55, 2000.

Allen, F.; Gale, D. 'Bubbles, crises, and policy', *Oxford Review of Economic Policy*, 15, 9–18, 1999.

Allen, F.; Qian, J. 'China's financial system and the law', *Cornell International Law Journal*, 47, 499–553, 2014.

Anderson, A. 'An extract from The Origin of Commerce (1801)' in R. B. emmett (ed.), *Great Bubbles*, Vol. III, London: Pickering and Chatto, 2000.

Andrade, S. C.; Bian, J.; Burch, T. R. 'Analyst coverage, information, and bubbles', *Journal of Financial and Quantitative Analysis*, 48, 1,573–605, 2013.

Andreades, A. *A History of the Bank of England*, London: P. S. King and Son, 1909.

Andrews, D.; Sa'nchez, A. C. 'The evolution of home ownership rates in selected OeCD countries: demographic and public policy influences', OECD *Journal: Economic Studies*, 207–43, 2011.

Anon. *A Short and Sure Guide to Railway Speculation*, 7th edition, London: effingham Wilson, 1845.

Anon. 'History of Bank of england', *The Banker's Magazine*, 12, 508–20, 1863.

Anon. *The Railway Speculator's Memorandum Book, Ledger, and General Guide to Secure Share Dealing*, London: Simpkin, Marshall and Co., 1845.

Anon. *Remarks on Joint Stock Companies by an Old Merchant*, London: John Murray, 1825.

Anon. *The South Sea Bubble and the Numerous Fraudulent Projects to Which It Gave Rise in 1720, Historically Detailed as a Beacon to the Unwary Against Modern Schemes Equally Visionary and Nefarious*, 2nd edition, London: Thomas Boys, 1825.

Arnold, A.; McCartney, S. 'It may be earlier than you think: evidence, myths and informed debate in accounting history', *Critical Perspectives on Accounting*, **14**, 227–53, 2003.

Assenmacher-Wesche, K.; Gerlach, S. 'Financial structure and the impact of monetary policy on asset prices', *Swiss National Bank Working Paper*, No. 2008–16, 2008.

Aumeboonsuke, V.; Tangjitprom, N. 'The performance of newly issued stocks in Thailand', *International Journal of Economics and Finance*, **4**, 103–9, 2012.

Aytoun, W. E. 'How we got up the Glenmutchkin Railway, and how we got out of it', *Blackwood's Edinburgh Magazine*, **21**, 453–66, 1845.

Bailey, J. D. 'Australian borrowing in Scotland in the nineteenth century', *Economic History Review*, **12**, 268–79, 1959.

Ball, L. M. *The Fed and Lehman Brothers: Setting the Record Straight on a Financial Disaster*, New York: Cambridge University Press, 2018.

Barberis, N.; Huang, M. 'Stocks as lotteries: the implications of probability weighting for security prices', *American Economic Review*, **98**, 2,066–100, 2008.

Barberis, N.; Greenwood, R.; Jin, L.; Shleifer, A. 'extrapolation and bubbles', *Journal of Financial Economics*, **129**, 203–27, 2018.

Barberis, N.; Shleifer, A. e Vishny, R.'A model of investor sentiment', *Journal of Financial Economics*, **49**, 307–43, 1998.

Basile, P. F.; Kang, S. W.; Landon-Lane, J.; Rockoff, H. 'Towards a history of the junk bond market, 1910–1955', *NBER Working Paper*, No. 21559, 2015.

Be´land, D. 'Neo-liberalism and social policy: the politics of ownership', *Policy Studies*, **28**, 91–107, 2007.

Belsky, E.; Retsinas, N. *'History of housing finance and policy in Spain'*, Harvard University, mimeo, 2004.

Beltratti, A.; Bortolotti, B.; Caccavaio, C. 'Stock market efficiency in China: evidence from the split-share reform', *Quarterly Review of Economics and Finance*, **60**, 125–37, 2016.

Bernanke, B. S. 'Asset-price "bubbles" and monetary policy', *Speech delivered at the New York Chapter of the National Association for Business Economics*, New York, 15 October 2002.

Bernanke, B. S. 'Nonmonetary effects of the financial crisis in the propagation of the Great Depression', *American Economic Review*, **73**, 257–76, 1983.

Bernanke, B. S.; Gertler, M. 'Should central banks respond to movements in asset prices?', *American Economic Review*, **91**, 253–7, 2001.

Bernstein, *The Great Depression: Delayed Recovery and Economic Change in America, 1929–1939*, Cambridge University Press, 1987.

Birch, J. K. *Birch's Manual of Bicycle Companies 1897*, Westminster: Albany, 1897.

Blainey, G.; Hutton, G. *Gold and Paper, 1858–1982: A History of the National Bank of Australasia Ltd*, Melbourne: Macmillan, 1983.

Blanchard, O.; Watson, M. 'Bubbles, rational expectations, and financial markets' in P. Wachter (ed.), *Crises in the Economic and Financial Structure*, Lexington, MA: Lexington Books, 1982.

Blaug, M. *Pre-Classical Economists: John Law*, Cheltenham: edward elgar, 1991.

Boehm, E. A. *Prosperity and Depression in Australia 1887–1897*, Oxford: Clarendon Press, 1971.

Bonney, R. 'France and the first european paper money experiment', *French History*, **15**, 254–72, 2001.

Bordo, M. D. 'The lender of last resort: alternative views and historical experience', *Federal Reserve Bank of Richmond Economic Review*, Jan/Feb, 18–29, 1990.

Bordo, M. D.; White, E. N. 'A tale of two currencies: British and French finance during the Napoleonic Wars', *Journal of Economic History*, **51**, 303–16, 1991.

Bowles, C. *The Bubblers Medley, or A Sketch of the Times: Being Europe's Memorial for the Year 1720*, London: Carington Bowles, 1720.

Boyer, G. R.; Hatton, T. J. 'New estimates of British unemployment, 1870–1913', *Journal of Economic History*, **62**, 643–75, 2002.

Braggion, F.; Moore, L. 'Dividend policies in an unregulated market: the London Stock exchange, 1895–1905', *Review of Financial Studies*, **24**, 2,935–73, 2011.

Brennan, M. J. 'How did it happen?', *Economic Notes*, **33**, 3–22, 2004.

Broadberry, S.; Campbell, B. M. S.; Klein, A.; Overton, M.; E van Leeuwen, B. *British Economic Growth, 1270–1870*, Cambridge University Press, 2015.

Broadbridge, S. A. 'The sources of railway share capital' in M. C. Reed (ed.), *Railways in the Victorian Economy: Studies in Finance and Economic Growth*, New York: Augustus M. Kelley, 1968.

Bromhead, A. de, eichengreen, B. e O'Rourke, K. H. 'Political extremism in the 1920s and 1930s: do german lessons generalize?', *Journal of Economic History*, **73**, 371–406, 2013.

Bronte", C. *The Letters of Charlotte Bronte", with a Selection of Letters by Family and Friends: Vol. II, 1848–1851*, edited by M. Smith, Oxford University Press, 2000.

Brooks, J. *Once in Golconda*, New York: John Wiley and Sons, 1999. Brown, L. *Victorian News and Newspapers*, Oxford: Clarendon Press, 1985.

Brunnermeier, M. K. 'Bubbles' in S. N. Durlauf and L. E. Blume (eds.), *The New Palgrave Dictionary of Economics*, Basingstoke: Palgrave Macmillan, 2008.

Brunnermeier, M. K.; Nagel, S. 'Hedge funds and the technology bubble', *Journal of Finance*, **59**, 2,013–40, 2004.

Brunnermeier, M. K.; Schnabel, I. 'Bubbles and central banks: historical perspectives', *Gutenberg School of Management and Economics Discussion Paper* 1411, 2014.

Butlin, N. G. *Australian Domestic Product, Investment and Foreign Borrowing 1861–1938/39*, Cambridge University Press, 1962.

Butlin, N. G. *Investment in Australian Economic Development 1861–1900*, Cambridge University Press, 1964.

Butlin, N. G. 'The shape of the Australian economy 1861–1900', *Economic Record*, **34**, 10–129, 1958.

Butlin, S. J. *The Australian Monetary System 1851–1914*, Melbourne: Ambassador Press, 1986.

Cai, J.; Wei, K. C. J. 'The investment and operating performance of Japanese initial public offerings', *Pacific-Basin Finance Journal*, **5**, 389–417, 1997.

Calomiris, C. W. and Haber, S. H. *Fragile by Design: The Political Origins of Banking Crises and Scarce Credit*, Princeton University Press, 2014.

Calomiris, C. W.; Mason, J. R. 'Consequences of bank distress during the Great Depression', *American Economic Review*, **93**, 937–47, 2003.

Campbell, G. 'Deriving the railway mania', *Financial History Review*, **20**, 1–27, 2013.

Campbell, G. 'Myopic rationality in a mania', *Explorations in Economic History*, **49**, 75–91, 2012.

Campbell, G.; Turner, J. D. 'Dispelling the myth of the naive investor during the British Railway Mania, 1845–46', *Business History Review*, **86**, 3–41, 2012.

Campbell, G.; Turner, J. D. 'Managerial failure in mid-Victorian Britain?: Corporate expansion during a promotion boom', *Business History*, **57**, 1,248–76, 2015.

Campbell, G.; Quinn, W.; Turner, J. D.; Ye, Q. 'What moved share prices in the nineteenth-century London stock market?' *Economic History Review*, **71**, 157–89, 2018.

Campbell, G.; Turner, J. D.; Walker, C. B. 'The role of the media in a bubble', *Explorations in Economic History*, **49**, 461–81, 2012.

Campbell, G.; Turner, J. D.; Ye, Q. 'The liquidity of the London capital markets', E*conomic History Review*, **71**, 705–1,026, 2018.

Cannon, M. *The Land Boomers*, Melbourne University Press, 1966. Cargill, T. 'What caused Japan's banking crisis?' in T. Hoshi and H. Patrick (eds.), *Crisis and Change in the Japanese Financial System*, New York: Springer, 2000.

Carlos, A. M.; Neal, L. 'The micro-foundations of the early London capital market: Bank of england shareholders during and after the South Sea Bubble, 1720–21', *Economic History Review*, **59**, 498–538, 2006.

Carlos, A. M.; Maguire, K.; Neal, L. 'A knavish people … ': London Jewry and the stock market during the South Sea Bubble', *Business History*, **50**, 728–48, 2008.

Carlos, A. M.; Maguire, K.; Neal, L. 'Financial acumen, women speculators, and the Royal African Company during the South Sea Bubble', *Accounting, Business & Financial History*, **16**, 219–43, 2006.

Carpenter, J. N.; Whitelaw, R. F. 'The development of China's stock market and stakes for the global economy', *Annual Review of Financial Economics*, **9**, 233–57, 2017.

Carswell, J. *The South Sea Bubble*, London: The Cresset Press, 1960.

Case, K. E.; Shiller, R. J. 'Is there a bubble in the housing market?', *Brookings Papers on Economic Activity*, 299–342, 2003.

Case, K. E.; Shiller, R. J.; Thompson, A. 'What have they been thinking? Home buyer behaviour in hot and cold markets', *NBER Working Paper*, No. 18400, 2012.

Casey, C. M. 'The Irish newspapers and the residential property boom', *New Political Economy*, **24**, 144–57, 2019.

Cassidy, J. Dot.Con: *The Greatest Story Ever Sold*, London: Penguin, 2002.

Casson, M. 'The efficiency of the Victorian British railway network: A counterfactual analysis', *Networks and Spatial Economics*, **9**, 339–78, 2009.

Casson, M. *The World's First Railway System: Enterprise, Competition, and Regulation on the Railway Network in Victorian Britain*, Oxford University Press, 2009.

Ceballos, F. C.; Alvarez, G. 'Royal dynasties as human inbreeding laboratories: the Habsburgs', *Heredity*, **111**, 114–21, 2013.

Cellan-Jones, R. *Dot.Bomb: The Strange Death of* Dot.Com *Britain*, London: Aurum Press, 2001.

Chancellor, e. *Devil Take the Hindmost: A History of Financial Speculation*, Basingstoke: Macmillan, 1999.

Choudhry, T. 'Interdependence of stock markets: evidence from europe during the 1920s and 1930s', *Applied Financial Economics*, **6**, 243–9, 1996.

Claessens, S.; Dell'Ariccia, G.; Igan, D.; Laeven, L. 'Lessons and policy implications from the global financial crisis', *IMF Working Paper*, No. WP/10/44, 2010.

Clapham, J. H. *The Bank of England: A History*, 2 vols. Cambridge University Press, 1944.

Cleveland-Stevens, E. C. *English Railways: Their Development and their Relation to the State*, London: Routledge, 1883.

Clifford, F. *A History of Private Bill Legislation*, Vol. I, London: Butterworths, 1885.

Coffee, J. C. 'A theory of corporate scandals: Why the USA and europe differ', *Oxford Review of Economic Policy*, **21**, 198–211, 2005.

Coghlan, T. A. *Labour and Industry in Australia: From the First Settlement in 1788 to the Establishment of the Commonwealth in 1901*, Vol. IV, Oxford University Press, 1918.

Collins, M.; Baker, M. *Commercial Banks and Industrial Finance in England and Wales, 1860–1913*, Oxford University Press, 2003.

Condorelli, S. 'The 1719–20 stock euphoria: a pan-european perspective.' *Munich Personal RePEc Archive Working Paper*, No. 82821, 2016.

Connor, G.; Flavin, T.; O'Kelly, B. 'The U.S. and Irish credit crises: their distinctive differences and common features', *Journal of International Money and Finance*, **31**, 60–79, 2012.

Cork, N. 'The late Australian banking crisis', *Journal of the Institute of Bankers*, **15**, 175–261, 1894.

Costeloe, M. P. 'William Bullock and the Mexican connection', *Mexican Studies*, **22**, 275–309, 2006.

Costigliola, F. 'The United States and the reconstruction of Germany in the 1920s', *Business History Review*, **50**, 477–502, 1976.

Crafts, N. F. R.; Mills, T. C. and Mulatu, A. 'Total factor productivity growth on Britain's railways, 1852–1912: a reappraisal of the evidence', *Explorations in Economic History*, **44**, 608–34, 2007.

Dale, R. *The First Crash: Lessons from the South Sea Bubble*. Princeton University Press, 2004.

Dale, R. S.; Johnson, J. E. V.; Tang, L. 'Financial markets can go mad: evidence of irrational behaviour during the South Sea Bubble', *Economic History Review*, **58**, 233–71, 2005.

Daly, M. T. *Sydney Boom Sydney Bust: The City and its Property Market*. Sydney: George Allen and Unwin, 1982.

Daniel, K.; Hirshleifer, D.; Subrahmanyam, A. 'Investor psychology and security market under- and overreactions', *Journal of Finance*, **53**, 1,839–85, 1998.

Darnton, R. 'An early information society: News and the media in eighteenth-century Paris', *American Historical Review*, **105**, 1–35, 2000.

Davenport-Hines, R. 'Wilks, John' in *Oxford Dictionary of National Biography*, Oxford: Oxford University Press, 2004.

Davis, A. M. 'An historical study of Law's system (1887)' in R. B. emmett (ed.), *Great Bubbles*, Vol. II, London: Pickering and Chatto, 2000.

Davison, G. *The Rise and Fall of Marvellous Melbourne*. Melbourne University Press, 1978.

Dawson, F. G. *The First Latin American Debt Crisis: The City of London and the 1822–25 Loan Bubble*, New Haven, CT: Yale University Press, 1990.

Day, H. *A Defence of Joint Stock Companies; Being An Attempt to Shew Their Legality, Expediency, and Public Benefit*, London: Longman, Hurst, Rees and Orme, 1808.

De Tocqueville, A. *Democracy in America*, New York: Penguin, 2004 [1835].

Deaton, A. 'The financial crisis and the well-being of Americans', *Oxford Economic Papers*, **64**, 1–26, 2012.

Defoe, D. *The Anatomy of Exchange-Alley*, 2nd edition, London: e. Smith, 1719.

Dehesh, A.; Pugh, C. 'The internationalization of post-1980 property cycles and the Japanese "bubble" economy, 1986–96', *International Journal of Urban and Region Research*, 23, 147–64, 1999.

Dell'Ariccia, G.; Detragiache, E.; Rajan, R. 'The real effect of banking crises', *Journal of Financial Intermediation*, **17**, 89–112, 2008.

Dell'Arriccia, G.; Igan, D.; Laeven, L. 'Credit booms and lending standards: evidence from the subprime mortgage market', *Journal of Money, Credit and Banking*, **44**, 367–84, 2012.

Dellepiane, S.; Hardiman, N.; Heras J. L. 'Building on easy money: the political economy of housing bubbles in Ireland and Spain', *UCD Geary Institute Discussion Papers*, WP2103/18, 2013.

DeLong, J. B.; Magin, K. 'A short note on the size of the dot-com bubble', *NBER Working Paper*, No. 12011, 2006.

Dhar, R.; Goetzmann, W. N. 'Bubble investors: what were they thinking?', *Yale ICF Working Paper*, No. 06–22, 2006.

Dickens, C. *The Letters of Charles Dickens. Vol. IV, 1844–1846*, edited by K. Tillotson, Oxford University Press, 1977.

Dickson, P. G. M. *The Financial Revolution in England: A Study in the Development of Public Credit, 1688–1756*. London: Macmillan, 1967.

Disraeli, B. *An Inquiry into the Plans, Progress, and Policy of the American Mining Companies*, 3rd edition, London: John Murray, 1825.

Disraeli, B. *Letters, 1815–1834*, London: University of Toronto Press, 1982.

Dobbin, F. *Forging Industrial Policy: The United States, Britain, and France in the Railway Age*, Cambridge University Press, 1994.

Donaldson, R. G.; Kamstra, M. 'A new dividend forecasting procedure that rejects bubbles in asset prices: the case of 1929's stock crash', *Review of Financial Studies*, **9**, 333–83, 1996.

Dowd, K. 'Free banking in Australia' in K. Dowd (ed.), *The Experience of Free Banking*, London: Routledge, 1992.

Duffy, D.; O'Hanlon, N. 'Negative equity in the Irish housing market: estimates using loan level data', *ESRI Working Paper*, No. 463, 2013.

Dyck, A.; Zingales, L. 'The bubble and the media', in P. Cornelius and B. Kogut (eds.), *Corporate Governance and Capital Flows in a Global Economy*, New York: Oxford University Press, 2002.

Eatwell, J. 'Useful bubbles', *Contributions to Political Economy*, **23**, 35–47, 2004.

Edwards, G. W. 'Government control of foreign investments', *American Economic Review*, **18**, 684–701, 1928.

Eichengreen, B. *Golden Fetters: The Gold Standard and the Great Depression, 1919–1939*, New York: Oxford University Press, 1992.

Eichengreen, B. *Hall of Mirrors*, New York: Oxford University Press, 2015.

Eichengreen, B.; Hatton, T. 'Interwar unemployment in international perspective', *IRLE Working Paper*, No. 12–88, 1988.

Eichengreen, B. and Mitchener, K. 'The Great Depression as a credit boom gone wrong', *BIS Working Paper*, No. 137, 2003.

Ellis, A. 'The Australian banking crisis', *Economic Journal*, **3**, 293–7, 1893.

Emden, P. H. *Money Powers of Europe in the Nineteenth and Twentieth Centuries*, London: Sampson Low, Marston and Co., 1938.

English, H. *A Complete View of the Joint Stock Companies Formed during the Years 1824 and 1825*, London: Boosey and Sons, 1827.

English, H. *A General Guide to the Companies Formed for the Working of Foreign Mines*, London: Boosey & Sons, 1825.

Englund, P. 'The Swedish banking crisis: roots and consequences', *Oxford Review of Economic Policy*, **15**, 80–97, 1999.

Engsted, T. 'Fama on bubbles', *CREATES Working Paper*, No. 2014–28, 2014.

Esteves, R.; Mesevage, G. G. 'The rise of new corruption: British MPs during the Railway Mania of 1845', University of Oxford mimeo.

Fabbri, F.; Marin, D. 'What explains the rise in CeO pay in Germany? A panel data analysis for 1977–2009', *Munich Discussion Paper*, No. 2012–12, 2012.

Fama, e. 'Two pillars of asset pricing', *American Economic Review*, **104**, 1,467–85, 2014.

Farhi, e.; Panageas, S. 'The real effects of stock market mispricing at the aggregate: theory and empirical evidence', *Harvard University Working Paper*, 2006.

Fenn, M. J. *British Investment in South America and the Financial Crisis of 1825–1826*, MA thesis, Durham University, 1969.

Ferguson, N. *The Ascent of Money: A Financial History of the World*, London: Penguin, 2009.

Fishback, P.; Haines, M. R.; Kantor, S. 'Births, deaths, and New Deal relief during the Great Depression', *Review of Economics and Statistics*, **89**, 1–14, 2007.

Fisher, C.; Kent, C. 'Two depressions, one banking collapse', *Reserve Bank of Australia Research Discussion Paper*, No. 1999–06, 1999.

Fisher, I. 'The debt-deflation theory of great depressions', *Econometrica*, **1**, 337–57, 1933.

Fitzgerald, F. S. *The Great Gatsby*, New York: Scribner, 1925. Flandreau, M.; Gaillard, N.; Packer, F. 'Ratings performance, regulation and the great depression: lessons from foreign government securities', *CEPR Discussion Paper*, No. DP7328, 2009.

Foley, S.; Karlsen, J. R.; Putniņs, T. 'Sex, drugs, and bitcoin: how much illegal activity is financed through cryptocurrencies?', *Review of Financial Studies*, **2**, 1798–853, 2019.

Francis, J. *A History of the English Railway: Its Social Relations and Revelations, 1820–845*, London: Longman, Brown, Green, and Longmans, 1851.

Francis, J. *Chronicles and Characters of the Stock Exchange,* London: Willoughy & Co., 1849.

Francis, J. *History of the Bank of England: Its Times and Traditions*, London: Willoughby & Co., 1847.

Frankel, A. B.; Morgan, P. B. 'Deregulation and competition in Japanese banking', *Federal Reserve Bulletin*, **78**, 579–93, 1992.

Frazer, W. J.; Guthrie, J. J. *The Florida Land Boom: Speculation, Money, and the Banks*, Westport, CT: Quorum Books, 1995.

Frehen, R. G. P.; Goetzmann, W. N.; Rouwenhorst, K. 'New evidence on the first financial bubble', *Journal of Financial Economics*, **108**, 585–607, 2013.

Freixas, X.; Giannini, C.; Hoggarth, G.; Soussa, F. 'Lender of last resort: a review of the literature', *Financial Stability Review*, 7, 151–67, 1999.

Frennberg, P.; Hansson, B. 'Computation of a monthly index for Swedish stock returns, 1919–1989', *Scandinavian Economic History Review*, **4** 3–27, 1992.

Friedman, M.; Schwartz, A. J. *A Monetary History of the United States, 1867–1960*, Princeton University Press, 1963.

Friedman, M.; Schwartz, A. J. *The Great Contraction 1929–1933*, Princeton University Press, 2008.

Galbraith, J. K. *A Short History of Financial Euphoria*. London: Penguin, 1990.

Galbraith, J. K. *The Great Crash 1929*, London: Penguin Books, 2009. Gale, C. J. *A Letter to the Right Hon. the Earl of Dalhousie, President of the Board of Trade, on Railway Legislation*, London: John Murray, 1844.

Garber, P. M. 'Famous first bubbles', *Journal of Economic Perspectives*, **4**, 35–54, 1990.

Garber, P. M. *Famous First Bubbles: The Fundamentals of Early Manias*, Cambridge, MA: MIT Press, 2001.

Garber, P. M. 'Tulipmania', *Journal of Political Economy*, **97**, 535–60, 1989.

García, D. 'Sentiment during recessions', *Journal of Finance*, **68**, 1,267–300, 2013.

Gayer, A. D.; Rostow, W. W.; Schwartz, A. J. *The Growth and Fluctuation of the British Economy*, 1790–1850, 2 vols. Oxford University Press.

Geary, F.; Stark, T. 'Regional GDP in the UK, 1861–1911: new estimates', *Economic History Review*, **68**, 123–44, 2015.

Gelderblom, O.; Jonker, J. 'Mirroring different follies: the character of the 1720 bubble in the Dutch Republic.' *Utrecht University Working Paper*, 2009.

Gelderblom, O.; Jonker, J. 'Public finance and economic growth: the case of Holland in the seventeenth century', *Journal of Economic History*, **71**, 1–39, 2011.

Gentzkow, M.; Shapiro, J. M. 'Media bias and reputation', *Journal of Political Economy*, **114**, 280–316, 2006.

Gerard, D. *Attack of the 50 Foot Blockchain: Bitcoin, Blockchain, Ethereum and Smart Contracts*, David Gerard (self-published), 2017.

Gilmore, N. R. 'Henry George Ward, British publicist for Mexican mines', *Pacific Historical Review*, **31**, 35–47, 1963.

Gissing, G. *The Whirlpool*. London: Penguin Classics, 2015.

Gjerstad, S.; Smith, V. L. 'Monetary policy, credit extension, and housing bubbles: 2008 and 1929', *Critical Review*, **21**, 269–300, 2009.

Gjerstad, S.; Smith, V. L. *Rethinking Housing Bubbles: The Role of Household and Bank Balance Sheets in Modeling Economic Cycles*, New York: Cambridge University Press, 2014.

Glaesar, e. L. 'A nation of gamblers: real estate speculation and American history', *American Economic Review: Papers and Proceedings*, **103**, 1–42, 2013.

Glaesar, e. L.; Sinai, T. 'Postmortem for a housing crash' in e. L. Glaesar and T. Sinai (eds.), *Housing and the Financial Crash*, University of Chicago Press.

Goetzmann, W. N. 'Bubble investing: learning from history', *NBER Working Paper*, No. 21693, 2015.

Goetzmann, W. N.; Newman, F. 'Securitization in the 1920's', *NBER Working Paper*, No. 15650, 2010.

Goldgar, A. *Tulipmania: Money, Honour, and Knowledge in the Dutch Golden Age*, Chicago University Press, 2007.

Gollan, R. *The Commonwealth Bank of Australia: Origins and Early History*, Canberra: Australian National University Press, 1968.

Goodman, L. S.; Mayer, C. 'Homeownership and the American dream', *Journal of Economic Perspectives*, **32**, 31–58, 2018.

Gordon, S. H. *Passage to Union: How the Railroads Transformed American Life, 1829–1929*, Chicago, IL: Ivan R. Dee, 1996.

Gornall, W.; Strebulaev, I. A. 'Squaring venture capital valuations with reality', *NBER Working Paper*, No. 23895, 2017.

Grant, J. *The Trouble with Prosperity*, New York: Times Books, 1996. Greenwood, R. and Nagel, S. 'Inexperienced investors and bubbles', *Journal of Financial Economics*, **93**, 239–58, 2009.

Greenwood, R.; Shleifer, A.; You, Y. 'Bubbles for Fama', *NBER Working Paper*, No. 23191, 2017.

Grew, W. F. *The Cycle Industry*, London: Sir Isaac Pitman & Sons, 1921.

Griffin, J. M.; Harris, J. H.; Shu, T.; Topaloglu, S. 'Who drove and burst the tech bubble?', *Journal of Finance*, **66**, 1,251–90, 2011.

Griffin, J. M.; Hirschey, N. H.; Kelly, P. J. 'How important is the financial media in global markets?', *Review of Financial Studies*, **24**, 3,941–92, 2011.

Hagstrom, R. G. *Investing: The Last Liberal Art*, New York: Columbia University Press, 2013.

Haig, B. 'New estimates of Australian GDP: 1861–1948/49', *Australian Economic History Review*, **41**, 1–34, 2001.

Hall, A. R. *The Stock Exchange of Melbourne and the Victorian Economy*, 1852–1900, Canberra: ANU Press, 1968.

Hamilton, e. J. 'John Law of Lauriston: banker, gamester, merchant, chief?' *American Economic Review*, **57**, 273–82, 1967.

Hamilton, e. J. 'Prices and wages at Paris under John Law's system (1936–7)' in R. B. emmett (ed.), *Great Bubbles*, Vol. II, London: Pickering and Chatto, 2000.

Harris, e. T. 'Handel the investor', *Music & Letters*, 85, 521–75, 2004. Harris, R. *Industrializing English Law: Entrepreneurship and Business Organization, 1720–1844*, Cambridge University Press, 2000.

Harris, R. 'Political economy, interest groups, legal institution, and the repeal of the Bubble Act in 1825', *Economic History Review*, **50**, 675–96, 1997.

Harris, R. 'The Bubble Act: its passage and its effects on business organization', *Journal of Economic History*, **54**, 610–27, 1994.

Harrison, A. E. 'The competitiveness of the British cycle industry, 1890–1914', *Economic History Review*, **22**, 287–303, 1969.

Hart, M.; Jonker, J.; van Zanden, J. L. *A Financial History of the Netherlands*, Cambridge University Press, 1997.

Haruvy, e.; Noussair, C. N. 'The effect of short selling on bubbles and crashes in experimental spot asset markets', *Journal of Finance*, **61**, 1,119–57, 2006.

Haughwot, A.; Peach, R. W.; Sporn, J.; Tracy, J. 'The supply side of the housing boom and bust of the 2000s' in e. L. Glaesar and T. Sinai (eds.), *Housing and the Financial Crash*, University of Chicago Press.

Hausman, W. J.; Hertner, P.; Wilkins, M. *Global Electrification: Multinational Enterprise and International Finance in the History of Light and Power, 1878–2007*, Cambridge University Press, 2008.

Hawke, G. R. *Railways and Economic Growth in England and Wales, 1840–70*, Oxford University Press, 1970.

Hawtrey, R. G. *A Century of Bank Rate*, London: Longmans, Green and Co., 1938.

Head, F. B. *Rough Notes Taken during Some Rapid Journeys across the Pampas and among the Andes*, 2nd edition, London: John Murray, 1826.

Hebner, K. J. e Hiraki, T. 'Japanese initial public offerings' in I. Walter and T. Hiraki (eds.), *Restructuring Japan's Financial Markets*, Homewood, IL: Business One Irwin, 1993.

Hickson, C. R.; Thompson, e. A. 'Predicting bubbles', *Global Business and Economics Review*, **8**, 217–26, 2006.

Hickson, C. R.; Turner, J. D. 'Free banking gone awry: the Australian banking crisis of 1893', *Financial History Review*, **9**, 147–67, 2002.

Hills, S.; Thomas, R.; Dimsdale, N. 'The UK recession in context — what do three centuries of data tell us?' *Bank of England Quarterly Bulletin*, Q4, 277–91, 2010.

Hilt, e.; Rahn, W. M. 'Turning citizens into investors: promoting savings with Liberty bonds during World War I', RSF: *The Russell Sage Foundation Journal of the Social Sciences*, **2**, 86–108, 2016.

Hilton, B. *Corn, Cash and Commerce: The Economic Policies of the Tory Governments 1815–1830*, Oxford University Press, 1977.

Hirayama, Y. 'Housing policy and social inequality in Japan' in M. Izuhara (ed.), *Comparing Social Policies: Exploring New Perspectives in Britain and Japan*, Bristol: Policy Press, 2003.

Hoggarth, G.; Reis, R.; Saporta, V. 'Costs of banking system instability: some empirical evidence', *Journal of Banking and Finance*, **26**, 825–55, 2002.

Hong, H.; Stein, J. C. 'Disagreement and the stock market', *Journal of Economic Perspectives*, **21**, 109–28, 2007.

Honohan, P. 'euro membership and bank stability — friends or foes? Lesson from Ireland', *Comparative Economic Studies*, **52**, 133–57, 2010.

Honohan, P. 'Resolving Ireland's banking crisis', *Economic and Social Review*, **40**, 207–31, 2009.

Hoppit, J. 'The myths of the South Sea Bubble', *Transactions of the Royal Historical Society*, **12**, 141–65, 2002.

Hoshi, T.; Kashyap, A. K. 'Japan's financial crisis and economic stagnation', *Journal of Economic Perspectives*, **18**, 3–26, 2004.

Hoshi, T.; Patrick, H. 'The Japanese financial system: an introductory overview' in T. Hoshi and H. Patrick (eds.), *Crisis and Change in the Japanese Financial System*, New York: Springer, 2000.

Hough, e. *The Mississippi Bubble: How the Star of Good Fortune Rose and Set and Rose Again, by a Woman's Grace, for One John Law of Lauriston*, New York: Grossat and Dunlop, 1902.

Hounshell, D. A. *From the American System to Mass Production, 1800– 1932: The Development of Manufacturing Technology in the United States*, London: Johns Hopkins University Press, 1985.

House of Were, *The History of the House of J. B. Were and Son and Its Founder, Jonathan Binns Were*, Melbourne: House of Were, 1954.

Huang, Y. 'How did China take off?', *Journal of Economic Perspectives*, **26**, 147–70, 2012.

Huertas, T. F.; Silverman, J. L. 'Charles e. Mitchell: Scapegoat of the Crash?', *Business History Review*, **60**, 81–103, 1986.

Hu¨fner, F. 'The German banking system: lessons from the financial crisis', *OECD Economics Department Working Paper*, No. 788, 2010.

Hunt, B. *The Development of the Business Corporation in England 1800–1867*, Cambridge, MA: Harvard University Press, 1936.

Hutcheson, A. *Several Calculations and Remarks Relating to the South Sea Scheme and the Value of that Stock*, London, 1720.

Hutcheson, A. *Some Calculations relating to the Proposals Made by the South-Sea Company, and the Bank of England, to the House of Commons*, London, 1720.

Hyndman, H. M. *Commercial Crises of the Nineteenth Century*, New York: Augustus M. Kelley, 1968 [first pub. 1892].

Igan, D.; Mishra, P. 'Wall Street, Capital Hill, and K Street: political influence and financial regulation', *Journal of Law and Economics*, **57**, 1,063–84, 2014.

Jackman, W. T. *The Development of Transportation in Modern England*, London: Cass, 1966.

James, H. '1929: The New York Stock Market Crash', *Representations*, **110**, 129–44, 2010.

Janeway, W. H. *Doing Capitalism in the Innovation Economy: Reconfiguring the Three-Player Game between Markets, Speculators and the State*, 2nd edition, Cambridge University Press, 2018

Jenkinson, T. J. 'Initial public offerings in the United Kingdom, the United States, and Japan', *Journal of the Japanese and International Economies*, **4**, 428–49, 1990.

Jenks, L. H. *The Migration of British Capital to 1875*, London: Thomas Nelson and Sons, 1927.

Jime´nez, F. 'Building boom and political corruption', *South European Society and Politics*, **14**, 255–72, 2009.

Johnson, S. 'The Quiet Coup', *The Atlantic*, May, 2009.

Johnson, S. and Kwak, J. *13 Bankers: The Wall Street Takeover and the Next Financial Meltdown*, New York: Pantheon Books, 2010.

Jones, B. 'Asset bubbles: Re-thinking policy for the age of asset management', *IMF Working Paper*, No. WP/15/27, 2015.

Jones, C. M. 'A century of stock market liquidity and trading costs', Graduate School of Business, Columbia University, 2000.

Jorda, O`.; Schularick, M.; Taylor, A. M. 'Macrofinancial history and the new business cycle facts' in M. eichenbaum and J.A Parker (eds.), *NBER Macroeconomics Annual 2016*, Vol. XXXI, University of Chicago Press, 2016.

Junner, R. G. *The Practice before the Railway Commissioners under the Regulation of Railways Act 1873*, London: Wildy and Sons, 1874.

Kaldor, N. 'Speculation and economic stability', *Review of Economic Studies*, 7, 1–27, 1939.

Kang, S.W.; Rockoff, H. 'Capitalizing patriotism: the liberty loans of World War I', *Financial History Review*, **22**, 45–78, 2015.

Karpoff, J. M.; Lee, G.; Masulis, R. W. 'Contracting under asymmetric information: evidence from lockup agreements in seasoned equity offerings', *Journal of Financial Economics*, **110**, 607–26, 2013.

Kelley, A. C. 'Demographic change and economic growth: Australia, 1861–1911', *Explorations in Entrepreneurial History*, **5**, 207–77, 1968.

Kelly, L. W.; Boyle, R. 'Business on television: continuity, change, and risk in the development of television's business entertainment format', *Television & New Media*, **12**, 228–47, 2011.

Kelly, M. 'On the likely extent of falls in Irish house prices', *Quarterly Economic Commentary*, Summer, 42–54, 2007.

Kelly, M. 'The Irish credit bubble', *UCD Geary Institute Discussion Paper Series*, 2009.

Kelly, M. 'What happened to Ireland?', *Irish Pages*, 6, 7–19, 2009.

Kennedy, W. e Delargy, R. 'explaining Victorian entrepreneurship: a cultural problem? A market problem? No problem?', *London School of Economics Department of Economic History Working Paper*, No. 61, 2000.

Keynes, J. M. *The General Theory of Employment, Interest and Money*, London: Macmillan, 1936.

Killick, J. R.; Thomas, W. A. 'The provincial stock exchanges, 1830–1870', *Economic History Review*, **23**, 96–111, 1970.

Kindleberger, C. P. *Manias, Panics and Crashes: A History of Financial Crises*, 3rd edition, London: Macmillan, 1996.

King, W. T. C. *History of the London Discount Market,* London: Frank Cass, 1935.

Kitchin, R.; O'Callaghan, C.; Gleeson, J. 'The new ruins of Ireland? Unfinished estates in the post-Celtic Tiger era', *International Journal of Urban and Regional Research*, **38**, 1,069–80, 2014.

Kleer, R. A. 'Riding a wave: the Company's role in the South Sea Bubble', *Economic History Review*, **68**, 264–85, 2015.

Kleer, R. A. '"The folly of particulars": the political economy of the South Sea Bubble', *Financial History Review*, **19**, 175–97, 2012.

Klein, M. *Rainbow's End: The Crash of 1929*, New York: Oxford University Press, 2001.

Kliesen, K. L. 'The 2001 recession: how was it different and what developments may have caused it?', *Federal Reserve Bank of St. Louis Review*, **85**, 2003.

Knoll, K.; Schularick, M.; Steger, T. 'No place like home: global house prices, 1870–2012', *American Economic Review*, **107**, 331–53, 2017.

Knowledge@Wharton, 'What's behind China's stock market gamble?'. Disponível em: https://knowledge.wharton.upenn.edu/article/whats-behind-chinas-stock-market-gamble/. Acesso: 19 de novembro de 2019.

Knowles, S.; Phillips, G.; Lidberg, J. 'Reporting the global financial crisis', *Journalism Studies*, **18**, 322–40, 2017.

Kostal, R.W. *Law and English Railway Capitalism*, Oxford University Press, 1994.

Kynaston, D. T. A. T*he London Stock Exchange, 1870–1914: An Institutional History*, PhD thesis, University of London, 1983.

Laeven, L.; Valencia, F. 'Resolution of banking crises: the good, the bad, and the ugly', *IMF Working Paper*, No. WP/10/146, 2010.

Lam, A. 'Government interventions in housing finance markets — an international overview', *U.S. Department of Housing and Urban Development Working Paper*, 2011.

Lambert, R. S. *The Railway King, 1800–1871: A Study of George Hudson and the Business Morals of the Age*, London: G. Allen & Unwin Ltd., 1894.

Lamont, O. A.; Stein, J. C. 'Aggregate short interest and market valuations', *American Economic Review*, **94**, 29–32, 2004.

Lamoreaux, N. 'The future of economic history must be interdisciplinary', *Journal of Economic History*, **75**, 1,251–7, 2015.

Lardner, D. *Railway Economy: A Treatise on the New Art of Transport, Its Management, Prospects and Relations, Commercial, Financial and Social: With an Exposition of the Practical Results of the Railways in Operation in the United Kingdom, On the Continent and in America*, London: Taylor, Walton and Maberly, 1850.

Laurence, H. *Money Rules: The New Politics of Finance in Britain and Japan*, London: Cornell University Press, 2001.

Law, J, *Money and Trade Considered*, Glasgow: R&A Foulis, 1750.

Le Bris, D.; Hautcoeur, P.-C. 'A challenge to triumphant optimists? A blue chips index for the Paris stock exchange, 1854–2007', *Financial History Review*, **17**, 141–83, 2010.

Lee, J. 'The provision of capital for early Irish railways, 1830–53', *Irish Historical Studies*, **16**, 33–63, 1968.

Leunig, T. 'Time is money: a re-assessment of the passenger social savings from Victorian British railways', *Journal of Economic History*, **66**, 635–73, 2006.

Lewin, H. G. *The Railway Mania and its Aftermath*. Newton Abbot: David & Charles, 1968 [1936].

Lewis, M. *The Big Short: A True Story*, London: Penguin, 2011. Li, Z. 'The emergence of China's 2006–2007 stock market bubble and its burst' in S. Cheng and Z. Li (eds.), *The Chinese Stock Market Volume II*, Basingstoke: Palgrave Macmillan, 2015.

Liao, L.; Liu, B.; Wang, H.'China's secondary privatisation: perspectives from the split-share structure reform', *Journal of Financial Economics*, **113**, 500–18, 2014.

Lincoln, e. J. 'Infrastructural deficiencies, budget policy, and capital flows' in M. Schmiegelow (ed.), *Japan's Response to Crisis and Change in the World Economy*, London: Routledge, 1986.

Ljungvist, A.; Wilhelm, Jr. W. J. 'IPO pricing in the dot-com bubble', *Journal of Finance*, **58**, 723–52, 2003.

Lloyd-Jones, R.; Lewis, M. J. *Raleigh and the British Bicycle Industry: An Economic and Business History, 1870–1960*, Farnham: Ashgate, 2000.

Lowenstein, R. *Origins of the Crash*, New York: Penguin, 2004.

Lu, L.; Lu, L. 'Unveiling China's stock market bubble: margin financing, the leveraged bull and governmental responses', *Journal of International Banking Law and Regulation*, 32, 146–60, 2017.

Lux, T. 'Herd behaviour, bubbles and crashes', *Economic Journal*, **105**, 881–96, 1995.

Mackay, C. *Memoirs of Extraordinary Popular Delusions and the Madness of Crowds*, 2nd edition, London: Robson, Levey and Franklin, 1852.

Mackay, C. *Memoirs of Extraordinary Popular Delusions and the Madness of Crowds*, 3rd edition, London: Routledge, 1856.

Martin, A.; Ventura, J. 'economic growth with bubbles', *American Economic Review*, **102**, 3,033–58, 2012.

Martineau, H. *A History of the Thirty Year's Peace, A.D. 1816–1846*, 4 vols. London: George Bell and Sons, 1877.

Marx, K. *Capital: A Critique of Political Economy*, Vol. III, London: Penguin, 1993 [1894].

Mayer, C. 'Housing bubbles: a survey', *Annual Review of Economics*, **3**, 559–77, 2011.

McCarthy, N.; Poole, K. T.; Rosenthal, H. *Political Bubbles: Financial Crises and the Failure of American Democracy*, Princeton University Press, 2013.

McCartney, S.; Arnold, A. J. 'Capital clamours for profitable investment, confidence has become eager and may shortly become blind: George Hudson and the railway mania extensions of the York and North Midland Railway', *Journal of Industrial History*, **4**, 94–116, 2001.

McCartney, S.; Arnold, A. J. 'The railway mania of 1845–1847: market irrationality or collusive swindle based on accounting distortions?', *Accounting, Auditing and Accountability Journal*, **16**, 821–52, 2003.

McCulloch, J. R. *A Dictionary, Practical, Theoretical, and Historical of Commerce and Commercial Navigation*, 2nd edition, Philadelphia, PA: Carey and Hart, 1847.

McCullough, B. *How the Internet Happened: From Netscape to the iPhone*, London: W. W. Norton & Company, 2018.

Mercile, J. 'The role of the media in sustaining Ireland's housing boom', *New Political Economy*, **9**, 282–301, 2014.

Merrett, D. T. 'Australian banking practice and the crisis of 1893', *Australian Economic History Review*, **29**, 60–85, 1989.

Merrett, D. T. 'Preventing bank failure: could the Commercial Bank of Australia have been saved by its peers in 1893?', *Victorian Historical Journal*, **65**, 122–42, 1993.

Mian, A.; Sufi, A. *'Credit supply and housing speculation'*, Princeton University mimeo, 2018.

Mian, A. e Sufi, A. *House of Debt: How They (and You) Caused the Great Recession, and How We Can Prevent It from Happening Again*, University of Chicago Press, 2014.

Mian, A.; Sufi, A. 'The consequences of mortgage credit expansion: evidence from the U.S. mortgage default crisis, *Quarterly Journal of Economics*, **124**, 1,449–96, 2009.

Michie, R. C. *Guilty Money: The City of London in Victorian and Edwardian Culture, 1815–1914*, London: Pickering and Chatto, 2009.

Michie, R. C. *Money, Mania and Markets: Investment, Company Formation and the Stock Exchange in Nineteenth-Century Scotland*, edinburgh: John Donald Publishers, 1981.

Michie, R. C. *The London Stock Exchange: A History*, Oxford University Press, 2001.

Millward, A. 'The cycle trade in Birmingham 1890–1920' in B. Tilson (ed.), *Made in Birmingham: Design and Industry*, Warwick: Brewin, 1989.

Minsky, H. P. *Stabilizing an Unstable Economy*, 2nd edition, New York: McGraw-Hill, 2008.

Mishkin, F. S. 'Lessons from the Asian crisis', *NBER Working Paper*, No. 7102, 1999.

Mitchell, B. R. *British Historical Statistics*, Cambridge University Press, 1988.

Mitchell, B. R. 'The coming of the railway and United Kingdom economic growth', *Journal of Economic History*, **24**, 315–66, 1964.

Moe, T. G. Solheim, J. A. and Vale, B. 'The Norwegian banking crisis', *Norges Banks Skriftserie Occasional Papers*, No. 33, 2004.

Muller, S. C. 'The real estate bubble in Spain has been pumped up by all of us', *The IEB International Journal of Finance*, 2, 2–11, 2011.

Munoz, S. F.; Cueto, L. C. 'What has happened in Spain? The real estate bubble, corruption and housing development: a view from the local level', *Geoforum*, **85**, 206–13, 2017.

Murphy, A. E. 'Corporate ownership in France: the importance of history' in R. K. Morck (ed.), *A History of Corporate Governance around the World: Family Business Groups to Professional Managers*, University of Chicago Press, 2005.

Murphy, A. E. *John Law: Economic Theorist and Policy-maker*, Oxford: Clarendon Press, 1997.

Murphy, R. T. *The Real Price of Japanese Money*, London: Weidenfeld and Nicolson, 1996.

Nakaso, H. 'The financial crisis in Japan: how the Bank of Japan responded and the lessons learnt', *BIS Paper*, No. 6, 2001.

Naughton, J. *A Brief History of the Future*, Lymington: Weidenfeld and Nicolson, 1999.

Neal, L. *'I Am Not Master of Events': The Speculations of John Law and Lord Londonderry in the Mississippi and South Sea Bubbles*, New Haven, CT: Yale University Press, 2012.

Neal, L. 'The financial crisis of 1825 and the restructuring of the British financial system', *Federal Reserve Bank of St. Louis Review*, **80**, 53–76, 1998.

Neal, L. *The Rise of Financial Capitalism: International Capital Markets in the Age of Reason*, Cambridge University Press, 1990.

Nehls, H.; Schmidt, T. 'Credit crunch in Germany?', *RWI Discussion Paper*, No. 6, 2003.

Nicholas, T. 'Stock market swings and the value of innovation, 1908–1929' in N. R. Lamoreaux and K. L. Sokoloff (eds.), *Financing Innovation in the United States, 1870 to the Present*, Cambridge, MA: MIT Press.

Noguchi, Y. 'Land prices and house prices in Japan' in Y. Noguchi and J. Poterba (eds.), *Housing Markets in the U.S. and Japan*, University of Chicago Press, 1994.

Noguchi, Y. 'The "bubble" and economic policies in the 1980s', *The Journal of Japanese Studies*, **20**, 291–329, 1994.

Norris, M.; Coates, D. 'How housing killed the Celtic tiger: anatomy and consequences of Ireland's housing boom and bust', *Journal of Housing and the Built Environment*, **29**, 299–315, 2014.

Norris, M.; Coates, D. 'Mortgage availability, qualifications and risks in Ireland, 2000-2009', *Journal of Current Issues in Finance, Business and Economics*, **4**, 191–206, 2011.

Noyes, A. D. *Forty Years of American Finance*, New York: G.P. Putnam's Sons, 1909.

Nyberg, P. 'The Finnish banking crisis and its handling (an update of developments through 1993)', *Bank of Finland Discussion Papers*, No. 7/94, 1994.

Ó Riain, S. 'The crisis of financialisation in Ireland', *Economic and Social Review*, **43**, 497–533, 2010.

O'Hara, M. 'Bubbles: some perspectives (and loose talk) from history', *Review of Financial Studies*, **21**, 11–17, 2008.

O'Sullivan, K. P. V. e Kennedy, T. 'What caused the Irish banking crisis?', *Journal of Financial Regulation and Compliance*, **18**, 224–42, 2010.

Odlyzko, A. 'Charles Mackay's own extraordinary popular delusions and the Railway Mania', University of Minnesota manuscript, 2012.

Odlyzko, A. 'Collective hallucinations and inefficient markets: the British Railway Mania of the 1840s', University of Minnesota manuscript, 2010.

Odlyzko, A. 'Newton's financial misadventures in the South Sea bubble', *Notes and Records*, **73**, 29–59, 2019.

Ofek, E.; Richardson, M. 'DotCom Mania: the rise and fall of internet stock prices', *Journal of Finance*, **58**, 1,113–37, 2003.

Oizumi, E. 'Property finance in Japan: expansion and collapse of the bubble economy', *Environment and Planning*, **26**, 199–213, 1994.

Okina, K.; Shirakawa, M.; Shiratsuka, S. 'The asset price bubble and monetary policy: Japan's experience in the late 1980s and the lessons', *Monetary and Economic Studies*, **19**, 395–450, 2001.

Olivier, J. 'Growth-enhancing bubbles', *International Economic Review*, **41**, 133–51, 2000.

Olney, M. L. *Buy Now, Pay Later: Advertising, Credit, and Consumer Durables in the 1920s*, The University of North Carolina Press, 1991.

Opp, K.-D. 'Dump the concept of rationality into the deep ocean' in A. Frey and D. Iselin (eds.), *Economic Ideas You Should Forget*, Cham: Springer, 2017.

Parsons, N. *King Khama, Emperor Joe and the Great White Queen*, University of Chicago Press, 1998.

Pástor, L.; Veronesi, P. 'Technological revolutions and stock prices', *American Economic Review*, **99**, 1,451–83, 2009.

Pástor, L.; Veronesi, P. 'Was there a Nasdaq bubble in the late 1990s?', *Journal of Financial Economics*, **81**, 61–100, 2006.

Paul, H. *The South Sea Bubble: An Economic History of its Origins and Consequences*, Abingdon: Routledge, 2011.

Paul, H. 'The "South Sea Bubble", 1720' in *European History Online (EGO)*, Leibniz Institute of european History, 2015.

Peel, A. G. V. *The Australian Crisis of 1893*, London: HMSO, 1893.

Perez, C. 'The double bubble at the turn of the century: technological roots and structural implications', *Cambridge Journal of Economics*, **33**, 779–805, 2009.

Pope, D. 'Free banking in Australia before World War I', *ANU Working Papers in Economic History*, No. 129, 1989.

Posen, A. S. 'Why central banks should not burst bubbles', *International Finance*, **9**, 109–24, 2006.

Posthumus, N. W. 'The tulip mania in Holland in the years 1636–37', *Journal of Economic and Business History*, **1**, 434–55, 1929.

Postman, N. *Amusing Ourselves to Death: Public Discourse in the Age of Showbusiness*, New York: Penguin. 1985.

Powell, E. T. *The Evolution of the Money Market*, 1385–1915. London: Frank Cass, 1966.

Pressnell, L. S. *Country Banking in the Industrial Revolution*, Oxford: Clarendon Press, 1956.

Purdey, C. 'Housing equity: A market update', *CML Housing Finance*, August, 1–11, 2011.

Purnanandam, A. 'Originate-to-distribute model and the subprime mortgage crisis', *Review of Financial Studies*, **24**, 1,881–915, 2011.

Qian, J. '*The 2015 stock panic of China: a narrative*', Shanghai Jiao Tong University mimeo, 2016.

Quinn, W. 'Squeezing the bears: cornering risk and limits on arbitrage during the "British bicycle mania", 1896–898', *Economic History Review*, **72**, 286–311, 2019.

Quinn, W. 'Technological revolutions and speculative finance: evidence from the British Bicycle Mania', *Cambridge Journal of Economics*, **43**, 271–94, 2019.

Radlet, S.; Sachs, J. D.; Cooper, R. N.; Bosworth, B. P. 'The east Asian financial crisis: diagnosis, remedies, prospects', *Brookings Papers on Economic Activity*, 1–90, 1998.

Rajan, R. G. *Fault Lines: How Hidden Fractures Still Threaten the World Economy*, Princeton University Press, 2010.

Randall, R. W. *Real del Monte: A British Silver Mining Venture in Mexico*, Austin, TX: University of Texas Press, 1972.

Rao, V. 'A new soft technology', *Breaking Smart*. Disponível em: https://breakingsmart.com/en/season-1/a-new-soft-technology/. Acesso em: 28 de agosto de 2017.

Reading, B. *Japan: The Coming Collapse*, New York: HarperCollins, 1992.

Reed, M. C. *Investment in Railways in Britain 1820–1844: A Study in the Development of the Capital Market*, Oxford University Press, 1975.

Regling, K.; Watson, M. *A Preliminary Report on the Sources of Ireland's Banking Crisis*, Dublin: Government Publications, 2010.

Rippy, J. F. 'Latin America and the British investment 'boom' of the 1820s', *Journal of Modern History*, **19**, 122–9, 1947.

Romer, C. D. 'The Great Crash and the onset of the Great Depression', *Quarterly Journal of Economics*, **105**, 597–624, 1990.

Rubinstein, D. 'Cycling in the 1890s', *Victorian Studies*, **21**, 47–71, 1977.

Ruiz, J. F.; Stupariu, P.; Vilarino, A. 'The crisis of Spanish savings banks', *Cambridge Journal of Economics*, **40**, 1,455–77, 2016.

Salidjanova, N. 'China's stock market collapse and government's response', *U.S.-China Economic and Security Review Commission Issue Brief*, 13 July, 2015.

Santos, T. *'Antes del diluvio: the Spanish banking system in the first decade of the euro'*, Columbia University mimeo, 2014.

Scheinkman, J. A. *Speculation, Trading and Bubbles*, New York: Columbia University Press, 2014.

Scheinkman, J. A. e Xiong, W. 'Overconfidence and speculative bubbles', *Journal of Political Economy*, **111**, 1,183–220, 2003.

Scherbina, A. e Schlusche, B. 'Asset price bubbles: a survey', *Quantitative Finance*, **14**, 589–604, 2014.

Schifferes, S.; Knowles, S. 'The British media and the first crisis of globalisation' in S. Schifferes and R. Roberts (eds.), *The Media and Financial Crises: Comparative and Financial Crises*, London: Routledge, 2015.

Schubert, H. J. P. *Twenty Thousand Transients: A One Year's Sample of Those Who Apply for Aid in a Northern City*, Buffalo, NY: emergency Relief Bureau, 1935.

Schuermann, T. 'Why were banks better off in the 2001 recession?', *Federal Reserve Bank of New York: Current Issues in Economics and Finance*, **10**, 1–7, 2004.

Schulz, P. 'Downward-sloping demand curves, the supply of shares, and the collapse of internet stock prices', *Journal of Finance*, **63**, 351–78, 2008.

Schumpeter, J. A. *Capitalism, Socialism and Democracy*, Sydney: George Allen and Unwin, 1976.

Schumpeter, J. A. *History of Economic Analysis*, New York: Routledge, 1954.

Shann, E. *An Economic History of Australia*, Cambridge University Press, 1948.

Shiller, R. J. *Irrational Exuberance*, 3rd edition, Princeton University Press, 2015.

Shiller, R. J.; Kon-Ya, F.; Tsutsui, Y. 'Why did the Nikkei crash? expanding the scope of expectations data collection', *Review of Economics and Statistics*, **78**, 156–64, 1996.

Shindo, M. 'Administrative guidance', *Japanese Economic Studies*, **20**, 69–87, 1992.

Shiratori, R. 'The politics of electoral reform in Japan', *International Political Science Review*, **16**, 79–94, 1995.

Shleifer, A.; Vishny, R. W. 'The limits of arbitrage', *Journal of Finance*, **52**, 35–55, 1997.

Silberberg, R. 'Rates of return on Melbourne land investment, 1880–92', *Economic Record*, **51**, 203–17, 1975.

Simmons, J. *The Railway in England and Wales, 1830–1914*, Vol. I, Leicester University Press, 1978.

Simmons, J. *The Victorian Railway*, London: Thames and Hudson, 1991.

Sinai, T. 'House price movements in boom-bust cycle' in e. L. Glaesar and T. Sinai (eds.), *Housing and the Financial Crash*, University of Chicago Press.

Smith, A. *The Bubble of the Age; Or, The Fallacies of Railway Investment, Railway Accounts, and Railway Dividends*, London: Sherwood, Gilbert and Piper, 1848.

Smith, R. C. 'Is China the next Japan?', *The Independent Review*, **21**, 275–98, 2016.

Spencer, H. *Railway Morals and Railway Policy*, London: Longman, Brown, Green and Longmans, 1855.

Stapledon, N. 'Trends and cycles in Sydney and Melbourne house prices from 1880 to 2011', *Australian Economic History Review*, **52**, 293–317, 2012.

Stasavage, D. *Public Debt and the Birth of the Democratic State*, Cambridge University Press, 2003.

Steinfeld, E. S. *Forging Reform in China: The Fate of State-Owned Industry*, Cambridge University Press, 1998.

Stone, D.; Ziemba, W. T. 'Land and stock prices in Japan', *Journal of Economic Perspectives*, 7, 149–65, 1993.

Stratmann, L. *Fraudsters and Charlatans: A Peek at Some of History's Greatest Rogues*, Gloucestershire: History Press, 2010.

Stuckey, V. 'Thoughts on the improvement of the system of country banking', *The Edinburgh Review*, **63**, 419–41, 1836.

Swift, J. 'The Bubble' in R. B. emmett (ed.), *Great Bubbles,* Vol. III, London: Pickering and Chatto, 2000.

Sykes, T. *Two Centuries of Panic: A History of Corporate Collapses in Australia*, St Leonards NSW: Allen and Unwin, 1988.

Takagi, S. 'The Japanese equity market: past and present', J*ournal of Banking and Finance*, **13**, 537–70, 1989.

Task Force of the Monetary Policy Committee of the european System of Central Banks, 'Housing finance in the euro area', *Occasional Paper Series*, No. 101, 2009.

Taylor, J. 'Business in pictures: representations of railway enterprise in the satirical press in Britain 1845–1870', *Past and Present*, **189**, 111–46, 2005.

Taylor, J. 'Financial crises and the birth of the financial press, 1825– 1880' in S. Schifferes and R. Roberts (eds.), *The Media and Financial Crises: Comparative and Financial Crises*, London: Routledge, 2015.

Taylor, J. *Statements Respecting the Profits of Mining in England Considered in Relation to the Prospects of Mining in Mexico*, London: Longman and Co., 1825.

Taylor, J. B. 'Causes of the financial crisis and the slow recovery' in M. N. Baily and J. B. Taylor (eds.) *Across the Great Divide: New Perspectives on the Financial Crisis*, Stanford, CA: Hoover Institution Press, 2014.

Taylor, J. B. '*The financial crisis and the policy responses: an empirical analysis of what went wrong*', Stanford University mimeo, 2009.

Temin, P.; Voth, H. J. 'Riding the South Sea bubble', *American Economic Review*, **94**, 1,654–68, 2004.

Tesar, L. L.; Werner, I. M. 'Home bias and high turnover', *Journal of International Money and Finance*, **14**, 467–92, 1995.

Tetlock, P. C. 'Giving content to investor sentiment: the role of the media in the stock market', *Journal of Finance*, **62**, 1,139–68, 2007.

Thackeray, W. M. *The Speculators*. Disponível em: www.poemhunter.com/poem/the-speculators. Acesso em: 30 de agosto de 2019.

Thomas, W. A. *The Provincial Stock Exchanges*, London: Frank Cass, 1973.

Thompson, E. A. 'The tulipmania: fact or artifact?', *Public Choice*, **130**, 99–114, 2007.

Tobin, J. 'A proposal for international monetary reform', *Eastern Economic Journal*, **4**, 153–9, 1978.

Tooke, T. *A History of Prices and of the State of the Circulation from 1793 to 1837*, London: Longman, Orme, Brown, Green and Longmans, 1838.

Tooze, A. *Crashed: How a Decade of Financial Crises Changed the World*, London: Allen Lane, 2018.

Totman, C. *A History of Japan*, 2nd edition, Oxford: Blackwell, 2005.

Trichet, J. C. 'Asset price bubbles and monetary policy', Speech delivered at the Mas lecture, Singapore, June 8, 2005.

Tsuru, S. *Japan's Capitalism*, Cambridge University Press, 1993. Tuck, H. *The Railway Shareholder's Manual; Or Practical Guide to All the Railways in the World*, 7th edition, London: effingham Wilson, 1846.

Turner, G. M. *The Florida Land Boom of the 1920s*, Jefferson, NC: McFarland & Company, 2015.

Turner, J. D. *Banking in Crisis: The Rise and Fall of British Banking Stability, 1800 to the Present*, Cambridge University Press, 2014.

Turner, J. D. 'The development of english company law before 1900' in H. Wells (ed.) *History of Corporate and Company Law*, Cheltenham: edward elgar, 2018.

Van Helten, J. J. 'Mining share manias and speculation: British investment in overseas mining' in J. J. van Helten and Y. Cassis (eds.), *Capitalism in a Mature Economy: Financial Institutions, Capital, Exports and British Industry, 1870–1939*, Aldershot: edward elgar, 1990.

Vanderblue, H. B. 'The Florida land boom', *Journal of Land & Public Utility Economics*, **3**, 252–69, 1927.

Velde, F. 'Government equity and money: John Law's system in 1720 France', *Federal Reserve Bank of Chicago Working Paper*, No. 2003–31, 2003.

Velde, F. 'John Law's System and Public Finance in 18th c. France', *Federal Reserve Bank of Chicago*, 2006.

Velde, F. 'Was John Law's system a bubble? The Mississippi Bubble revisited' in J. Atack and L. Neal (eds.), *The Origin and Development of Financial Markets and Institutions From the Seventeenth Century to the Present*, Cambridge University Press, 2009.

Versluysen, E. L. 'Financial deregulation and the globalization of capital markets', *The World Bank Policy, Planning, and Research Working Paper*, No. WPS40, 1998.

Vivanco, L. *Reconsidering the Bicycle: An Anthropological Perspective on a New (Old) Thing*, London: Routledge, 2013.

Voth, H.-J. 'With a bang, not a whimper: pricking Germany's "stock market bubble" in 1927 and the slide into depression', *Journal of Economic History*, **63**, 65–99, 2003.

Wallison, P. J. 'Cause and effect: government policies and the financial crisis', *Critical Review*, **21**, 365–76, 2009.

Wallison, P. J. 'Government housing policy and the financial crisis', *Cato Journal*, **30**, 397–406, 2010.

Walker, C. B. 'Housing booms and media coverage', *Applied Economics*, **46**, 3,954–67, 2014.

Walker, C. B. 'The direction of media influence: real-estate news and the stock market', *Journal of Behavioural and Experimental Finance*, **10**, 20–31, 2016.

Ward, H. G. Mexico in 1827, 2 vols. London: Henry Colburn, 1828. Ward, J. R. *The Finance of Canal Building in Eighteenth-Century England*, Oxford University Press, 1974.

Weaver, J. C. 'A pathology of insolvents: Melbourne, 1871–1915', *Australian Journal of Legal History*, **8**, 109–32, 2004.

Whelan, K. 'Ireland's economic crisis: the good, the bad and the ugly', *Journal of Macroeconomics*, **39**, 424–40, 2014.

White, E. N. 'Lessons from the great American real estate boom and bust of the 1920s', *NBER Working Paper*, No. 15573, 2009.

White, E. N. 'The stock market boom and crash of 1929 revisited', *Journal of Economic Perspectives*, **4**, 67–83, 1990.

White, L. J. 'The credit-rating agencies and the subprime debacle', *Critical Review*, **21**, 389–99, 2009.

Wigmore, B. A. *The Crash and Its Aftermath: A History of Securities Markets in the United States, 1929–1933*, Westport, CT: Greenwood Press, 1985.

Williamson, J. G. 'earnings inequality in nineteenth-century Britain', *Journal of Economic History*, **40**, 457–75, 1980.

Wilson, C. *Anglo-Dutch Commerce and Finance in the Eighteenth Century*, Cambridge University Press, 1941.

Wood, C. *The Bubble Economy: Japan's Extraordinary Speculative Boom of the '80s and the Dramatic Bust of the '90s*, New York: Atlantic Monthly Press, 1992.

Wood, R. J. *The Commercial Bank of Australia Limited: History of an Australian Institution 1866–1981*, Melbourne: Hargreen, 1990.

Wright, T. *History of the Reigns of George IV and William IV,* London: Jones and Company, 1836.

Xiao, Y. 'French banks amid the global financial crisis', *IMF Working Paper*, No. WP/09/201, 2009.

Xiong, W.; Yu, J. 'The Chinese warrants bubble', *American Economic Review*, **101**, 2,723–53, 2011.

Yamamura, K. 'The Japanese political economy after the "bubble": Plus ca change?', *The Journal of Japanese Studies*, **23**, 291–331, 1997.

Yang, M.; Lim, T. S. 'Why did the Chinese stock market perform so badly in 2008?', *East Asian Institute Background Brief,* No. 247, 2009.

Yao, S. e Luo, D. 'The economic psychology of stock market bubbles in China', *The World Economy*, **32**, 667–91, 2009.

York and North Midland Railway, *Report of the Committee of Investigation, to be Laid before the Meeting of Shareholders, 1st–4th and Final Report*, 4 vols. York: Henry Sotheran, 1849.

Zhan, W.; Turner, J. D. 'Crossing the river by touching stones?: the reform of corporate ownership in China', *Asia-Pacific Financial Markets*, **19**, 233–58, 2012.

Zhu, X. 'Understanding China's growth: past, present, and future', *Journal of Economic Perspectives*, **26**, 103–24, 2012.

Zimmer, B. 'The "bubble" that keeps on bubbling'. Vocubaulary. com Blog, 25 July 2019.

Zimmerman, G. C. 'The growing presence of Japanese banks in California', *Economic Review — Federal Reserve Bank of San Francisco*, **3**, 3–17, 1989.

Zuckoff, M. *Ponzi's Scheme: The True Story of a Financial Legend*, New York: Random House, 2005.

ÍNDICE

A

Accles Arms Manufacturing Ltd. 108
ações blue-chip 48
ações de tecnologia 164
ações ferroviárias 65
Agência Nacional de Gestão de Ativos (NAMA) 190
alavancagem 226
Amazon 167, 174
Apple 174
arbitragem 145

B

Banco Geral 20
bitcoin 223
blockchain 223
blue-chip, ações 48
bolhas
   da internet 3
   da Mares do Sul
     surgimento 25, 27, 40, 41
   de 1720 34–38
   definição 3–4
   do Mississippi 40
   do subprime 204
   do unicórnio tecnológico 226
   faíscas de 226
   financeiras 5
   históricas 13–17
   imobiliárias 15–16
     característica definidora 194
   inovação tecnológica e 9
   japonesas 158
   John Law inventor da 22
   mania ferroviária 62
   padrão clássico em ações de mineração estrangeiras 49
   papel da mídia nas 233
   política 231
   políticas governamentais e 9
   pontocom 168
   por que acabam? 10
   surfar nas 8
   triângulo das 5–12
   utilidades das 3
Bolsa de Valores de Melbourne 88
Bolsa de Valores de Nova York 129
Bolsa de Valores de Tóquio 148
Bolsa de Wall Street 137
boom imobiliário australiano 102
boom imobiliário, liquidação do 90
boom promocional 13, 87
Bubble Act 41
   a abolição do 60
   revogação do 51
Bubble Spirit 43
Bullock, William 45

C

capitalismo de cassino 222
Carlos II, rei 18–19
   Guerra da Sucessão Espanhola 18–19
colapso do boom de 1825 59
Companhia das Índias Orientais 31
Companhia do Mississippi 21

Companhia dos Mares do Sul 25, 27
  e a bolha 27
  mania da Mares do Sul 53
comportamento de manada 12
Conselho Ferroviário 76
controle de mercado, estratégia 115
crash de 1929 164
crash de Wall Street 142
credit default swaps (CDS) 189
crise financeira de 1893 102

D
deixar dinheiro na mesa 162
democratização dos mercados financeiros 122
destruição criativa de Schumpeter 120
dia do terror 58
dinheiro
  bitcoin 223
  e crédito (triângulo da bolha) 73
dívida hipotecária 123
divisibilidade (triângulo da bolha) 5
DJIA 126
Dow Jones Industrial Average (DJIA) 126

E
eBay 174
efeito riqueza 173
empresas zumbis 92
epidemia nacional de especulação 54
escândalo da Recruit 157
especulação de terras 86
especulação (triângulo da bolha) 7, 74

epidemia nacional de 54
esquemas Ponzi 98

F
faíscas de bolhas 226
faíscas políticas 225, 226
faíscas tecnológicas 225–226
financiamento imobiliário 85
flipping 95
futuros de índices de ações 151

G
gerenciamento de ativos 228
golpe de Poyais 44
goodwill 107
Grande Depressão 139
Greenspan put 169
Guerra da Coreia 142
Guerra da Sucessão Espanhola 18–19
Guerras Napoleônicas 44

H
Hudson, George 71
  fraude de 71

I
índice CAPE 164
índice CRYPTO20 224
índice de Shenzhen 211
índice de Xangai 211
índice Dow Jones 166
índices de liquidez 95
índice S&P 500 163
índice TOPIX 148
IPO 161

J

Ji-age-ya 152
jornalismo financeiro 61

K

Kindleberger, Charles 4

L

Law, John 20–24
Lei Cambial 144
Lei de Dissolução 71
Lei de Reinvestimento Comunitário (CRA) 198
Lei de Valores Mobiliários 150
Lei de Valores Mobiliários e Câmbio 142
Lei para restauração do crédito público 30
Leis do Milho 70
Lewis, Michael 187
LIBOR 188
literatura panfletária 50, 54
loan-to-value (LTV) 185
logrolling 77

M

M3 145
MacGregor, Gregor 44
mania da Mares do Sul 53
mania ferroviária 62–64, 80
 falência da 71
Melbourne i
método just-in-time 143

N

NASDAQ 166
NASDAQ Composite Index 164
negociabilidade (triângulo da bolha) 5, 62
negociação algorítmica 228
negociação de alta frequência 228
NEMAX 50 168
Netscape Navigator 161
 IPO da 161
New Deal 142
Nikkei 151

O

Obrigações de Dívida Colateralizada (CDO) 186
oferta pública inicial (IPO) 161

P

Plano Dawes 125–126
Plaza Accord 144, 144–145, 148, 150
Ponzi, Charles 125
poupança social 80

Q

Quinta-feira Negra 131

R

recessão de 2001 173
responsabilidade fiscal 36

S

script certificates 66
semana do terror 79
short-squeeze 115
sistema bancário
    vulnerabilidade do 59
Sistema Bretton Woods 143
Smith, Adam 65
sociedades de construção 85–86
suburbanismo 83
surfar na bolha 8

T

tecnologia blockchain 223
think-tank 177
titularização de hipotecas 186
títulos da liberdade 122
títulos imobiliários 124
tokkin 148
traders de momentum 9
triângulo da bolha 5–12
Trump, Donald 204
Tulipomania 14–17

V

Vale do Silício i, 160, 168
venda a descoberto 8, 55
vender a mercado 130

W

Wilks, John 43
world wide web 160

X

Xangai 214

Z

zaibatsu 142, 147
Zona do Euro 192

Projetos corporativos e edições personalizadas dentro da sua estratégia de negócio. Já pensou nisso?

Coordenação de Eventos
Viviane Paiva
viviane@altabooks.com.br

Contato Comercial
vendas.corporativas@altabooks.com.br

A Alta Books tem criado experiências incríveis no meio corporativo. Com a crescente implementação da educação corporativa nas empresas, o livro entra como uma importante fonte de conhecimento. Com atendimento personalizado, conseguimos identificar as principais necessidades, e criar uma seleção de livros que podem ser utilizados de diversas maneiras, como por exemplo, para fortalecer relacionamento com suas equipes/ seus clientes. Você já utilizou o livro para alguma ação estratégica na sua empresa?

Entre em contato com nosso time para entender melhor as possibilidades de personalização e incentivo ao desenvolvimento pessoal e profissional.

PUBLIQUE
SEU LIVRO

Publique seu livro com a Alta Books. Para mais informações envie um e-mail para: autoria@altabooks.com.br

CONHEÇA OUTROS LIVROS DA **ALTA BOOKS**

Todas as imagens são meramente ilustrativas.

 /altabooks /alta-books /altabooks /altabooks